भारत गौरव

ऋषि सुनक

डॉ. गोपाल शर्मा

डायमंड बुक्स

www.diamondbook.in

प्रकाशक : डायमंड पॉकेट बुक्स (प्रा.) लि.
X-30, ओखला इंडस्ट्रियल एरिया, फेज-II
नई दिल्ली-110020
फोन : 011-40712200
ई-मेल : sales@dpb.in
वेबसाइट : www.diamondbook.in
संस्करण : 2022
मुद्रक : आदर्श प्रिंटर्स, शाहदरा, दिल्ली-110032

Bharat Gaurav : Rishi Sunak

By : Dr. Gopal Sharma

शब्दोपहार

यह पुस्तक न तो भारतवंशी ब्रिटिश प्रधानमंत्री श्री ऋषि सुनक की प्रामाणिक जीवनी है और न उनका गुणानुवाद गायन है। भारतीय नाम 'ऋषि' का सहज आकर्षण किसे न अपनी ओर खींच लेता? मैं भी इस डैशिंग व्यक्तित्व के बारे में जानने को आतुर हो गया। न तो मैं यह जानता था कि ये श्री नारायण मूर्ति और श्रीमती सुधा मूर्ति के जामाता हैं और न इनके हिन्दुपन का ही मुझे कुछ पता था। पर जैसे ही पता चला, इनके प्रेम ने यह पुस्तक मुझसे सेंत-मेंत में लिखवा ली। इसके लेखन में भी वही गति रही जो ऋषि के राजनीति में आने के बाद से लेकर प्रधान मंत्री बनने के दौरान तक रही।

मैं 'बल्ले बल्ले' करता हुआ इसे लिखने लगा। चूंकि मेरी रिसर्च तब शुरू हुई जब ऋषि ने दीपावली से पहले ही अपने आगमन के संकेत देने शुरू किये थे, इसलिए इसे आप तक पहुंचाने की जल्दी ने मुझे बहुत विस्तार से सामग्री संचयन का अवसर न दिया। फिर भी मैंने वह सब कुछ आपको यहाँ इस पुस्तक में दे दिया है जो कुछ आपको देना चाहिए था और जिसके आप अधिकारी हैं। मैं दावे के साथ कहता हूँ कि ऋषि सुनक पर हिंदी में यह पहली पुस्तक है और चाहे अब कोई कितना ही इनके बारे में विस्तार से लिख दे, यह 'अर्ध-कथानक' अग्रगण्य रहेगा।

आप सबकी ओर से- हम भारतीयों की ओर से- यह शब्द-गुच्छ भारत गौरव श्री ऋषि सुनक को सादर समर्पित है! आशा है, मुझे चाहे न भी हुई हो, आपको इससे 'अर्थ' की प्राप्ति कुछ न कुछ अवश्य होगी।

हृदय ही तुम्हें दान कर दिया, क्षुद्र था उसने गर्व किया।
तुम्हें पाया अगाध गंभीर, कहाँ जलबिन्दु कहाँ निधि क्षीर।

-डॉ. गोपाल शर्मा

भूमिका

'भारत गौरव ऋषि सुनक' पुस्तक के लेखक और प्रकाशक को बधाई देते हुए मुझे अपार हर्ष हो रहा है क्योंकि उन्होंने देश के करोड़ों हिंदी पाठकों को ऋषि सुनक की भारतीय पृष्ठ भूमि से ही परिचित नहीं कराया है बल्कि उनके वर्तमान क्रियाकलापों से भी परिचित कराया है। इस ग्रंथ की भूमिका लिखते समय मैं वही कहूँगा जो अन्यत्र कह चुका हूँ कि भारतीय ऋषि ने इंग्लैंड का भरोसा जीत कर न जाने कितने दिलों को भी जीत लिया है।

इस बार की दीपावली पर भारतीय लोगों को जश्न मनाने का दोहरा मौका मिला। पहला तो मेलबर्न में हुए क्रिकेट मैच में भारत की पाकिस्तान पर धमाकेदार जीत, दूसरा मात्र 42 वर्ष के भारतीय हिन्दू ऋषि सुनक का इंग्लैंड का प्रधानमंत्री चुना जाना। इंग्लैंड के गोरे लोगों ने ऋषि सुनक के रूप में एक युवा और दूरदर्शी भारतीय पर अपना भरोसा जताया है। अंतरराष्ट्रीय मीडिया का ऋषि के बारे में आंकलन है कि उनके पास ब्रिटेन में बड़े और राजनीतिक बदलाव करने के लिए दो साल का बहुत कम समय है। ऋषि सुनक के सामने अपनी पार्टी की छवि बचाते हुए अगले आम चुनाव तक प्रधानमंत्री की कुर्सी पर जमे रहने और ब्रिटेन की अर्थव्यवस्था में गिरावट को रोकने की दोहरी चुनौती है। ऋषि सुनक ने कोरोना महामारी के दौरान जबरदस्त तरीके से काम किया था, यही वजह है कि इंग्लैंड जैसे ईसाई देश ने एक हिन्दू नेता पर अपना भरोसा जताया। ऋषि न केवल अमीर हैं, बल्कि बेहद पढ़े-लिखें भी हैं। उन्होंने ऑक्सफोर्ड यूनिवर्सिटी से अपनी पढ़ाई पूरी की और स्टैनफोर्ड विश्व विद्यालय से एमबीए की डिग्री हासिल की। यहीं पर उनकी मुलाकात इंफोसिस के संस्थापक नारायण मूर्ति की बेटी अक्षता मुरथी से हुई, बाद में दोनों ने शादी कर ली। अक्षता कर्नाटक के हुबली में पैदा हुई और बेहद सीधी-सादी लेकिन विदुषी महिला हैं। लेकिन कौन जानता था कि वह अपने पति के लिए इतनी भाग्यशाली सिद्ध होंगी कि उन्हें ब्रिटेन के प्रधानमंत्री पद तक पहुंचा देंगी।

ऋषि सुनक में कोई ऐब नहीं है, वह चाय-सिगरेट तक से परहेज करते हैं। वह हिंदू परंपराओं का पूरा सम्मान करते हैं। अपने चुनाव प्रचार के दौरान ऋषि और अक्षता भगवा दुपट्टा ओढ़कर गोमाता का पूजन करते देखे गए

थे। हालांकि ऋषि द्वारा हिन्दू प्रतीकों को धारण करने से भारत के कथित सेक्यूलर नेता जाल उठे थे और भारत के वामपंथी विचारों वाले मीडिया ने ऋषि सुनक के खिलाफ दुष्प्रचार भी किया था। जम्मू कश्मीर की पूर्व मुख्यमंत्री और पीडीपी नेता महबूबा मुफ्ती आज शोर मचा रहीं हैं कि भारत को इंग्लैंड से सीखना चाहिए कि कैसे एक अल्पसंख्यक समुदाय से आने वाले ऋषि सुनक को ब्रिटेन के प्रधानमंत्री की कुर्सी सौंप दी। जिस पर भारतीय जनता पार्टी के नेताओं ने उनसे उल्टा सवाल पूछ लिया कि क्या वो जम्मू कश्मीर में किसी हिंदू मुख्यमंत्री को बर्दाश्त कर पायेंगी।

भारत ऐतिहासिक और आध्यात्मिक रूप से सामाजिक सद्भाव में भरोसा रखता है और पूरे विश्व को एक परिवार के रूप में स्वीकार करता है। दुनिया के किसी भी देश की तुलना में भारत में अलग अलग धर्मों के लोग पूरी शांति और सद्भाव के साथ निवास करते हैं। इसलिए हमें किसी और से यह सीख लेने की जरूरत नहीं है कि कैसे देश के सभी लोगों को उच्च पदों पर मौका देना है। हमारे राजनीतिक इतिहास और पार्टियों में हर समुदाय के लोगों को मौका देने के असंख्य मौके दिखाई देते हैं।

दरअसल ब्रिटेन ऐतिहासिक रूप से जबरदस्त आर्थिक संकट से गुजर रहा है। यही वजह है कि वहाँ के लोग अपना प्रधानमंत्री बलदलने को मजबूर हुए। सबकी उम्मीदें ऋषि सुनक पर टिकी हुई हैं। वह भी अपनी जिम्मेदारियों को बेहद अच्छी तरह समझ रहे हैं। इसलिए प्रधानमंत्री पद संभालने के बाद उन्होंने बयान दिया कि 'मैं अपने देश की एकता को बनाए रखूँगा, केवल शब्दों से नहीं बल्कि अपने कार्यों के जरिए। मैं आपके (ब्रिटिश जनता के) प्रति अपनी जिम्मेदारियों का निर्वहन करने के लिए दिन-रात काम करूंगा।' ऋषि ने अपने पहले की प्रधानमंत्री लिज ट्रस की तारीफ करते हुए उन्हें बदलाव के लिए आतुर बताया। लेकिन साथ ही ये कहा कि उन्होंने कुछ गलतियाँ की थीं। ऋषि सुनक ने बड़ा दिल दिखाया और ब्रिटेन की स्थिरता बनाये रखने को अपनी प्राथमिकता बताया। उन्होंने इशारा किया कि जल्दी ही कुछ कड़े फैसले लिये जा जकते हैं। ऋषि सुनक ब्रिटेन के व्यापार और आम लोगों की सुरक्षा के लिए प्रतिबद्ध हैं। उन्होंने वादा किया है कि उनकी सरकार हर स्तर पर ईमानदारी, जवाबदेही और कार्यकुशलता से अपना काम करेगी। ऋषि का यह भी वादा है कि वह अपने घोषणा-पत्र में अच्छे स्कूल, सुरक्षित सड़कें, सीमाओं की सुरक्षा, पर्यावरण का संरक्षण, सैन्य बलों की मदद, अर्थव्यवस्था में मजबूती जैसे किये हुए हर वादे को पूरा करेंगे। ऋषि

सुनक के तेवर देखकर लगता है कि वह अपनी जिम्मेदारियों से भागने वाले नहीं हैं।

यहाँ पर मैं अपने पाठकों को याद दिलाना चाहता हूँ कि ऋषि सुनक को ब्रिटेन के प्रधानमंत्री का पद बिल्कुल ऐसी ही परिस्थितियों में मिला है जैसा कि आज के आठ साल पहले मनमोहन सिंह का कार्यकाल समाप्त होने के बाद परिस्थितियाँ थीं। भ्रष्टाचार से ऊब चुकी जनता में राजनीतिक दलों से किसी तरह की उम्मीद नहीं बची थी। देश का हर महकमा दिशाहीन था। संक्षेप में कहा जाए तो उस समय भारत को नरेंद्र मोदी जैसे सशक्त नेतृत्व की बेहद सख्त जरूरत थी। ऐसे समय में मोदी जनता की उम्मीदों पर पूरी तरह खरे उतरे। उन्होंने देश की आर्थिक स्थिति को संभाला, सरकारी विभागों के लिए लक्ष्य तय किया, जरूरत पड़ने पर नोट-बंदी और सर्जिकल स्ट्राइक जैसे कड़े फैसले भी लिए। जिसके बाद भारत की जनता में एक विश्वास का भाव पैदा हुआ और प्रशासनिक व्यवस्था दुरुस्त होने से चारों ओर बदलाव दिखाई देने लगा। यही वजह है कि भारत अब 5 ट्रिलियन डॉलर की अर्थव्यवस्था बनने के करीब पहुँच रहा है।

ठीक उसी तरह एक युवा और ऊर्जावान हिन्दू ऋषि सुनक के सामने चुनौतियाँ तो हैं। लेकिन यह एक मौका भी है, जिसके जरिएं वह पूरी दुनियाँ के सामने यह साबित कर सकते हैं कि एक सनातनी भारतीय कड़ी से कड़ी चुनौती का सामना कर सकता है और विजेता बनकर उभर सकता है। एक भारतीय ऋषि सुनक ने गोरे अंग्रेजों के देश इंग्लैंड की मुश्किलों का समाधान करने का बीड़ा उठाया है जिससे कि रंगभेदी मानसिकता वाले यूरोपीय यह समझ जाएं कि दुनिया के सभी लोग एक जैसे होते हैं, चाहे उनकी चमड़ी का रंग जैसा भी हो। भारत विविधता में एकता पर भरोसा करता है। यही हमारे भारत और भारतीयों की खासियत भी है।

मैं जो यहाँ लिख रहा हूँ वह भूमिका लेखन का निर्वाह मात्र है, मूल कृति तो आपके सामने ऋषि सुनक के जीवन और उनके वंशानुक्रम का पूर्वापर विस्तार से बताएगी। इसके प्रत्येक अध्याय के पाठ से पाठक को गर्व की अनुभूति होगी, ऐसा मेरा विश्वास है।

-दीपक कुमार रथ

संपादक (उदय इंडिया)

दिल्ली

विषय सूची

शब्दोपहार 3

भूमिका 4

1. अभिनन्दन, हे ऋषि सुनक! 9
2. एक प्रवासी का उत्साह 40
3. एकदा नैमिषारण्ये! 49
4. एक दूजे के लिए 78
5. ऋषि राज का पूर्वापर 91
6. भविष्य के गर्भ में 118
7. आत्म-कथन : बकलम खुद 137

(1)

अभिनन्दन, हे ऋषि सुनक!

ऋषि सुनक का नंबर 10 डाउनिंग स्ट्रीट में प्रवेश एक अभूतपूर्व ऐतिहासिक घटना है। ब्रिटेन के सत्तानवे प्रधानमंत्री के रूप में उनका चयन भारत भर में गर्व, प्रेम, उल्लास और घमंड से देखा जा रहा है। एक नहीं अनेक किस्से कहानियां इनके भारतवंशी होने के प्रमाण में सुनी सुनाई जा रही हैं। सभी कुछ न कुछ श्रेय भी ले रहें हैं। ब्रिटेन के पूर्व प्रधानमंत्री डेविड कैमरन जो 2016 में इस्तीफा देने के बाद से राजनीति पर शायद ही कभी टिप्पणी करते हैं, उन्होंने भी एक ट्वीट किया। इस ट्वीट के द्वारा उन्होंने यह संकेत दिया कि जो हुआ है उसका पूर्वानुमान और पूर्वाभास उन्हें एक दशक पहले हो गया था। इस ट्वीट के साथ उन्होंने प्रमाण भी नत्थी किया। उन्होंने एक लिंक उस आयोजन के समाचार का जोड़ा जो डेविड महोदय ने अप्रैल 2012 में किया था। तब वे लिबरल डेमोक्रेट्स के साथ गठबंधन सरकार का नेतृत्व कर रहे थे। तब कंजर्वेटिव फ्रेंड्स ऑफ इंडिया के लॉन्च पर, कैमरन ने कहा था "हम एक महिला को प्रधानमंत्री (मार्गरेट थैचर) बनाने वाली पहली पार्टी थीं, हम (बेंजामिन) डिजरायली के रूप में एक यहूदी प्रधानमंत्री घोषित करने वाली पहली पार्टी थीं और जब मैं अपने आगे-पीछे की प्रतिभा को देखता हूँ तो मुझे लगता है कि हम एक ब्रिटिश भारतीय को प्रधानमंत्री पद से विभूषित करने वाली पार्टी सबसे पहले होने जा रहे हैं..."

कैमरन ने नवंबर 2015 में प्रधानमंत्री नरेंद्र मोदी की यात्रा के दौरान अनेक प्रवासी भारतीयों की उपस्थिति में खचाखच भरे वेम्बली स्टेडियम से अपनी भविष्यवाणी दोहराई: "10, डाउनिंग स्ट्रीट में एक ब्रिटिश भारतीय प्रधानमंत्री के आने में ज्यादा समय नहीं लगेगा (इट वोंट बी लॉन्ग बिफोर देयर इज ए ब्रिटिश इंडियन प्राइम मिनिस्टर इन 10 डाउनिंग स्ट्रीट)।" सुनक को बधाई देने वाली अपनी टिप्पणी में मोदी जी ने "यूके भारतीयों के जीवित

पुल" का संदर्भ देते हुए उस सांस्कृतिक कूटनीति की तरफ संकेत किया था जिसे इससे पहले, अमेरिका में भारत के पूर्व राजदूत हर्षवर्धन श्रृंगला ने भारतीय अमेरिकियों को "दुनिया के दो सबसे बड़े लोकतंत्रों के बीच एक जैविक पुल" करार दिया था। इस प्रकार भारत के लिए, ऋषि सुनक का ब्रिटेन का प्रधानमंत्री बनाये जाना "जीवित पुल" के नैरेटिव को मजबूत करने और अपनी सांस्कृतिक कूटनीति को बढ़ावा देने का अवसर प्रदान करता है। सुनक के कार्यालय ने कहा कि ऋषि सुनक ने अपने भारतीय समकक्ष नरेंद्र मोदी के साथ एक कॉल के दौरान खुद को ब्रिटेन और भारत के बीच ऐतिहासिक संबंधों के "दृश्य प्रतिनिधित्व" (विजुअल रिप्रजेंटेशन) के रूप में वर्णित किया।

सुनक तब बस 35 वर्ष के थे और तब पहली बार हाउस ऑफ कॉमन्स के लिए चुने गए थे और वे ब्रिटिश भारतीय समुदाय और भारत में आईटी प्रमुख इंफोसिस के संस्थापक एन आर नारायण मूर्ति के दामाद के रूप में जाने जाते थे। मोदी की उस यात्रा के दौरान, सुनक ने अपना दायित्व निभाते हुए कुछ बयान दिए थे, चर्चाओं में भाग लिया था और अपने कर्तव्य का सम्यक निर्वहन किया था। पर उनका योगदान सीमित था और वैसा ही था जैसा किसी नव-निर्वाचित संसद- सदस्य का हो सकता है।

कैमरन के इस कथन को तब किसी ने गंभीरता से नहीं लिया था। किसी भारतीय ने भी नहीं। पर कभी-कभी आम इंसान भी ईश्वर की तरह भविष्यवाणी कर देतें हैं। उनकी जिव्हा पर भी सरस्वती विराजमान हो जाती है। इस संयोग के सात वर्ष पश्चात आज ऋषि सुनक यूनाइटेड किंगडम के प्रधानमंत्री हैं। वे उस 'कैमरन सिद्धांत' के सबसे प्रमुख लाभार्थी है, जिसे 2005 में उनके कंजर्वेटिव नेता बनने पर रखा गया था।

24 अक्टूबर, 2022 की शाम को मेरे ज्येष्ठ पुत्र ने अपनी पत्नी और पुत्र आर्यव के साथ लंदन में टोरी पार्टी मुख्यालय के बाहर खड़े होकर कहा था, "मैं आज यहाँ इतिहास बनते देख रहा हूँ... डैडी! यह आप अपनी किताब में लिखना। एक दिन आपका पौत्र भी नीदरलैंड्स का प्रधानमंत्री बन जाये तो आपका भूत अतीत से उठकर भविष्य में वर्तमान होगा।"

सुनक की एक झलक पाने और ऐतिहासिक पल का हिस्सा बनने के लिए हम लोग वहाँ जा पहुंचे थे। 'एक प्रवासी का उत्साह' मेरे प्रवासी पुत्र के रूप में बोल उठा, "यह बहुत रोमांचक लगता है। मैं यहाँ आकर और इसका एक्सपीरियंस करके बहुत खुश हूँ।"

जैसे ही ऋषि कार से बाहर निकले, जयकार गूंज उठी और यद्यपि प्रतिक्रियाएं जयकार और ताली बजाने और केवल उदास चेहरे वाली तालियों के बीच बटी हुई थीं, फिर भी नए प्रधानमंत्री खचाखच भरी सीढ़ियों पर चढ़े और अपने इरादे के कुछ बहुत ही महत्वपूर्ण गैर–मौखिक संदेश भेजे। उनकी भाव भंगिमाएँ देखते ही बनती थीं। ऋषि ने एक अलग अभिवादन शैली का उपयोग करके प्रत्येक व्यक्ति का अभिवादन किया। किसी को भारतीय, किसी को इस्लामी और किसी को किसी दूसरी तरह से अभिवादन किया और लगातार किया। बच्चों को भी थपथपाया और युवक–युवतियों की तरफ भी अपनी मोहिनी मूरत का बाण चलाया यह हाथ मिलाने का कोई औपचारिक सिलसिला न था। ऋषि यह अनुभव करा देने में बहुत कामयाब थे कि वह प्रत्येक व्यक्ति के साथ बहुत ही व्यक्तिगत और अलग तरीके से संवाद कर रहे थे। एक बार जब वे पार्टी मुख्यालय के सामने पहुंचे तो विजयी प्रधानमंत्री ने अपनी भारी जीत का आनंद लेने और जश्न मनाने के लिए कुछ क्षण हम से साझा किये। सीढ़ियों के शीर्ष पर व्यापक दर्शकों के लिए उनका इशारा संयमित जीत में से एक था। ऋषि ने एक नई मुस्कान का इस्तेमाल किया, जो खुशी के एक झोंके के साथ कुछ चुलबुलापन न लाते हुए एक व्यापक गंभीरता की ओर इशारा कर रही थी।

यह बात काबिले तारीफ है कि ऋषि सुनक ने स्वयं इनमें से किसी भी संज्ञा या विशेषण को अपने नाम से तब नहीं जोड़ा जब उन्होंने प्रधानमंत्री पद की शपथ लेने के बाद राष्ट्र को संबोधित किया। जब वह पहली बार 10 डाउनिंग स्ट्रीट में पीएम के रूप में प्रवेश करने वाले थे, तो उन्होंने शीर्ष पद संभालने वाले पहले भारतीय मूल के या 'कलर' के व्यक्ति होने का कोई उल्लेख नहीं किया। उन्होंने ऐसा कोई ऐतिहासिक कारण न बताया और न किसी बात पर ध्यान दिलाया जिसका बाद में चर्चा–चर्वण होता।

हम सब वहां खुश हुए। मैं भी हुआ। मन में जो लड्डू फूट रहें हैं, चलो उन्हें आपस में बाँट कर खाएं!

ऋषि सुनक भारतीय मूल के एक ब्रिटिश राजनेता हैं, जिन्होंने 25 अक्टूबर, 2022 से यूनाइटेड किंगडम के प्रधानमंत्री के रूप में पद भार संभाला है। वे 24 अक्टूबर, 2022 को कंजरवेटिव पार्टी के नेता चुने गए। सुनक ने 2020 से 2022 तक राजकोष के चांसलर और 2019 से 2020 तक ट्रेजरी के मुख्य सचिव के रूप में कार्य किया, और वह 2015

से रिचमंड (यॉर्क) के लिए संसद सदस्य (सांसद) रहे हैं। यह उनका विकिपीडिया नुमा परिचय है। पूर्व पीएम मनमोहन सिंह के मीडिया सलाहकार रहे संजय बारू ने ऋषि सुनक की उपलब्धि पर लिखते हैं कि वह ब्रिटेन जो अब ग्रेट नहीं रहा, एक ऐसा किंगडम जो काफी मुश्किल से एकजुट है, उसने अपनी अर्थव्यवस्था को दुरुस्त करने और राजनीतिक स्थिरता लाने के लिए साम्राज्य के एक नौजवान को चुना है।

ऋषि सुनक ने भारत और ब्रिटेन की इतिहास की किताबों में अपना नाम शामिल करा लिया है। इससे पहले कि उन्हें यह दिखाने का मौका मिले कि वह किस तरह की विरासत छोड़ेंगे, वे बड़ी से बड़ी और छोटी से छोटी प्रतियोगी परीक्षाओं में पूछे जाने वाले एक संभावित प्रश्न हो गए हैं जिसका उत्तर न बता सकने वाला अमिताभ बच्चन के साथ 'कौन बनेगा करोड़पति' खेल न जीत पायेगा।

उनके भारतवंशी होने के कारण और भारत के एक प्रमुख टेक्नोक्रेट के चिरंजीव जामाता (दामाद) होने के कारण हमारी उनके बारे में विस्तार से जानने की इच्छा है। हम सब की जिज्ञासा को किसी हद तक दूर करने के लिए प्रस्तुत की गई इस रचना में आपको एक ऐसी कहानी मिलेगी जो भारत और भारत से बाहर रहने वाले सभी युवक-युवतियों को अपनी कहानी सी लगेगी। प्रेरणा भी इससे मिलेगी और आगे बढ़ने के लिए मार्ग दर्शन भी। ऋषि सुनक और अक्षता मूर्ति (नम्मा हुडुगी-हमारी बेटी) की इस अक्षत कहानी को हिंदी में सुनाने वाला पहला मैं हूँ तो इसको इस रूप में सुनने-पढ़ने वाले पहले आप भी हैं। दोनों ही भाग्यशाली हैं क्योंकि हम भारत की संतान हैं। हमें उन सब पर गर्व हैं जिनका 'तन मन' हिन्दू है और दिल हिंदुस्तानी है।

मैं एक बिन्दु परिपूर्ण सिन्धु है यह मेरा हिन्दू समाज
मेरा इसका संबन्ध अमर मैं व्यक्ति और यह है समाज
इससे मैंने पाया तन मन इससे मैने पाया जीवन
मेरा तो बस कर्तव्य यही कर दूं सब कुछ इसके अर्पण
मैं तो समाज की थाति हूं मै तो समाज का हूं सेवक
मैं तो समष्टि के लिए व्यष्टि का कर सकता बलिदान अभय
हिन्दू तन मन हिन्दू जीवन रग रग हिन्दू मेरा परिचय

"हम एक देश नहीं हैं। हम एक प्रोपराइटरशिप हैं जो सब कुछ अपनाना चाहता है, जिसमें वह भी शामिल है जो कभी हमारा नहीं था।" किसी

टिप्पणीकार ने सही पकड़ा है। हमारे लिए सारी दुनिया परिवार है और जितने नाते रिश्तेदारों के लिए शब्द हमारी भाषाओं में हैं उतने अंग्रेजी में तो बिलकुल हैं नहीं। इसलिए हम खोद खाद कर, जोड़ जाड कर ऋषि सुनक को अपने उस सिद्धांत में ले आये हैं जिसे 'सबका साथ' कहते हैं और जिसे शास्त्रों में 'वसुधैव कुटुम्बकम' आदि इत्यादि कहा जाता है। बेस्टसेलिंग लेखक अमीश त्रिपाठी, जिन्होंने 2019 में यूके में भारतीय उच्चायोग के मंत्री (संस्कृति) और यूके में भारतीय उच्चायोग के सांस्कृतिक विंग, नेहरू सेंटर (लंदन) के निदेशक के रूप में पदभार संभाला। उन्हें लगता है कि पश्चिमी देश में एक हिंदू पीएम का होना एक फायदे की बात हो सकती है। "सबसे पहले, हिंदू धर्म सबसे पुराना जीवित धर्म है; पर कई पश्चिमी लोगों द्वारा अपमानजनक रूप से बुतपरस्त कहा जाता है। व्यावहारिक रूप से पश्चिम में सभी मूर्तिपूजकों का सफाया कर दिया गया है, उनमें से अधिकांश को हिंसक रूप से समाप्त किया गया। पश्चिम में हिंदू धर्म के बारे में बहुत सी भ्रांतियां हैं, और इस तरह का एक स्पष्ट हिंदू चेहरा निश्चित रूप से कई पश्चिमी लोगों को हिंदू धर्म को अधिक समझदारी से तलाशने में मदद करेगा।"

अतीत से अब तक

"मेरे दादा जी के पूर्वी अफ्रीका में एक विमान में चढ़ने के साठ साल बाद, अक्टूबर की एक गर्म धूप वाली शाम में, उनकी परपोती, मेरे बच्चे, हमारे घर के बाहर गली में खेल रहे थे, दरवाजे पर रंगोली बना रहे थे, दीये जला रहे थे; दीपावली पर कई अन्य परिवारों की तरह मस्ती कर रहे थे। तब वो गली डाउनिंग स्ट्रीट थी और दरवाजे का नंबर 11 था।" वित्त मंत्री के रूप में पिछले दिनों ऋषि सुनक ने अपने परिवार की यात्रा को याद करते हुए लंदन में इंडियन ग्लोबल फोरम की एक मीटिंग में कहा था।

ऋषि सुनक को अपने अतीत पर गर्व है। उनका कहना है, "मैं जहां से आया हूँ, उस पर मुझे अविश्वसनीय रूप से गर्व है। मैं कौन हूँ, ये हमेशा मेरे अस्तित्व से जुड़ा रहेगा और यह मुझे एक ऐसे देश में रहने के लिए खुशी देता है, जहां मेरे जैसा कोई तमाम चुनौतियों के बावजूद चांसलर बन सकता है। हमारा काम अब यह सुनिश्चित करना है कि यह ब्रिटिश भारतीय कहानी का अंत नहीं है, बल्कि शुरुआत है।"

खुद को "पूरी तरह से ब्रिटिश" कहते हुए, उन्होंने यह भी स्वीकारोक्ति प्रस्तुत की है कि उनकी धार्मिक और सांस्कृतिक विरासत भारतीय पत्नी

अक्षता मूर्ति की तरह "भारतीय" है और "वह एक हिंदू होने के बारे में स्पष्ट हैं।" उन्होंने पहले भी धार्मिक आधार पर गोमांस से परहेज करने और अपने डेस्क पर गणेश जी की मूर्ति रखने के बारे में अपने विचार रखे थे।

आज फिर से दीपावली है। हमारा त्योहार। हिन्दुओं का यह दीपोत्सव पर्व भगवान् राम के चौदह वर्ष के बनवास के बाद अयोध्या आने की याद में हर वर्ष मनाया जाता है। अयोध्या में मिट्टी के लाखों दीपकों को एक साथ जलाकर विश्व रिकार्ड बनाया जा रहा है। शोभा यात्राएं निकाली जा रहीं हैं। देश भर में प्रदूषण के बावजूद पटाखे चलाये जा रहें हैं। उत्साह का पारावार नहीं। क्रिकेट के खेल में हिंदुस्तान ने पाकिस्तान को एक बार फिर से हरा दिया है। इसलिए आतिशबाजी दिन में ही हो रही है। कल से ही हो रही है क्योंकि धन तेरस के दिन जीत का यह समाचार जो आया है।

आज यह जीत दुगुनी हो गई है। एक समाचार और आया है। जब भारत में ही नहीं समस्त विश्व में हम हिंदू समृद्धि और सफलता के लिए देवी लक्ष्मी से प्रार्थना कर रहें हैं, हमारा एक हिन्दू पुत्र जिसका नाम ऋषि सुनक है वह दीवाली के त्योहार की शुरुआत में ब्रिटेन के अगले प्रधानमंत्री बन गया है। इस समाचार ने भारत के हिन्दुओं के ही नहीं बल्कि पाकिस्तान के मुसलमानों के मन में भी खुशी भर दी क्योंकि आजादी से पहले के अखंड भारत से परदेश जाने वाले ऋषि के पूर्वजों ने जो संघर्ष किया उसका सुफल उन्हें ब्याज सहित अब मिलने जा रहा है। उनकी आत्मा तो अब स्वर्ग से अपने इस पौत्र- प्रपौत्र को आशीर्वाद दे ही रही होगी, ऋषि के सास-ससुर भारत के बंगलौर शहर में बैठे खुद को गौरवान्वित महसूस कर रहें हैं। और वे गर्व से क्यों न भर जाएँ, इससे बड़ा क्या खुशी का पल होगा?

गौरव और अभिमान की बात

ऋषि सुनक ब्रिटेन के प्रधानमंत्री बन गए हैं। इस पर भारतीयों का प्रमुदित होना कुछ लोगों को 'बेगानी शादी में अब्दुल्ला दीवाना' की तर्ज पर अजीब लगेगा। फिर भी सच तो यही है कि वे भारतवंशी ही नहीं भारत के एक सुप्रतिष्ठित परिवार के आदरणीय जामाता भी हैं। यह तो आपको और हमें अच्छी तरह मालूम है कि ऋषि सुनक भारतीयों के नहीं, अपनी पार्टी-कंजर्वेटिव पार्टी- के प्रतिनिधि हैं। पर फिर भी उनका इस पद पर पहुंचना हम सब के लिए गौरव और अभिमान की बात है। उनके लिए तो

यह आशा और विश्वास का भी पल है जिनके पुत्र-कलत्र विगत दशकों में यूरोप और अमेरिका में जा बसे हैं।

जश्न मनाते हुए भारत के कई लोग न जाने क्या क्या बोल जाते हैं। हरेक बहुत कुछ जानने का दावा करता है। हमें यूके के प्रधानमंत्री के बारे में कई अज्ञात तथ्य मिलते हैं, जिनके बारे में न कोई साक्ष्य होता है और न तुक या तर्क। बस विश्वास होता है और होता है बहुत-सा घमंड-मिश्रित गर्व। कुछ तो कुछ भी नहीं जानते पर बहुत कुछ जानने का भ्रम पाल लेते हैं। कहा सुना जा रहा है कि चार साल की उम्र में, ऋषि सुनक के शिक्षक ने भविष्यवाणी की कि यह बालक जीवन में महान कार्य करेगा। और एक अरबपति की अरबपति बेटी से शादी करना ऋषि का वह "महान काम" था जो उसने करके अपने गुरू की भविष्यवाणी को सत्य सिद्ध किया। कोई उसकी सफलता को गौसेवा का प्रसाद बता रहा है तो कोई हाथ में बंधे रक्षा सूत्र को इंगित करके मन्त्र मुग्ध हो रहा है। जिसके किसी दूर के रिश्तेदार ने भी कभी इंफोसिस में काम किया था, वह भी जीजा-साले का बादरायण सम्बन्ध बता रहा है। हम तो ऐसे ही हैं। मैं जो ये पुस्तक लिख रहा हूँ और आप जो यह पुस्तक खरीदकर पढ़ रहें हैं, उसके पीछे भी तो इस अनाम बंधन और रिश्ते का सम्बन्ध है। है, ना!

ब्रिटेन के प्रधानमंत्री के आवास को 10 डाउनिंग स्ट्रीट कहते हैं। इसमें एक हिंदू का आवास निवास होगा यह जानकर सुखद आश्चर्य होना स्वाभाविक है। बहुत खुशी की बात है, और वह भी दिवाली पर। हाउस ऑफ कॉमन्स में सांसद चुने जाने पर भगवद गीता पर हाथ रखकर अपनी निष्ठा की शपथ लेने वाले धर्मनिष्ठ हिंदू पूर्व वित्त मंत्री और अब ब्रिटेन के प्रधानमंत्री ने अपनी हिन्दू-आस्था पर इस लंबे अभियान के दौरान भी समय निकाला और कभी मंदिर में दर्शन के लिए प्रस्तुत रहे और कभी सत्संग और गौसेवा के लिए भी। तभी तो देश विदेश के अनेक लोग उनकी तहे दिल से प्रशंसा और बड़ाई करते रहे- करते हैं। न जाने कितने लोग उनकी सफलता के लिए प्रार्थना कर रहे थे। अब जीत के लिए की जा रही अनेक प्रार्थनाओं का जवाब मिल गया है। सुनक ने जीत हासिल कर ली है, जिसे कुछ समय पहले उनसे मानो जबरन छीन ही लिया गया था।

ऋषि एक, सनक हजार!

ऋषि सुनक भारतीय नहीं हैं, यह अटल सत्य है। वह साधिकार और जन्मजात ब्रिटिश हैं। यहां तक कि उनके 'भारतीय मूल' की बात भी अतिशय

उक्ति है- अतिशयोक्ति ही है क्योंकि उनके माता-पिता पूर्वी अफ्रीकी एशियाई हैं। वे स्वतंत्रता से पूर्व के अखंड भारत के गुजरांवाला से 1935 में पूर्वी अफ्रीका चले गए थे। पाकिस्तान में, ऋषि सुनक के पूर्वजों का जन्म विभाजन का एक और अधूरा एजेंडा है। पहलवानों के शहर गुजरांवाला में, कुछ पहलवानों सहित वहां के निवासियों का एक समूह ब्रिटिश पीएम को बधाई देने के लिए बाहर निकलकर सड़कों पर आ गया था। नैला इनायत, एक फ्रीलांस पाकिस्तानी पत्रकार लिखती है "अब अमेरिकी राष्ट्रपति का यूके के पीएम को 'रशीद सुनूक' कहना कोई संयोग नहीं है, क्या होता यदि उनका परिवार होता और वह पाकिस्तान में रहता तो आज उसका नाम 'रशीद' सुनूक ही होता। वह कब का कलमा पढ़ चुका होता। दरअसल गुजरांवाला आज के पाकिस्तान में है। लेकिन हमें यह कभी पढ़ने को नहीं मिलेगा, 'पाकिस्तान को अपना पहला हिंदू पीएम मिला।' क्योंकि पाकिस्तान अपने हिंदुओं या गैर-मुस्लिम नागरिकों को प्रधानमंत्री या राष्ट्रपति के सर्वोच्च सार्वजनिक पदों पर आसीन होने से रोकता है। पीएम की तो बात ही छोड़िए, मंदिरों और गुरुद्वारों की देखभाल करने वाले भी बहुसंख्यक मुस्लिम हैं। यहां तक कि संघीय मंत्रिमंडल में भी अल्पसंख्यक समुदायों का कोई सदस्य नहीं है।"[1]

फिर भी ऋषि हमें अपना सा लगता है क्योंकि 2009 में बैंगलोर शहर के विख्यात होटल में उसकी शादी बड़ी धूमधाम से नारायण मूर्ति की बेटी अक्षता से हुई थी और वे दो कन्याओं के पिता हैं। हमें यह नहीं भूलना चाहिए कि अक्षता ने अपने भारतीय पासपोर्ट को अपने पास अब तक रखा हुआ है, और ऋषि हमेशा ब्रिटिश नागरिक, जन्म से ब्रिटिश पासपोर्टधारी नागरिक रहे हैं।

आम आदमी नहीं समझता कि ऋषि जन्म से ब्रिटिश हैं, लेकिन इससे उन्हें क्या? हम हिंदुओं को इस बात का ही गर्व और संतोष है कि हम में से एक ने इस स्थान पर आसन जमाया है। सुनक ने हिन्दू धर्म पर अपनी आस्था को बार-बार रेखांकित किया है। "ब्रिटिश भारतीय वह श्रेणी है जिसे मैं जनगणना के समय टिक करता हूँ, हमारे पास इसके लिए एक श्रेणी है। मैं पूरी तरह से ब्रिटिश हूँ, यह मेरा घर और मेरा देश है, लेकिन मेरी धार्मिक और सांस्कृतिक विरासत भारतीय है, मेरी पत्नी भारतीय है। मैं एक हिंदू होने के बारे में खुला और स्पष्ट हूँ, " सुनक ने 2015 में बिजनेस

स्टैंडर्ड को दिए गए एक साक्षात्कार में कहा था। पूजा करके और हिंदू धार्मिक पाठ में शामिल होकर बताया है कि वे तन-मन से हिन्दू हैं। जन्माष्टमी पर गौसेवा करके जताया है कि वे कैसे हिन्दू हैं। 2020 में सुनक ने खुद तब इतिहास रचा था जब उन्होंने यूके के चांसलर के आधिकारिक आवास 11 डाउनिंग स्ट्रीट के बाहर दिवाली की मोमबत्तियां और दीपक जलाये थे। ब्रिटिश राजनीति में एक हिंदू के रूप में अपने अनुभव के बारे में बताते हुए, सुनक ने 'द टाइम्स' को बताया, "इट वाज इन ए सेंस गोष, दिस इज ग्रेट, बट आल्सो दैटश्ज जस्ट ब्रिटैन" उन्होंने आगे कहा, "होपफुली इटश्ज ए सोर्स ऑफ कलेक्टिव प्राइड अक्रोस द कंट्री।"

एक सांसद के रूप में, भगवद गीता पर हाथ रखकर शपथ लेकर अपने विश्वास के प्रति अपनी प्रतिबद्धता को स्पष्ट किया था। नए सदस्यों के शपथ ग्रहण का आधिकारिक रिकॉर्ड बताता है कि ब्रिटेन की संसद के सदस्यों को शपथ लेने के लिए उपलब्ध विविध विकल्पों की पूरी श्रृंखला है, पवित्र पुस्तक की पसंद से लेकर जिस भाषा में शपथ लेनी है इसके लिए विकल्प हैं। और इसलिए हर बार कुछ सदस्य बाइबिल को चुनते हैं और कुछ गीता या कुरान को (आलोक शर्मा ने भी गीता को चुना था) इसी प्रकार कुछ ने अंग्रेजी के अलावा वेल्श या उर्दू में शपथ लेने का विकल्प भी चुना।

ब्रिटेन के नए प्रधानमंत्री ऋषि सुनक को 10 डाउनिंग स्ट्रीट में अपने पहले भाषण के दौरान पवित्र लाल हिंदू 'कलावा' धागा पहने देखा गया था। मौली या कलावा एक सूती लाल धागा है, जिसे बहुत पवित्र माना जाता है और हिंदुओं के सभी धार्मिक उद्देश्यों के लिए उपयोग किया जाता है। धागे का उपयोग देवता को वस्त्र चढ़ाने के लिए भी किया जाता है। मौली धागा किसी भी पूजा का एक अभिन्न अंग होता है।

बीबीसी की रेडियो (4) सेवा- बांगला भाषा में सेवा से यह वार्ता उस दिन प्रसारित हुई थी जिस दिन टोरीज ने एक नया नेता चुना, एक वैष्णव हिंदू शिक्षक और धर्मशास्त्री अखण्डाधिदास ने, ऋषि सुनक की अपेक्षित जीत को भगवान राम के वनवास से लौटने के साथ जोड़ते हुए कहा था "आज, दुनिया भर में बहुत से हिंदू और सिक्ख रोशनी का वार्षिक त्योहार दिवाली मना रहे हैं। मुझे लगता है कि ब्रिटेन में कई लोगों के लिए इस पिछले सप्ताहांत में राम की घर वापसी की कहानी को हमारे वर्तमान राजनीतिक परिदृश्य से जोड़ना अस्वाभाविक लग सकता है। एक निर्वासित शासक की

संभावित वापसी, या एक ऋषि की अवतारणा, ऋषि का संस्कृत शब्दावली और परंपरा से संबंधित न करना कठिन होगा। एक हिंदू ऋषि के लिए ब्रिटेन देश का नेता बनना... दिवाली की कहानी से यहाँ समानताएं बहुत स्पष्ट और राजनीतिक हैं, राम के राज्य अयोध्या के निवासियों की तरह, उन सभी वर्षों पहले, हम भी गहरी चिंता और हताशा के समय का सामना कर रहे थे... ऐसा कहा जाता है कि अयोध्या के नागरिकों के लिए जीवन एक ठहराव पर पहुंच गया था। ऐसी परिस्थितियों में, एक उद्धारकर्ता की आशा करना स्वाभाविक है, कोई सब कुछ ठीक कर दे।"

धर्म की बात- उनके हिन्दू होने की बात को छोड़ भी दें तो भी यह निश्चित रूप से भारत के लिए राष्ट्रीय गौरव का क्षण है।

आशा और विश्वास के प्रतीक

ऋषि भारत और ब्रिटेन के बीच संबंधों को बेहतर करेंगे। वे पहले भारतीय मूल के प्रधानमंत्री बनने के लिए निश्चित रूप से ब्रिटेन-भारत संबंधों को बदलने की कोशिश करेंगे। भारत-ब्रिटेन द्विपक्षीय संबंधों के लिए सुनक का दृष्टिकोण ब्रिटेन के लिए भारत में माल बेचने के अवसर से आगे निकल गया प्रतीत होता है, वे मानते हैं कि ब्रिटेन को भी "भारत से सीखना" होगा 'सीखना' चाहिए। वे हमारे देश के नागरिक नहीं पर उनसे हमारा बादरायण सम्बन्ध है। रोटी-बेटी का रिश्ता तो है ही। यह हमारा अपनत्व भाव ही तो है जिसकी वजह से हम भारतीय आमतौर पर विदेशों में रहने वाले प्रवासी भारतीयों की उपलब्धियों को अपनी मानकर देखते हैं। और उन पर गर्व करते हैं- चाहे वह गूगल और माइक्रोसॉफ्ट का नेतृत्व करने वाले भारतीय हों या कमला हैरिस हों जिनको अमेरिका का उप राष्ट्रपति बनते देख मैंने उन पर अंग्रेजी में तब एक पुस्तक ही लिख दी थी। पुस्तक तो मैं अब भी लिख रहा हूँ पर कमला हैरिस और ऋषि सुनक में अंतर है। अंतर यह है कि भारत के साथ सुनक के सम्बन्ध दूर दूर के हैं, उनके अपने रिश्तेदार अब भारत में नहीं हैं। उनके दादा-दादी ब्रिटिश भारत से उत्पन्न हुए थे और उनका जन्मस्थान गुजरांवाला (अब पाकिस्तान) के पंजाब प्रांत में स्थित है। ऋषि सुनक के माता-पिता- सेवानिवृत्त डॉक्टर यशवीर और फार्मासिस्ट उषा सुनक- भारतीय मूल के हैं और 1960 के दशक में केन्या से यूके चले आये थे। उनके माता-पिता ने 1960 के दशक में भारत से पूर्वी अफ्रीका से

ब्रिटेन तक एक अच्छी तरह से उत्तर-औपनिवेशिक मार्ग का अनुसरण किया। दक्षिणी इंग्लैंड में एक अनाम बंदरगाह शहर साउथम्पटन में बसने के बाद उनकी माँ ने एक फार्मासिस्ट और उनके पिता ने एक जनरल डॉक्टर का कार्य करते हुए समाज सेवा की। दंपत्ति ने अपने लड़के को सबसे अच्छी (या कम से कम सबसे महंगी) शिक्षा दी जो वे कर सकते थे। उनकी जातीय पृष्ठभूमि के साथ-साथ, उनके बाद के करियर के बारे में सब कुछ अव्वल दर्जे का है : बोर्डिंग स्कूल, ऑक्सफोर्ड, गोल्डमैन सैक्स, स्टैनफोर्ड बिजनेस स्कूल, एक हेज फंड, फिर एक थिंक टैंक, फिर एक राजनीतिक करियर। वे परंपरा के साथ आधुनिकता को जोड़ने की ब्रिटेन की निरंतर इच्छा का प्रतिबिंब है।

ब्रिटेन की राजनीतिक परिपक्वता के प्रतीक

ब्रिटेन में एक दक्षिणपंथी पार्टी के द्वारा भारतीय मूल के व्यक्ति को जब प्रधानमंत्री के पद के लिए चुना गया तो किसी भी सांसद द्वारा ये नही कहा गया कि ये विदेशी मूल के व्यक्ति हैं। इसलिए मैं उनके प्रधानमंत्री बनने पर सर मुंडवा लूंगा या सर मुंडवा लूंगी। राजनीति में पहचान के स्थान के संदर्भ में, तुलना अनिवार्य रूप से भारत से भी की जाना स्वाभाविक है और की गई थी। सोनिया गांधी का विदेशी मूल का होना उनके रास्ते में आ गया था और शायद 2004 में औपचारिक सत्ता उनकी पहुँच से बाहर हो गई थी और उन्होंने स्वत: ही प्रधानमंत्री पद से किनारा कर लिया था और उनके समर्थकों ने इसे उनका अनुकरणीय त्याग घोषित कर दिया था। इक्कीसवीं सदी में जब भारत में एक महिला का विरोधी पार्टी के द्वारा विदेशी मूल का होना एक मुद्दा बना दिया जाता है, पुरजोर विरोध किया जाता है। इसी सदी में लंदन के मेयर के पद में पाकिस्तानी मूल के मुहम्मद सादिक तो ब्रिटेन के प्रधानमंत्री के पद में भारतीय मूल के ऋषि सुनक चुने जाते हैं।

इसे उदारवाद कहते हैं, इसे ही बाहुल्यता कहते हैं। इसे ही एकता कहते हैं। ब्रिटेन ने दिखा दिया है कि वहां का समाज और राजनीतिक पार्टियां कितनी उदार हैं, कितने परिपक्व हैं। यह पहली बार नहीं हुआ कि ब्रिटेन का प्रधानमंत्री वह बना है जो कि ईसाई नहीं है। इससे पहले 1868 में बेंजामिन डिजराइली ब्रिटेन के प्रधानमंत्री बने थे जिनके पिता यहूदी थे। मगर उनके पिता का 1813 में अपने सिनेगॉग (यहूदी मंदिर) के साथ कुछ विवाद हो गया और उन्होंने यहूदी धर्म छोड़ दिया था। उसके बाद उन्होंने ईसाई धर्म

अपना लिया और अपने बच्चों की परवरिश ईसाई धर्म के अनुसार की। याद रहे कि 1858 तक यहूदी धर्म के लोगों की ब्रिटेन की संसद में प्रवेश पर रोक लगी हुई थी। आज ब्रिटेन में राजनीतिक परिदृश्य कुछ ऐसा ही है... प्रधानमंत्री हिन्दू है, लंदन का मेयर मुसलमान है और देश का राजा ईसाई है।[2] उनके पदभार ग्रहण करने के तरीके में एक दिलचस्प बात नजरअंदाज हो गई लगती है कि उन्हें एक बेताज राजा द्वारा "ताज" पहनाया गया था। क्योंकि तब उस दिन तक एक समारोह में राजा का ताज पहनाया जाना बाकी था, जहां कैंटरबरी के आर्कबिशप उन्हें वह आभा-मंडल प्रदान करें, जिसका ताज एक प्रतीक है। एक ईसाई बहुल देश में भगवद गीता द्वारा एक हिंदू प्रधानमंत्री को शपथ दिलाई गई थी। और वह इंग्लैंड के चर्च के लिए आर्कबिशप को चुनने में राजा को सलाह देगा! मजे की बात यह है कि ब्रिटेन में, राज्य संवैधानिक रूप से ईसाई है। लेकिन अल्पसंख्यकों सहित सभी नागरिक कानून के समक्ष समान हैं और पूर्ण लोकतांत्रिक और नागरिक अधिकारों की गारंटी देते हैं।

ब्रिटेन के लोगों के लिए, सुनक का भारतीय मूल, का होना कोई आश्चर्य की बात नहीं है, और न ही यह विशेष रूप से टिप्पणी के योग्य है। शुरुआत में मैदान में आने वाले 11 सांसदों में से चार महिलाएं थीं, और केवल तीन ही थे जिन्हें व्हाइट ब्रिटिश मेन कहा जा सकता था। दो पाकिस्तानी मूल के थे, एक नाइजीरियाई और एक कुर्द, और दो भारतीय मूल के। ऋषि सुनक के भारतीय या हिंदू मूल का होना उनके लिए संयोग मात्र था वे वहां ब्रिटिश राजनीति में विविधता के व्यापक बहुरूपदर्शक के हिस्से के रूप में देखे गए थे।

"कुछ लोग अभी भी इस बात से हैरान हैं कि ऋषि सुनक की जाति क्यों मायने रखती है। यह शाही संदर्भ (इम्पीरीअल कांटेक्स्ट) के कारण मायने रखता है, "एम्पायरलैंड: हाउ इंपीरियलिज्म हैज शेप मॉडर्न ब्रिटेन" के लेखक सतनाम संघेरा ने ट्वीट किया। भारतीय 1947 में देश की स्वतंत्रता और उसके बाद के खूनी विभाजन के बाद हुई अराजकता को नहीं भूले हैं, जिसके दौरान 500,000 से 2 मिलियन लोग मारे गए थे और अनुमानित 15 मिलियन लोग अपनी जड़ों से उखड़ गए थे। सुनक की नियुक्ति का महत्व यह है कि यह यूके में भारतीय डायस्पोरा की सफलता को रेखांकित करता है, जहां लगभग 7% आबादी दक्षिण एशियाई मूल की है।

'न्यूजलौंडरी' में प्रकाशित जमनी एन राव के आकलन के अनुसार ऋषि सुनक का उदय दिखाता है कि जब प्रक्रिया खुली और स्वागत योग्य हो तो

क्या क्या संभव है। व्यक्ति पर, और विशेष रूप से भारतीय मूल और व्यक्ति के हिंदू धर्म पर ध्यान केंद्रित करके, भारत के मीडिया टिप्पणीकार ब्रिटिश समाज की भूमिका और राजनीतिक प्रक्रिया की खुली प्रकृति को नोट करने में विफल रहे हैं जो योग्यता को पहचानती है और योग्य प्रतिभा को बढ़ावा देती है। व्यक्तिगत पहचान के गुण जैसे धार्मिक संबद्धता और नस्लीय मूल अप्रासंगिक हो गए हैं।

चर्चा और ठहाके आम लन्दन वासियों में इस बात को लेकर भी खूब है कि 10 डाउनिंग स्ट्रीट (जिसे अब 10 ब्राउनिंग स्ट्रीट कहा जा रहा है) में बहुत समय से लैरी नाम की बिल्ली रह रही है, उसने ऋषि सुनक का उनके नए घर में स्वागत किया। लैरी ने इनसे पहले कई प्रधानमंत्रियों को आते-जाते देखा है, लेकिन डाउनिंग स्ट्रीट के 10 वे घर में वह बदस्तूर मौजूद रही है। वह अब चिंतित है क्योंकि ऋषि बिल्लियों को नहीं बल्कि कुत्तों को अधिक पसंद करता है। उसके पास लैब्राडोर कुत्ता है। उसका नाम नोवा है। अब लैरी बिल्ली को नोवा कुत्ते से बराबरी का रिश्ता कायम रखना होगा। नहीं तो उसकी खैर नहीं।

सुनक परिवार

सुनक परिवार के 1935 में भारत से कीनिया जाने और वहां से 1960 के दशक में इंग्लैंड आकर बस जाने की कहानी एक ओर तो भारतीय परिवार की एकजुटता और संघर्ष की कहानी है, दूसरी ओर अंग्रेजी-जनमानस और मुख्यत: अभिजात वर्ग की तरलता और नस्लवाद के साथ उसके जटिल संबंधों का रोचक आख्यान भी है। यह गाथा सलमान रुश्दी के उपन्यास जैसी जादुई यथार्थता को समेटे है और अमृत लाल नागर के कथानकों सी चित्ताकर्षक है। इस परिवार की जिसे आज हर कोई 'सुनक वंश' कह कर आदर दे रहा है उसके व्यक्तिगत पारिवारिक इतिहास को ब्रिटिश सपने की पूर्णता के रूप में देखा और पढ़ा जा सकता है: यह विचार कि यूके या विलायत अवसरों की सरजमीं है, जहां आप कहीं से भी आते हैं, पर यदि आप कड़ी मेहनत करते हैं, तो आप यहाँ शीर्ष पर अपना स्थान बना सकते हैं। सफलता की कुंजी 'परिश्रम और दृढ़ संकल्प' में निहित है।

ऋषि का विवाह बैंगलोर में इंफोसिस के सह-संस्थापक नारायण मूर्ति की बेटी अक्षता मूर्ति से हुआ था और इनकी दो बेटियां- कृष्णा और अनुष्का

हैं। ऋषि की ससुराल जरूर है भारत में, किन्तु वे न तो मुझे कुछ बताने वाले हैं और न मैं कुछ पूछ ही सकूंगा।

भारत में ऐसा कोई गांव या कस्बा नहीं है जहां मैं ऋषि सुनक के नाते रिश्तेदारों या शिक्षकों का साक्षात्कार करने के लिए दौड़ सकूँ और आपको बता सकूँ कि ऋषि का बचपन किन अभावों में गुजरा या किनसे उनका दोस्ताना रहा। भारत में तो वे शायद तब आये जब उनका सम्बन्ध भारत की बेटी से हुआ। कमला हैरिस की माता जी दक्षिण भारत में पैदा हुई थीं और वे दिल्ली में पढ़ीं। उनके रिश्तेदार चेन्नई और दिल्ली में अब तक हैं। सुनक का भारत में पिता की तरफ का कोई रिश्तेदार नहीं है। देश में उनके एकमात्र रिश्तेदार उनके सास-ससुर हैं, जो विश्वविख्यात कंपनी इंफोसिस के लिए जाने जाते हैं। उनके ससुर नारायण मूर्ति ने इस कंपनी की सह-स्थापना की थी और वे सॉफ्टवेयर दिग्गज के रूप में ख्यातनाम हैं। सुधा मूर्ति उनकी सास हैं और वे अपनी सादगी और लेखन के लिए लोकप्रिय हैं। मूर्ति 2011 में सेवानिवृत्त हुए और वह और उनकी पत्नी सुधा, दक्षिण भारत के बैंगलोर में एक छोटे से फ्लैट में और निरापद जीवन जी रहे हैं।

कैसी खुशी ले के आया ये पर्व!

अहा! कैसी खुशी ले के आया ये पर्व! देखो! और जश्न मनाओ। भारतीय मूल के नर-पुंगव ने दीपावली के पावन पर्व पर ब्रिटेन के पीएम के रूप में पदभार संभाला है इसका तात्पर्य है कि हिंदू देवी-देवताओं ने उन्हें आशीर्वाद दिया है। लक्ष्मी के वरद पुत्र ऋषि सुनक ने लक्ष्मी देवी को तो पहले ही प्रसन्न कर लिया था और इसके कारण वे बहुतों के लिए ईर्ष्या और जलन की वजह भी थे किन्तु अब तो भगवान् राम ने भी इनका राजतिलक उस दिन किया है जिस दिन उनका राजतिलक त्रेता युग में किया गया था। भारत की जय जयकार यत्र-तत्र- सर्वत्र हो रही है। नरेंद्र मोदी ही नहीं दुनिया में और भी भारत पुत्र हैं जो इस देश की सनातन संस्कृति के ध्वज वाहक बने हैं। कभी ये देश हम पर शासन करता था आज आजादी के पचहत्तर वर्षों के बाद हमने पासा पलट दिया है। उपनिवेशवाद को धता बता कर उसे चित कर दिया है।

चर्चा चर्चिल की

कुछ दिन पहले ही तो ऋषि सुनक ने कहा था "चांसलर होने के बारे में सबसे अच्छी चीजों में से एक है ब्रिटेन की सबसे प्रसिद्ध ऐतिहासिक

इमारतों में से कुछ में काम करने का अवसर प्राप्त करना। इस हफ्ते मैं उस बालकनी में गया जहां चर्चिल ने आज से 75 साल पहले अपना विजय भाषण दिया था। इसने मुझे याद दिलाया कि जब ब्रिटेन एक साथ आता है तो हम कुछ भी कर सकते है। "सुनक जन्म से एक ब्रिटिश नागरिक रहे हैं और इस नाते बचपन से खुद को चर्चिल के प्रशंसक के रूप में देखते रहे हैं।

विजय पर्व की इस बेला में भारत में भी सब- आम आदमी से लेकर आनंद महेंद्र तक सब लिख रहे हैं, ट्वीट कर रहे हैं। इंस्टाग्राम का सहारा लेकर अमिताभ बच्चन ने एक तस्वीर साझा करते हुए लिखा, "जय भारत... अंततोगत्वा ब्रिटेन को अपनी मातृभूमि से प्रधानमंत्री के रूप में एक नया वायसराय प्राप्त हुआ है।" पूर्व भारतीय राजनयिक कंवल सिब्बल ने एक ऐसे भारतीय के "पोएटिक जस्टिस" के बारे में ट्वीट किया, जो उस देश का नेतृत्व कर रहा था जिसने कभी भारत को उपनिवेश बनाकर उस पर राज किया था। 'डेक्कन हेराल्ड' में एक ऑप-एड ने "यूके के विपरीत सांस्कृतिक उपनिवेशीकरण" को भारतीयों द्वारा सुनिश्चित करने का उत्साहपूर्ण विवेचन किया गया है।

भारत के राजनीतिक अखाड़े ने ऋषि सुनक के प्रधानमंत्री बनने के बाद भारतीय जनता पार्टी को चुनौती देना शुरू कर दिया जैसे कि ऋषि को प्रधानमंत्री बनाने में नरेन्द्रा मोदी का हाथ हो। चिदंबरम ने एक ट्वीट में कहा, ''पहले कमला हैरिस और अब ऋषि सुनक। अमेरिका और ब्रिटेन के लोगों ने अपने देशों के गैर-बहुसंख्यक नागरिकों को गले लगाया है और उन्हें सरकार में उच्च पद के लिए चुना है।'' उन्होंने साथ ही यह भी कहा, ''मुझे लगता है कि भारत और बहुसंख्यकवाद का पालन करने वाले दलों को एक सबक सीखना चाहिए।'' सांसद महुआ मोइत्रा ने कहा, ''एक ब्रिटिश एशियाई को शीर्ष पद पर चुनने के लिए मुझे ब्रिटेन पर गर्व है, जो मेरा दूसरा पसंदीदा देश है। उन्होंने कहा, ''भारत अधिक सहिष्णु हो और सभी धर्मों, सभी पृष्ठभूमियों को अधिक स्वीकार करें।' कांग्रेस सांसद शशि थरूर ने कहा कि ब्रिटेन ने अपने नस्लवाद को पछाड़ दिया है, अन्य धार्मिक विश्वासों के लोगों को आत्मसात करने और स्वीकार करने की जबरदस्त इच्छा दिखाई है और इन सभी से ऊपर उन्होंने व्यक्ति की योग्यता को देखा है। हमें जाति, धर्म और वर्ग और भाषा और क्षेत्र के कुछ विचारों से परे देखने के लिए तैयार रहना चाहिए। देश को जो इनाम देना चाहिए वह है

योग्यता। ब्रिटेन और ब्रिटेनवासियों के लिए यह गर्व की बात भी है उन्होंने कुछ लोगों द्वारा "बाहरी" के रूप में देखे जाने वाले व्यक्ति को अपने देश के सर्वोच्च राजनीतिक पद तक पहुंचने के योग्य बनाया। शशि थरूर जैसे राजनेता की इस बारे में टिप्पणी कि भारतीयों को इस उदाहरण से कुछ सीख लेना चाहिए विशाल हृदयता एक ऐसा गुण है जो आज भी हमारी धरोहर है।

उनके प्रधानमंत्री बनते ही भारत में एक नयी बहस शुरु हो गई कि भारत में अल्पसंख्यक समुदाय या कहें कि मुस्लिम समुदाय का प्रधानमंत्री कब बनेगा? सोशल मीडिया पर ये बहस इतनी ज्यादा हुई कि रुडनेसपउच्ड टॉप ट्रेंड बन गया। जम्मू कश्मीर की सीएम रहीं महबूबा मुफ्ती ने सुनक के बहाने भारत सरकार को घेरने की कोशिश करते हुए कहा कि ब्रिटेन ने एक जातीय अल्पसंख्यक को अपने पीएम के तौर पर स्वीकार कर लिया है। जबकि हम सीएए और एनआरसी जैसे विभाजनकारी कानूनों का पालन करने में व्यस्त हैं। इन सबसे आगे जाने की होड में बिना सोचे समझे या खूब सोच समझकर ए.आई.एम.आई.एम. के मुखिया असद्दुदीन ओवेसी ने कहा, "मैं तो पहले ही कह चुका हूं कि एक दिन भारत की प्रधानमंत्री कोई हिजाब पहनने वाली कोई बच्ची बनेगी।" भारत अल्पसंख्यकों में से किसी को एक दिन शीर्ष पद पर चुने जाने की परंपरा को अपनाएगा, यह उनकी मंशा है पर वे यह याद नहीं रखते कि यह हमारे यहाँ होता रहा है। अभी अभी तो महामहिम राष्ट्रपति श्रीमती द्रौपदी मुर्मू का निर्वाचन हुआ है। वे आदिवासी हैं। टुंकु वरदराजन 'वाल स्ट्रीट जर्नल' के लिए लिखते हैं, "लेकिन श्री सुनक का उदय भारतीयों के लिए एक महत्वपूर्ण सत्य प्रस्तुत करता है: कि उनके पूर्व स्वामी उनसे कहीं अधिक सहिष्णु हैं। भारतीयों को मार्गदर्शन के लिए ब्रिटेन की ओर देखना चाहिए कि योग्यता-आधारित समाज कैसे काम करता है, और अल्पसंख्यकों के साथ समान व्यवहार कैसे किया जाता है। आजादी के पचहत्तर साल बाद, भारत को अभी भी ब्रिटेन से बहुत कुछ सीखना है, अनुकरण करने के लिए बहुत कुछ है।"[4]

वैसे कुछ स्वनाम-धन्य भारतीय मूल के पत्रकार लेखक अपनी भड़ास भारतीय और विदेशी मीडिया में लिख बोलकर मिटा रहें हैं। जैसे निधि राजदान और पंकज मिश्र हैं, वैसे और भी कई हैं जिन्हे दर्द हुआ है। पर उनके लेखन को संदर्भ सहित उद्धृत करना उन्हें भाव देना होगा। यूके को एक हिन्दू प्रधानमंत्री मिलना उनके लिए कोई ऐतिहासिक क्षण नहीं है। वे

मानते हैं कि ऐसा दिखाया जा रहा है। पंकज मिश्र ने 'हिन्दू सुप्रेमासिस्ट्स' (राष्ट्रवादी और भाजपा समर्थकों के लिए वामपंथियों/इस्लामवादियों द्वारा प्रयोग किया जाने वाला शब्द) का जिक्र करते हुए कहा कि उनके लिए ऋषि सुनक 'देशी ब्रो' हैं।

वास्तव में, ब्रिटिश लोकतंत्र पूरी दुनिया को धार्मिक और नस्लीय विविधता को समायोजित करने के लिए मूल्यवान सबक प्रदान करता है। श्री सुनक के प्रधानमंत्री बनने से ब्रिटेन में पहले से ही चल रही उस प्रक्रिया में तेजी आ सकती है जिससे जातीय अल्पसंख्यक मतदाताओं के बीच लंबे समय से चली आ रही वामपंथी दलों के प्रति आकर्षण में कमी आने की संभावना है। इस संबंध में भारत को भी बहुत गर्व होना चाहिए। उदाहरण के लिए, 2004 में, हिंदू बहुल भारत ने इटली में जन्मी कैथोलिक (सोनिया गांधी) के नेतृत्व वाली एक पार्टी के एक सिक्ख (मनमोहन सिंह) को प्रधानमंत्री के रूप में चुना। श्री सिंह को शपथ दिलाने वाले राष्ट्रपति एपीजे अब्दुल कलाम मुस्लिम थे जिन्हे तथाकथित हिंदुत्ववादी भारतीय जनता पार्टी ने अवसर दिया था।

खुशियां ही खुशियां!

एक सदी से भी कम समय पहले, अंग्रेजों ने भारत और अफ्रीका में चलाए क्लबों में गोरों के अलावा किसी को भी प्रवेश करने की मनाही थी। रंग भेद नीति का बोलबाला रहा। आज, उनके प्रधानमंत्री एक उस जाति, समाज और वर्ण के व्यक्ति हैं जिन्हें उस समय के अधिकांश ब्रिटिश लोग तुच्छ मानते थे और उनके साथ अमानवीयतापूर्ण व्यवहार करते थे। टाइम्स ऑफ इंडिया ने अपने दिल्ली संस्करण में घोषित किया, "इतिहास पूरा चक्र घुमाता है," जैसा कि 1980 में जन्मे ऋषि सुनक भारतीय मूल के पहले व्यक्ति बन गए हैं... एक बार औपनिवेशिक सत्ता के प्रधानमंत्री बनने के लिए, जिससे भारत ने 75 साल पहले आजादी हासिल की थी।" 24 अक्टूबर को ऋषि सुनक के यूके के प्रधानमंत्री बनने के बाद अरबपति व्यवसायी आनंद महिंद्रा ने एक ट्विटर पोस्ट साझा किया। महिंद्रा ने भी अपने पोस्ट में विंस्टन चर्चिल के एक उद्धरण का उल्लेख किया है। आनंद महिंद्रा ने कहा कि 1947 में भारत की आजादी के अवसर पर विंस्टन चर्चिल ने मजाक उड़ाते हुए सभी भारतीय नेताओं को निम्न-स्तर और शक्तिहीन बताया था। लेकिन

देश की आजादी के 75 साल पूरे होने के मौके पर भारतीय मूल के एक व्यक्ति ने ब्रिटेन की बागडोर संभालकर उन्हें करारा जवाब दिया है। "1947 में भारतीय स्वतंत्रता के आगमन पर, विंस्टन चर्चिल ने कथित तौर पर कहा था..." सभी भारतीय नेता निम्न क्षमता के होंगे आज, अपनी स्वतंत्रता के 75वें वर्ष के दौरान, हम भारतीय मूल के एक व्यक्ति को यूके के प्रधानमंत्री के रूप में अभिषिक्त होते हुए देखने के लिए तैयार हैं। जीवन सुंदर है!" चर्चिल ने इसी तरह की और भी कई अहमकाना बातें भारत और भारतीयों तथा गाँधी जी के लिए कहीं। उन्हें भारतीयों से गहरी नफरत थी। हालाँकि वे स्वयं भारत को तब तक पसंद करते थे जब तक यह ब्रिटिश मिलकियत बना रहा। उनके सहयोगी लियो अमेरी के अनुसार, उन्होंने भारतीयों को "जानवरों के धर्म वाले जानवर" (बीस्टली पीपल विद ए बीस्टली रिलिजन) के रूप में प्रदर्शित किया। अब जब ऋषि सुनक के रूप में एक निष्कपट हिन्दू उसी स्थान पर जा बैठा है जहाँ वे कभी बैठा करते थे तो उनकी आत्मा कितनी कुलबुला रही होगी इसका अनुमान लगाना कठिन नहीं है।

ब्रिटेन के पूर्व पीएम सर विंस्टन चर्चिल कई कारणों से ब्रिटिश इतिहास में प्रसिद्ध हैं, जिसमें उनका द्वितीय विश्व युद्ध के समय संकट के दौरान अपने देश को बाहर निकालना भी शामिल है। उन्हें उनकी विलक्षणताओं और उन सार्वजनिक टिप्पणियों के लिए भी याद किया जाता है जिन्हें अच्छी तरह से नहीं लिया जाता है। चर्चिल को द्वितीय विश्व युद्ध के अपने इतिहास और दुनिया भर में गूंजने वाले अपने भाषणों के लिए साहित्य में नोबल पुरस्कार भी मिला था। उनके विचार भारत और गाँधी जी को लेकर कुछ ठीक न थे। चर्चिल ने कथित तौर पर ब्रिटिश संसद में कहा था, "यदि भारत को स्वतंत्रता प्रदान की जाती है, तो सत्ता दुष्टों, बदमाशों, फ्रीबूटर्स के हाथों में चली जाएगी; सभी भारतीय नेता निम्न क्षमता वाले और भूसे भरे दिमाग वाले आदमी होंगे। वे मीठी जुबान और मूर्ख दिल वाले होंगे। वे सत्ता के लिए आपस में लड़ेंगे और भारत राजनीतिक झगड़ों में खो जाएगा। एक दिन आएगा जब भारत में हवा और पानी पर भी टैक्स लगेगा।"

चर्चिल जैसे न जाने कितने स्वनाम धन्य नर पुंगव हुए हैं जो गोरे होने के दम्भ में जीवन भर मुगालते का शिकार रहे। रुडयार्ड किपलिंग भी उनमें से एक थे जिन्होंने उपनिवेशवाद को मूल निवासियों को सभ्य बनाने के साधन के रूप में देखा। वे कहा करते थे कि "उन लोगों को पृथ्वी पर भगवान

ने इस विश्व साम्राज्य पर शासन करने के लिए एक दिव्य बोझ या उत्तर दायित्व दिया है।" इस 'व्हाइट मैन्स बर्डन' जिम्मेदारी को निभाने के लिए वे सब कुछ करते हैं। कैसा कुतर्क था यह!

महारानी एलिजाबेथ द्वितीय के पहले प्रधानमंत्री विंस्टन चर्चिल थे। उनकी आखिरी लिज ट्रस थीं। इसे आप उत्थान से पतन और अर्श से फर्श तक जा पहुंचना भी कह सकते हैं।

भारतवंशी यत्र-तत्र-सर्वत्र

क्या आपने अभी तक नहीं सोचा है कि एक हिंदू उस देश की सरकार को कैसे चलाएगा जिसका एक स्थापित धर्म है (ईसाई धर्म जैसा कि एंग्लिकन चर्च द्वारा माना जाता है), और जहां तत्कालीन प्रधानमंत्री ने इस साल की शुरुआत में दिवंगत महारानी एलिजाबेथ द्वितीय की अंतिम संस्कार सेवा में बाइबिल के कुछ अंशों का सस्वर वाचन किया था। क्या सुनक आवश्यकता पड़ने पर इसी तरह के किसी अवसर पर ऐसा कर पाएंगे? मुझे लगता है, अवश्य कर पाएंगे। सनातनी हिन्दू की यही तो पहचान और विशेषता है।

यूनाइटेड किंगडम के प्रधानमंत्री के रूप में ऋषि सुनक का चुनाव अमेरिकी राष्ट्रपति जो बाइडेन के अनुसार, "बहुत आश्चर्यजनक" और "एक अभूतपूर्व मील का पत्थर" है। अमेरिकी राष्ट्रपति के शब्दों में, "रोशनी का त्योहार दिवाली इस बात की याद दिलाता है कि हम सभी के पास अंधेरे को दूर करने और दुनिया में रोशनी लाने की क्षमता है। यह एक विकल्प है। और हम हर दिन चुनाव करते हैं। यह हमारे जीवन में और इस देश के जीवन में, विशेष रूप से लोकतंत्र के जीवन में सच है, चाहे यहां अमेरिका में हो या भारत में अनेक परिवारों के लिए हो जहाँ आजादी के 75 साल पूरे हो रहे हैं। ऋषि सुनक के प्रधानमंत्री बनने की उम्मीद है, मुझे लगता है, कल जब वह राजा से मिलने जाएगा। काफी आश्चर्यजनक। एक अभूतपूर्व मील का पत्थर। और यह मायने रखता है। यह मायने रखता है।"

2020 में जब बाइडेन ने भारतीय मूल की कमला हैरिस को अपना रनिंग पार्टनर चुना था तो उन्होंने इतिहास रच दिया था। संयुक्त राज्य अमेरिका के उपराष्ट्रपति के रूप में कमला हैरिस अब अमेरिकी- राष्ट्रपति के बाद देश की दूसरी सबसे शक्तिशाली शख्सियत हैं। वह इस पद को संभालने

वाली भारतीय मूल की पहली महिला हैं। (देखें- कमला डी हैरिस- डॉ. गोपाल शर्मा)

आप ऋषि सुनक की तुलना कमला हैरिस और बराक ओबामा से करना चाहेंगे। कोई हर्ज भी नहीं है। कमला हैरिस दीपावली पर चाहे दो चार फुलझड़ी छोड़ दें, पर वे न तो अपने हिन्दू अतीत को और न भारतीय इतिहास को अपने अफ्रीकीपन के आगे आने देती हैं। जन्मतः और कर्मतः हिन्दू हैं ऋषि सुनक, जबकि कमला हैरिस केवल जन्मतः हिन्दू हैं। 2022 में सुनक का प्रधानमंत्री बनना 2008 में संयुक्त राज्य अमेरिका में राष्ट्रपति पद के लिए बराक ओबामा का पद भार ग्रहण करने से अधिक महत्वपूर्ण और आश्चर्यजनक है क्योंकि अश्वेत लोग अमेरिकी राजनीतिक परिदृश्य पर वर्षों से छाए रहे थे और अमेरिकी राजनीति में भारतीयों या एशियाई लोगों की तुलना में कहीं अधिक दिखाई दे रहे थे। ओबामा ने खुद को एक अफ्रीकी-अमेरिकी माना और इस लक्षण का बहुत कुछ उपयोग भी किया। इसको आधार मानकर नस्लवाद के बारे में बात की और अक्सर नस्लीय मुद्दों पर अमेरिका और विश्व का ध्यान केंद्रित किया। राष्ट्रपति बराक ओबामा के मातृ वंश का पता उनके "परनाना" जोसेफ किर्नी, से लगाया जाता है जो जूतों की मरम्मत किया करते थे। इतना ही नहीं, राष्ट्रपति के रूप में ओबामा ने एक आयरिश गाँव का दौरा किया था जहाँ उनके वे परनाना जूते बनाते थे।

सभी भारतीय अखबारनवीस यूके को चलाने वाले एक भारतीय की चर्चा कर रहे हैं और उम्मीद कर रहे हैं कि मुक्त व्यापार समझौता अब एक आसान वाकओवर होगा। ब्रिटेन को खुद की देखभाल के लिए अपने नए प्रधानमंत्री की जरूरत थी। यह गर्व की बात है कि भारत में पैतृक जड़ों वाला व्यक्ति अब ब्रिटेन का प्रधानमंत्री है। लेकिन सुनक उतने ही भारतीय होंगे जितने बराक ओबामा केन्याई थे। अपने पहले राष्ट्रपति अभियान में उतरते हुए बराक ओबामा केवल एक नए सीनेटर मात्र न थे। उनके पास एक रचनाकार का स्वभाव और भविष्य दृष्टा का आचर का अभिनव रोमांच था। कुछ वैसा नहीं तो भी ऋषि के प्रधानमंत्री बनने की प्रक्रिया में अपना अलग धैर्यपूर्ण अतिरेक था। दोनों ने इतिहास बनाया। दोनों ने अपने अपने मूल देश को कितना ध्यान में रखा यह एक के बारे में तो जगजाहिर है, दूसरे के बारे में भी पता चल जाएगा- नाई नाई कितने बाल, यजमान आगे आ रहें हैं, खुद ही देख लेना!

सुनक सिर्फ एक टोरी राजनेता के रूप में खुद को पेश करते हैं। ऐसा लगता है कि ऋषि सुनक इस प्रकार अपने आप को न तो अलग करके देखते हैं और न देखना चाहते हैं। सुनक एक हिंदू के रूप में ब्रिटिश राजनीति में सफल हुए हैं, किन्तु संयुक्त राज्य अमेरिका में स्पष्ट रूप से यह संभव नहीं है, हालांकि वहां भारतीय प्रवासी शिक्षा, नौकरी और सामाजिक स्थिति के मामले में अधिक शक्तिशाली दिखाई देते हैं।

भारतीय मूल के युवकों की प्रतिभा की सफलता का डंका इस समय समस्त विश्व में बज रहा है। भारतीय मूल के महत्वपूर्ण सीईओ में अल्फाबेट के सुंदर पिचाई, माइक्रोसॉफ्ट के सत्य नडेला, ट्विटर के पराग अग्रवाल (संभवत: अब अधिक समय तक नहीं), एडोब के शांतनु नारायण, आईबीएम के अरविंद कृष्णा, फेडएक्स के राज सुब्रमण्यम, गैप के सोनिया सिंघल और स्टारबक्स के लक्ष्मण नरसिम्हन शामिल हैं। ये तो वे नाम हैं जो अमेरिका में हैं। एक ऐसे अमेरिका में हैं, जो दुनिया में अब तक देखी गई प्रबंधकीय प्रतिभा का सबसे बड़ा उत्पादक है। यह भी उल्लेखनीय है कि इनमें से कई लोग भारत में पैदा हुए थे।

आपको यह जानकर अच्छा लगेगा कि विभिन्न देशों के शक्तिशाली प्रमुख पदों पर भारतीय मूल के लोगों का आना ब्रिटेन तक ही सीमित नहीं है। दुनिया के अन्य हिस्सों में उच्च पदों पर भारतीय मूल के लोग आसीन हुए हैं। भारतीय मूल के कुछ ऐसे प्रमुख व्यक्ति निम्नलिखित हैं:

1. **एंटोनियो कोस्टा, प्रधानमंत्री, पुर्तगाल**
2. **मोहम्मद इरफान, राष्ट्रपति, गुयाना**
3. **प्रविंद जगन्नाथ, प्रधानमंत्री, मॉरीशस**
4. **पृथ्वीराजसिंह रूपुन, राष्ट्रपति, मॉरीशस**
5. **चंद्रिकाप्रसाद संतोखी, राष्ट्रपति, सूरीनाम**
6. **कमला हैरिस, उपराष्ट्रपति, संयुक्त राज्य अमेरिका**

विश्व स्तर पर भारतीय मूल के समुदाय का प्रतिनिधित्व करने वाले यूएस-आधारित एक गैर-लाभकारी संगठन "इंडियास्पोरा" के अनुसार, मॉरीशस में, श्री जगन्नाथ और श्री रूपुन सहित नौ राष्ट्राध्यक्ष भारतीय मूल के हैं। इसी तरह, सूरीनाम ने समुदाय के पांच राष्ट्रपतियों को देखा है। इसके अलावा, गुयाना में चार राष्ट्राध्यक्ष और सिंगापुर में तीन भारतीय मूल के थे। इन देशों के अलावा त्रिनिदाद और टोबैगो, पुर्तगाल, मलेशिया, फिजी,

आयरलैंड और सेशेल्स ने भी एक-एक भारतीय मूल के राष्ट्राध्यक्ष को अब तक चुना है।

राजमोहन गाँधी के शब्दों में, "ऋषि सुनक का ब्रिटिश पीएम बनना एक सशक्त ताजा प्रमाण है कि पूरी दुनिया भारतीय प्रतिभा, भारतीय ऊर्जा और भारतीय समर्पण की तैनाती का अखाड़ा बन गई है।"

सुदर्शन व्यक्तित्व : वारत काम-कलानिधि कोटि

चमकदार- जगमगाती मुस्कान जो अधिक उपयुक्त होने पर एक विचारशील टकटकी में बदल जाती है। सर्वश्रेष्ठ सिला हुआ फिट सूट। अच्छे संस्कारयुक्त वाणी। ईमानदारी से झंकृत वर्ण-विन्यास। कुशाग्रबुद्धि की रौशनी में आत्मविश्वास की आभा। प्रतीत होता है कि ऋषि सुनक एक ब्रिटिश राजनेता के "डिज्नी प्रिंस" संस्करण हैं। सोशल मीडिया पर आप जेम्स बॉन्ड के रूप में ऋषि के हिंदी में मार्टिनी ऑर्डर करने वाले मीम्स देख सकते हैं। पूर्व भारतीय क्रिकेटर आशीष नेहरा और ऋषि सुनक के मिलते जुलते चेहरों पर भी बोलियां कसी जा रहीं हैं।

ऋषि के व्यक्तित्व में अपना एक अलग सुरुचिपूर्ण आकर्षण है। एक राजनेता के लिए यह गुण काबिले तारीफ कौशल है क्योंकि अधिकांश नेताओं में इसकी कमी होती है। जीवन में इतनी शीघ्रता से अकूत धन संपत्ति अर्जित कर लेना और एक धन-मानी भारतीय की बेटी से शादी करने के बाद, सांसद की एक सुरक्षित सीट हासिल करके बिना किसी खास प्रशिक्षण और सहयोग के शिक्षुता किए बिना एक कंजर्वेटिव सांसद बनकर दिखाना और फिर देश का वित्त मंत्री बनना किसी कारनामे से कम नहीं। जबकि उन्होंने विश्वविद्यालय में राजनीति में कोई खास दिलचस्पी नहीं दिखाई थी। और फिर कुछ ही समय के अंतराल से देश का प्रधानमंत्री बन जाना अचरज से काम नहीं है।

यह दावा किया जाता है कि ऋषि के मुंह से किसी ने कभी कोई अपशब्द नहीं सुना। तनाव में भी वह अपना संतुलन नहीं खोता। जानने वाले कहते हैं, "हमने उसे कभी किसी के साथ झगड़ते या चिल्लाते नहीं देखा। अगर वह नाराज महसूस करता है, तो वह चुप हो जाता है।" सुनने में आया है कि वह अपने कई घरों में मेहमानों को बढ़िया वाइन परोसता है, लेकिन खुद शराब को मुश्किल से छूता है। कहना न होगा कि ऋषि सुनक एक आदर्श युवक हैं। एक स्कूली छात्र

जिसे कभी किसी ने नापसंद नहीं किया, एक हेज फंडर जिसने किसी को पछताने का मौका नहीं दिया। और एक राजनेता जो मदिरा-पान नहीं करता, अपशब्द नहीं बोलता, दोस्त बनाता है, दुश्मन कदापि नहीं। जो ईश्वर भक्त है, आस्तिक धर्मनिष्ठ हिन्दू है, और अपनी श्रद्धा भक्ति को छिपाता नहीं, इस पर शर्माता नहीं। ऋषि सुनक के राजनीतिक जीवन और उसके बढ़ते प्रभाव का अध्ययन करने वाले आलोचक और शुभचिंतक दोनों यह मानते हैं कि वह जितना दिखता है, उससे कहीं ज्यादा एक समझदार राजनेता है। बाहरी आवरण के नीचे एक समझदार रणनीतिकार है। मौके पर चौका मारने में चतुर है और सही समय पर सही कदम उठाने में होशियार है। हालांकि एक कट्टर ब्रेक्सिटर हैं पर उन्होंने थेरेसा में के प्रधानमंत्री होने के समय सच्चाई का कड़वा घूंट पिया। उन्होंने महामारी के आर्थिक दुष्परिणामों को कम करने के उपायों के लिए व्यक्तिगत ऋण लेने के लिए शीघ्रता दिखाई। उन्होंने टोरी के सांसदों को यह आभास देकर उनके पक्ष में कर लिया था कि वह कभी भी सार्वजनिक रूप से मामले पर बहस किए बिना कोविड प्रतिबंधों पर अपनी असहमति साझा करने के लिए प्रतिबद्ध है।

ब्रांड ऋषि

द आर्ट ऑफ पॉलिटिकल स्टोरी टेलिंग' के लेखक फिलिप सर्जेंट कहते हैं, "इसमें एक निश्चित स्पष्ट अवसरवाद है।" "वह और उनकी टीम जो विशेष दृष्टिकोण अपना रही है, वह शायद स्थिति के पुराने विज्ञापन विचार के साथ बहुत कुछ कर रहा है-बाजार के भीतर एक अलग व्यक्तित्व ढूंढना-इसलिए उसके लिए जबरदस्ती पेश की जा रही चालाक लेकिन घरेलू छवि जुझारू लोकलुभावन छवियों से अलग है जिन्होंने हाल ही में राजनीति पर अपना दबदबा बनाया है, और इस वजह से उन्हें अलग दिखने का मौका मिला है।"

सुनक ने अपनी छवि बड़े जतन से बनाने की कोशिश की है। सुनक को सोशल मीडिया में चमकाने का श्रेय 'द क्लेरकेनवेल ब्रदर्स' के सह-संस्थापक कैस होरोविट्ज को है जिन्होंने अपनी संस्था के द्वारा सुनक को प्रचारित किया। कई अन्य उत्पादों, टकीला, योग मैट और ऑर्गनीक पदार्थों के समान एजेंसी द्वारा उनका विपणन या मार्केटिंग किया जाता रहा है। सुनक अपनी छवि निर्माण के लिए 'ग्लैमर' पत्रिका और एलएडीबीबल के विभिन्न आउटलेट्स में खुद को दिखाकर अपनी अपील को बढ़ाया। जबकि

कुछ सोशल मीडिया अभियान स्पष्ट रूप से अजीब थे, पर कुल मिलाकर अंततः ब्रांड ऋषि का निर्माण करते थे।

उन्होंने एक यूट्यूब वार्तालाप चैनल भी शुरू किया था जिसमें सेलिब्रिटी शेफ गॉर्डन रामसे पहले अतिथि थे।

कुछ वासना-पीड़ित स्तंभकारों और पीत-पत्रकारिता के पैरोकारों ने एक गलत पर बार-बार दोहराया जाने वाला एक बेहूदा दावा किया है। वे कहते नहीं थकते कि सुनक कहीं बाहर से आ गया है। 'वोग' नामक पत्रिका ने ऋषि को जिस प्रकार पेश किया, वे उससे बिलकुल अलग हैं। एक बैंकर और टोरी सांसद के रूप में सुनक के जीवन को एक खुली किताब के रूप में रखा है। कुछ सनकी यदि ऋषि को "सेक्सी सुनक" कहकर सम्बोधित करने की धृष्टता करते हैं तो यह उनकी नासमझी और बेवकूफी है।

जब एक कार्यक्रम में सुनक से 'ब्रांड ऋषि' के बारे में पूछा गया तो उन्होंने खुलकर हँसते हुए इसका जवाब दिया। उन्होंने तर्क दिया कि सबसे महत्वपूर्ण बात लोगों को 'हमारा संदेश' प्राप्त करना है और इस प्रक्रिया में लोगों द्वारा उनका मजाक उड़ाए जाने से वह खुश होते हैं, दुखी नहीं। सच में 'ब्रांड ऋषि' चल निकला है तभी तो भारत के ब्रांड 'अमूल' ने उसकी चर्चा की।

42 वर्षीय ऋषि सुनक ब्रिटेन की राजनीति के 200 से अधिक वर्षों में सबसे कम उम्र के प्रधानमंत्री हैं। यह भी याद रखें कि उनके मंत्रिमंडल की औसत आयु उनसे एक दशक अधिक यानी 52 वर्ष है। यह ट्रस के समय 49 और बोरिस के कार्यकाल में 48 वर्ष थी। अपने आस-पास श्रेष्ठ और लंबे अनुभव वाले लोगों का होना महत्वपूर्ण है, जिनसे लगातार परामर्श करने और सुनने से लाभ होता चले। उनकी युवा छवि में राजनीतिक विचक्षण, तेज-तर्रार गति, समुद्र-सा गाम्भीर्य युक्त शांत स्वभाव, आत्मविश्वास से भरा व्यक्तित्व अपनी सम्पूर्ण आभा से चमत्कृत करता है। उनकी अपनी अकृत्रिम शैली ने उन्हें ब्रिटिश मीडिया द्वारा 'डिशी ऋषि' का खिताब दिया है। सुनक से पहले विलियम पिट 'द यंगर' ब्रिटेन के सबसे कम उम्र के प्रधानमंत्री बने थे। ब्रिटेन के पूरे इतिहास में सबसे कम उम्र के प्रधानमंत्री विलियम पिट द यंगर के नाम से जाने जाते थे। 1783 में केवल 24 वर्ष की आयु में, वह न केवल ग्रेट ब्रिटेन के सबसे कम उम्र के प्रधानमंत्री थे, बल्कि उस सटीक शीर्षक वाले अंतिम व्यक्ति भी थे। उन्होंने उस वर्ष पद भार छोड़

दिया, लेकिन 1804 से 1806 तक फिर से सेवा की, जब 46 वर्ष की आयु में उनकी मृत्यु हो गई। सुनक केवल सात वर्षों में सांसद से प्रधानमंत्री बने हैं– आधुनिक युग में किसी भी अन्य प्रधानमंत्री की तुलना में तेज। डेविड कैमरन ने नौ वर्षों में वही हासिल किया, लेकिन पिट द यंगर ने केवल दो वर्षों के साथ समग्र रिकॉर्ड बनाया। बेहद अमीर, युवा और ब्रिटेन के प्रधानमंत्री बनने वाले कलर (गौरांग न होते हुए भी) के पहले व्यक्ति, ऋषि सुनक देश का नेतृत्व करने वाले पहले अभ्यासी हिंदू के रूप में भी इतिहास रच रहे हैं। सुनक की सफलता विविधता की विजय है: वह प्रधानमंत्री बनने वाले भारतीय मूल के पहले ब्रिटिश हैं, और एक हिंदू के रूप में, पहले गैर–ईसाई हैं। लेकिन यह भी प्रतिष्ठान की जीत है। एक समय भारत में भी तो ऐसा आया था कि भारत के राष्ट्रपति अब्दुल कलाम मुसलमान थे, प्रधानमंत्री मनमोहन सिंह सिक्ख थे और यूपीए की अध्यक्ष सोनिया गांधी ईसाई।

यह भी उल्लेखनीय है कि ऋषि सुनक पिछले छह सालों में ब्रिटेन के 5वें प्रधानमंत्री होंगे। प्रधानमंत्री के रूप में उनकी नियुक्ति लिज ट्रस द्वारा 20 अक्टूबर, 2022 को ब्रिटेन के 56वें प्रधानमंत्री के रूप में लिज ट्रस के इस्तीफे की घोषणा के बाद हुई। ट्रस के पास अब सिर्फ 44 दिनों तक पीएम की कुर्सी पर बैठने का अवांछनीय रिकॉर्ड है। पीएम के रूप में सबसे छोटे कार्यकाल का रिकॉर्ड पहले जॉर्ज कैनिंग के पास था, जिन्होंने 8 अगस्त, 1827 को अपनी मृत्यु तक 119 दिनों तक इस पद का कार्यभार संभाला था।

कार्यवाहक प्रधानमंत्री लिज ट्रस और ऋषि सुनक 25 अक्टूबर को बकिंघम पैलेस में किंग चार्ल्स से मिले। ट्रस ने औपचारिक रूप से अपना इस्तीफा सौंपा। लिज ट्रस ने 20 अक्टूबर को ब्रिटेन के 56वें प्रधानमंत्री के रूप में अपने इस्तीफे की घोषणा की, जिसने कंजरवेटिव पार्टी के सदस्यों के लिए यह पद संभालने के लिए अवसर दे दिया था। पिछले टोरी नेतृत्व दौड़ में हारने के ठीक सात सप्ताह बाद, ऋषि सुनक ने ब्रिटिश राजनीति में एक प्रभावशाली राजनीतिक वापसी की।

ऋषि सुनक की पहली जीवनी लिखने का का श्रेय कंजरवेटिव पार्टी के पूर्व कोषाध्यक्ष और उपाध्यक्ष लॉर्ड माइकल एशक्रॉफ्ट को जाता है। 'गोइंग फॉर ब्रोक: द राइज ऑफ ऋषि सुनक' पुस्तक तब लिखी गई थी जब ऋषि वित्त मंत्री थे। आप सोच कर देख लें, ऋषि की जीवनी उनकी 40 वर्ष की

उम्र पहुँचने से पहले ही उनसे लगभग दुगनी उम्र के धन-कुबेर व्यापारी और टोरी राजनेता द्वारा लिख दी गई। है ना कुछ बात इनमें! एशक्रॉफ्ट ने तब कहा था : "ऋषि ऐसे समय में बेहद सक्षम राजनेता के रूप में उभरे हैं, जब क्षमता की कमी है। उनकी सबसे बड़ी ताकत कुशाग्र बुद्धि, अतिशय कार्य नैतिकता, अच्छा राजनीतिक निर्णय, खुद को अच्छी तरह से पेश करने की क्षमता और महान पारस्परिक कौशल का संयोजन है।" एशक्रॉफ्ट अब कहते हैं : "ऋषि सुनक का ब्रिटिश राजनीति के शीर्ष पर जाना मेरे लिए थोड़े आश्चर्य की बात है..."

ब्रिटिश ड्रीम के प्रतीक

विविधता और समावेश राजनीति और समाज में बहुत महत्वपूर्ण हैं, और सर कीर स्टारर के शब्दों में, यह महत्वपूर्ण संदेश देता है कि "ब्रिटेन एक ऐसा स्थान है जहां सभी जातियों और सभी विश्वासों के लोग अपने सपनों को पूरा कर सकते हैं।"

आज का यह दिन इतने सारे लोगों की मेहनत और विश्वास का फल है जो ऋषि से पहले आए। 1858 में जब लियोनेल रोथ्सचाइल्ड "पहले यहूदी सांसद" बने, तो इसने राजनीति में अल्पसंख्यकों की भागीदारी के लिए एक महत्वपूर्ण काम किया था। पारंपरिक ईसाई शपथ ग्रहण किए बिना अंततः कॉमन्स में शामिल होने में सक्षम होने से पहले उन्हें पांच बार चुना गया था। विडंबना यह है कि रॉथ्सचाइल्ड, जो 15 साल तक लंदन शहर के सांसद रहे, को संसद में कभी अपनी बात रखने का मौका नहीं मिल सका था। सुनक की राजनीति के बारे में कोई कुछ भी सोचता हो, उसके उदय से ब्रिटेन को खुद पर गर्व होना चाहिए। अफ्रीकी- भारतीय मूल के हिंदू माता-पिता का पुत्र ब्रिटिश राजनीति में शीर्ष पद पर आसीन हो सकता है, यह गर्व करने वाली बात है। यह केवल वहाँ रहने वाले भारतीयों को ही नहीं बल्कि सभी अल्पसंख्यकों के लिए गौरव की बात है। अगर "ब्रिटिश ड्रीम" नाम की कोई संकल्पना है, तो सुनक इसे मूर्त रूप देते हैं।

इंग्लैंड के लोग बहुत गर्व महसूस कर रहे हैं और यह उनको "ब्रिटिश ड्रीम" नामक कुछ हुए जैसा लगता है। 'अमेरिकन ड्रीम' से लोग परिचित हैं, लेकिन अंग्रेजों का भी सपना है और यह मानना है कि अगर आप मेहनत करें तो आप कुछ भी हासिल कर सकते हैं। ऋषि सुनक उनकी दृष्टि में

'सेल्फ-मेड मैन' हैं। उन्होंने एक ऐसे परिवार में शादी की है जिसके पास धन संपत्ति है, लेकिन उन्होंने खुद बहुत सारी संपत्ति बनाई है और वे वास्तव में इस ब्रिटिश आकांक्षा के आदर्श को मूर्त रूप प्रदान करते हैं। इंडिया टुडे कॉन्क्लेव के मंच पर भारत में ब्रिटेन के हाई कमिश्नर एलेक्स एलिस ने कहा कि ऋषि सुनक पंजाबी मूड के शख्स हैं, वह हिंदू हैं लेकिन उनका दिल और दिमाग पूरी तरह से ब्रिटिश है। ऋषि ने ऐसे समय पर ब्रिटेन की बागडोर संभाली है, जब पूरी दुनिया में उथल-पुथल मची हुई है। उनका इतिहास बेशक भारत से जुड़ा है, लेकिन वह ब्रिटेन के प्रधानमंत्री हैं।

बात यहीं खत्म नहीं हुई है। जैसे भारत का मीडिया ऋषि को भारत से जोड़कर देख रहा है, पाकिस्तान के पहलवान अपना दावा ठोक रहें हैं, तंजानिया और कीनिया के लोग अपना सुर मिला रहे हैं, वैसे ही अमेरिकी भी कह रहे हैं। ऋषि पर कुछ हक हमारा भी है। वह अमेरिका में पढ़ कर बुद्धिमान बना। अमेरिका में उसको बुद्धि मिली और बुद्धि मती अक्षता मूर्ति। एक अखबार लिखता है, "19वीं शताब्दी में ब्रिटेन और अमेरिका के संबंध ज्यादातर व्यावसायिक थे, शायद सबसे अच्छा प्रतीक एंड्रयू कार्नेगी द्वारा किया गया था, जो स्कॉटिश मूल के अमेरिकी स्टील बैरन थे, जो यू.एस. और ब्रिटिश साम्राज्य में अपने परोपकार के लिए प्रसिद्ध थे। 20वीं शताब्दी में ब्रिटेन के साथ हमारा सैन्य गठबंधन सर्वोपरि था। विंस्टन चर्चिल के साथ हमारा रिश्ता था जो अमेरिकियों से बहुत प्यार करता था, और एक हद तक पारस्परिक रूप से उस बंधन के प्रतीक के रूप में हम आज भी बंधें हैं। और अब 21वीं सदी में, ऋषि सुनक आया है जिसने वॉल स्ट्रीट से खुद को जोड़ा और हमारे देश में एमबीए किया। ब्रिटेन के ऋषि को अमरीका ने पाला चाहे कुछ समय के लिए ही, पर यह योगदान कुछ कम तो नहीं... " इस ऋषि राज में न जाने कितनों की आशा, विश्वास, शुभकामनाएँ और अभिनंदन जुड़े हैं?

अरुण पुरी के शब्द हैं, "उनकी जिंदगी के इन दो पहलुओं (पृष्ठभूमि भारतीय मूल और अत्यधिक धनी) की वजह से उनके हर कदम की तीखी से तीखी पड़ताल होगी। भारतीय मूल के एक शख्स का ब्रिटिश सरकार के सर्वोच्च पद पर विराजमान होने का सीधा-सादा तथ्य अजीबोगरीब किस्म के मॉडर्न ड्रामे की तरह है। ऐसा ड्रामा जिसमें जागीरदार के राजकुमार बन जाने से जुड़ी पुरानी परीकथाओं के स्पष्ट निशान हैं। अब इसका क्या ही मतलब

है कि वे ब्रिटिश भारतीयों की नुमाइंदगी महज नाममात्र और प्रतीकात्मक ढंग से ही करते हैं। उनका संसदीय निर्वाचन क्षेत्र रिचमंड, यॉर्क, मुख्य रूप से श्वेतों से आबाद ग्रामीण भूभाग है, जहां एशियाई महज 1 फीसद हैं। ऋषि सुनक को अब परीकथा और क्रूर यथार्थ के बीच अपना इम्तिहान देना होगा। अगर वे नाकाम रहते हैं तो इतिहास उन्हें एक ऐसे नाइटवॉचमैन के रूप में दर्ज करेगा जिसे टोरी सदस्यों ने ढलती रोशनी में टूटती-दरकती पिच पर भेज दिया था।[5]

ऋषि सुनक के बारे में आप और हम इतना नहीं जानते, तभी तो इस किताब की जरूरत हुई। इंटरनेट पर लोग तरह-तरह के सवाल पूछ रहे हैं ऋषि सुनक कहां के मूल निवासी हैं? ऋषि सुनक की जाति क्या है? क्या ऋषि सुनक गुजरात से हैं? ऋषि सुनक के ससुर कौन हैं? ऋषि सुनक की पत्नी कौन हैं? ऋषि सुनक के माता-पिता कौन हैं? ऋषि सुनक की राष्ट्रीयता क्या है? ऋषि सुनक का इतिहास क्या है?

पर जहाँ के वे प्रधानमंत्री हैं वे उन्हें जानते हैं। क्यों न जानेंगे भला? कुछ साल पहले छपे वहां के एक प्रसिद्ध पत्र की शुरूआती पंक्तियाँ देखें ऋषि सुनक ब्रिटिश राजनीति में सबसे परिचित शख्सियतों में से एक हैं। एक मेहनती जनसंपर्क अभियान ने यह सुनिश्चित कर दिया है कि समाचार पत्र उनके और उनके फोटोजेनिक परिवार के प्रोफाइल को रेखांकित करते चलें। राजनीति के पंडित इस बारे में अनुमान लगा रहें हैं कि प्रधानमंत्री आवास में प्रवेश करने में उन्हें कितना समय और लगेगा। उनके देश की अर्थव्यवस्था आर्थिक नीति अब उनके टाईट सूट और मृदु मुस्कान से जुड़ी हुई है, ठीक उसी तरह जैसे कि यह कभी गॉर्डन ब्राउन के सिलवट भरे कपड़े और क्रोधी गुर्राहट से जुडी हुई थी। फिर भी श्री सुनक की अकूत संपत्ति और पेशेवर क्षमता से परे, उनके बारे में ज्यादा जानकारी नहीं है। इस अस्पष्टता के कई कारण हैं। उनकी किस्मत का सितारा इतनी तेजी से बुलंद हुआ कि आँखे चौंधिया जाती हैं।[6]

आपके लिए इस पुस्तक में वह जानकारी हमने जुटाई है जिसकी आपने सोची भी न होगी। ब्रिटेन में ऋषि सुनक के प्रधानमंत्री बनने से एक सबक तो हमें एकदम मिल जाता है। भारत वंशी हिन्दू के विलायत में प्रधानमंत्री बनने से आम भारतीय युवक युवतियों को समझ लेना होगा कि वे जिस युग में है वह प्रतिभाशाली को सफलता दिलाता है। संस्कृत में कहते हैं, "स्वदेश में राजा की पूजा होती है, विद्वान की सर्वत्र पूजा होती हैं।

विद्वान हो तो आप दूर देश में राजा भी बन सकते हो। आपको और हमें यह भी सबक सीखने की जरूरत है कि हम और कैसे अपने राजनीतिक जीवन को खोलें। ब्रिटेन में मौजूद खुले, लोकतांत्रिक और स्वागत करने वाले ढांचे और प्रणालियों ने महिलाओं, अल्पसंख्यकों और विदेशी मूल के नागरिकों को शिक्षा, व्यवसायों में उनकी योग्यता के बल पर आगे बढ़ने की अनुमति दी है। सार्वजनिक जीवन में उन्हें देश के प्रधानमंत्री के रूप में भी प्रतिष्ठित किया जा रहा है। संस्कृत में यह भी कहा है कि 'तेजस्वियों की आयु नहीं देखी जाती।' इस लिए एक पुराने ब्रिटिश लोकतंत्र से सबसे बड़े भारतीय लोकतंत्र को कुछ सीखना हो तो सीखे। कम से कम यह ही सीखें कि छोड़ो कल की बातें!

नाम ही तो पहचान है!

लंदन निवासी प्रवासी हिंदी साहित्यकार तेजेंद्र शर्मा 'पुरवाई' (ऋषि एक, सनक हजार) के संपादकीय में समापन वाक्य लिखते हैं "समाचार चैनल और समाचारपत्र ऋषि के पुरखों की जानकारी पता करने लगा। उसे वैदिक काल के ऋषि सुनक का वंशज बताया जाने लगा। हमें तो यह भी नहीं मालूम कि क्या ऋषि हिन्दी बोल भी सकते हैं या नहीं... हाँ पंजाबी मूल के खत्री परिवार से वे आते हैं तो शायद पंजाबी अवश्य बोल लेते होंगे।"[7] उनकी बात में मैं यहाँ जोड़ दूँ कि उनकी धर्मपत्नी की मातृ भाषा कन्नड है तो उन्हे कन्नड भी आती होगी। उनके मित्र पाकिस्तान के हैं तो उर्दू भी वे जानते होंगे। अपने एक ट्वीट में उन्होंने लिखा है, "यूनाइटेड बॉय फ्रेंडशिप। एक मजबूत दोस्ती।" स्थाली पुलाक न्याय से हम भारतीय अनुमान लगा लेते हैं। हिंदी ऋषि को न आती हो, यह हो नहीं सकता। खत का मजमून भांप लेते हैं हम लिफाफा देखकर!

डॉ. मयंक चतुर्वेदी 'पांचजन्य' (ऋषि सुनक के बहाने भारतीय ज्ञान परम्परा की ताजा होती यादें) में विस्तार से लिखते हैं, "ब्रिटेन के प्रधानमंत्री ऋषि सुनक गोत्र से सनातनी है, इसलिए यह विश्वास अवश्य ही शक्तशिाली है कि वे न तो ब्रिटेन की बिगड़ी अर्थव्यवस्था से घबराकर पलायन करेंगे और ना ही अपने विरोधियों की आलोचनाओं से घबराकर चुप बैठेंगे। उनका भारतीय जीन उनको स्वतः स्फुरित करता रहेगा कि सभी चुनौतियों का सामना कर अंत में सफलता का स्वयं वरण करेंस"[8]

इतनी सी बात नहीं है। यह जीत ऐतिहासिक है। ऋषि नाम, या ऋषि शब्द का अर्थ है एक ऐसा व्यक्ति जो प्रबुद्ध है और जिसके पास बहुत ज्ञान है। ऋषि के नाम से किसी व्यक्ति को सम्बोधित करने का अर्थ है, उस व्यक्ति के ज्ञान को रेखांकित करना। हम सभी अपने नाम के महत्त्व को या तो जानते हैं या जानना चाहते हैं। यथा नाम तथा गुण होना चाहते हैं। ऋषि सुनक ऐसे यथा नाम तथा गुण स्वरूप हैं। इसमें संदेह नहीं।

हिन्दू मन और हिन्दू आस्था में सत्यनारायण और उनकी कथा का क्या महत्त्व है यह आपको बताने की जरुरत नहीं। सत्यनारायण की कथा में सबसे पहले आता है- एकदा नैमिषारण्ये ऋषयः शौनकादयः पप्रच्छुर्मुनयः सर्वे सूतं पौराणिकं खलु 1(एक समय की बात है नैमिषारण्य तीर्थ में शौनिकादि, अठ्ठासी हजार ऋषियों ने श्री सूतजी से पूछा) शौनक शिक्षकों और अथर्ववेद की एक शाखा के लिए प्रयुक्त संज्ञा है। विशेष रूप से यह एक प्रसिद्ध संस्कृत वैयाकरण का नाम है जो ऋग्वेद-प्रतिशाख्य के लेखक थे। कहा जाता है कि उन्होंने ऋग्वेद के बश्कल और शाकल शाखाओं को एकजुट किया था। ऋग्वेद-प्रतिशाख्य का श्रेय शौनक को दिया जाता है, जिन्होंने इसे नैमिषारण्य में आयोजित एक सत्र-यज्ञ (एक 12-दिवसीय बहुत बड़े पैमाने पर किया जाने वाला सामूहिक यज्ञ) में दूसरों को सिखाया था। पुराणों के अनुसार ऋषि शौनक एक वैदिक आचार्य थे, जो भृगुवंशी शुनक ऋषि के पुत्र थे। इनका पूरा नाम इंद्रोतदैवाय शौनक था। इनकी वंश परम्परा को देखें तो सबसे पहले "प्रमद्वरा को सर्पदंश" नामक कथा महाभारत के अष्टम अध्याय में आदिपर्व के अन्तर्गत पौलोम पर्व में मिलती है। जिसमें कि ऋषि शुनक के कुल-गोत्र के बारे में विस्तार से बताया गया है।

स चापि च्यवनो ब्रह्मन् भार्गवोऽजनयत् सुतम्।
सुकन्यायां महात्मानं प्रमतिं दीप्ततेजसम्
प्रमतिस्तुरुरुं नाम घृताच्यां समजीजनत्।
रुरुः प्रमद्वरायां तु शुनकं समजीजनत्
शौनकस्तु महाभाग शुनकस्य सुतो भवान्।
शुनकस्तु महासत्त्वः सर्वभार्गवनन्दनः।
जातस्तपसि तीव्रे च स्थितः स्थिरयशास्ततः

महर्षि भृगु के पुत्र च्यवन ने अपनी पत्नी सुकन्या के गर्भ से एक पुत्र को जन्म दिया, जिसका नाम प्रमति था। महात्मा प्रमति बड़े तेजस्वी थे। फिर

प्रमति ने घृताची अप्सरा से रुरु नामक पुत्र उत्पन्न किया तथा रुरु के द्वारा प्रमद्वरा के गर्भ से शुनक का जन्म हुआ। शौनकजी, शुनक के ही पुत्र होने के कारण 'शौनक' कहलाते हैं। शुनक महान् सत्व गुण से सम्पन्न तथा सम्पूर्ण भृगुवंश का आनन्द बढ़ाने वाले थे। वे जन्म लेते ही तीव्र तपस्या में संलग्न हो गये। इससे उनका अविचल यश सब ओर फैल गया।

बताया जाता है कि ऋषि शौनक ने कुल 10 हजार विद्यार्थियों के गुरुकुल को चलाकर कुलाधिपति का विलक्षण सम्मान हासिल किया था। ऐसा कहा जाता है कि इनसे पहले किसी भी अन्य ॠृषि को ऐसा सम्मान प्राप्त नहीं हुआ था। महाभारत महाकाव्य में शौनक की प्रमुख भूमिका थी। नैमिष नामक अरण्य (जंगल) में शौनक की अध्यक्षता में ऋषियों के एक सम्मेलन के दौरान उग्रश्रव सौती नामक एक कथाकार द्वारा सम्पूर्ण महाभारत सुनाई गई थी। इसी ऋषि के नाम से विभूषित 'ऋषि सुनक' यथा नाम तथा गुण हैं।

सनकादि ऋषि (सनकादि = सनक + आदि) से तात्पर्य ब्रह्मा के चार पुत्रों सनक, सनन्दन, सनातन व सनत्कुमार से है। पुराणों में उनकी विशेष महत्ता वर्णित है। ये ब्रह्मा की अयोनिज संताने हैं और भगवान विष्णु के अवतार हैं जो 10 सृष्टियों में से ही गिने जाते हैं। ये प्राकृतिक तथा वैकृतिक दोनों सर्गों से हैं।

वस्तुत: ऐसा प्रतीत होता है कि संस्कृत का 'शौनिक' पंजाबी में 'सुनक' हो गया और इस नाम की ऐतिहासिकता, पवित्रता आदि को ध्यान में रखते हुए 42 वर्ष पूर्व- 12 मई, 1980 को माता-पिता ने ब्रिटेन की धरती पर पैदा होने वाले जिस बालक का नाम 'ऋषि सुनक' रखा वह बालक आज उस देश का प्रधानमंत्री बना। कहना यह चाहिए कि 'सुनक' उनका कुलनाम है, संभवत: गोत्र ही हो। ऋषि उनका नाम है और उत्तर भारत के हिन्दुओं में अंग्रेजी ईसाईयों की तरह प्राय: मध्य नाम होता नहीं।

इस युग पुरुष के नाटकीय जीवन का अभी मुश्किल से आधा भाग ही देखा गया है। आधा तो अभी आना शेष है। पर जितना भी देखा जा सका है वह विलक्षण और आश्चर्य जनक है। इस पर आप हिंदी में लिखी गई इस पहली पुस्तक को पढ़ने जा रहे हैं तो यह भी अनोखी बात है। यह पुस्तक पहली है और यह तय है कि पहली रहेगी नहीं। पहली पुस्तकों की जो सीमाएं होती हैं, वे इसकी भी हैं। पर इतना तय है कि आप इस पुस्तक के

द्वारा ऋषि सुनक के जीवन के कुछ जाने-अनजाने पहलुओं से परिचित हो जायेंगे। ऋषि पर भी गर्व करेंगे, और खुद पर भी।

आने वाली नस्लें तुम पर फख्र करेंगी हम-असरो
जब भी उन को ध्यान आएगा तुम ने 'ऋषि' को देखा है।

❍❍

(2)

एक प्रवासी का उत्साह

आज दिवाली का अगला दिन है। भारत मे आज के दिन गोवर्धन पूजा होती है। पाकिस्तान के समाचार पत्र 'सियासत' में एक समाचार प्रकाशित हुआ है- 'पाकिस्तान को भी ऋषि सुनक पर दावा करना चाहिए क्योंकि उनके दादा-दादी गुजरांवाला से थे।' सुनक, अजीब तरह से, विरासत की नजर से भारतीय और पाकिस्तानी दोनों हैं। इन्वेस्टमेंट बैंकर से राजनेता बने 42 वर्षीय ऋषि सुनक गुजरांवाला के एक पंजाबी खत्री परिवार से हैं, जो अब पाकिस्तान में है।

ऋषि सुनक के दादा-दादी, नाना-नानी के बारे में बहुत कुछ ज्ञात नहीं हो सका है, लेकिन 'गोइंग फॉर ब्रोक: द राइज ऑफ ऋषि सुनक' पुस्तक में लॉर्ड एशक्रॉफ्ट ने उल्लेख किया है, सांसद की नानी, सरक्षा ने ऋषि के नाना रघुबीर के साथ तब विवाह किया जब वे 16 वर्ष की थीं।" ऋषि का एक ट्वीट है- जब मेरे दादा-दादी यहां आये तो वे यूनाइटेड किंगडम में बस गए। ऐसा इसलिए है क्योंकि यह देश उन मूल्यों और विचारों के एक समूह का प्रतिनिधित्व करता है, और यह वे मूल्य और विचार हैं जो कीमती हैं और जो संघ के बंधन का निर्माण करते हैं। (जुलाई 29, 2022)

उनके दादा भारत को आजादी मिलने से पहले गुजरांवाला से अफ्रीका चले गए थे। गुजरांवाला अब पाकिस्तान के पंजाब प्रांत में है। बाद में सुनक के पिता यूके चले गए। सुनक को कंजरवेटिव पार्टी नेतृत्व की दौड़ जीतने के बाद पीएम की कुर्सी मिली, क्योंकि उनके प्रतिद्वंद्वियों, पूर्व प्रधानमंत्री बोरिस जॉनसन और हाउस ऑफ कॉमन्स के नेता पेनी मोर्डेंट ने इस दौड़ में भाग लेने योग्य मत जमा न कर पाए। उनके दादा रामदास सुनक ने 1935 में नैरोबी में एक क्लर्क के रूप में काम करने के लिए गुजरांवाला छोड़ दिया था। राम दास की पत्नी सुहाग रानी सुनक ने गुजरावालां से दिल्ली के लिए प्रस्थान किया। 1937 में वे पति के पास रहने चली गयीं। रामदास

और सुहाग रानी के छह बच्चे थे, तीन बेटे और तीन बेटियां। ऋषि सुनक के पिता यशवीर सुनक का जन्म 1949 में नैरोबी में हुआ था। वह 1966 में लिवरपूल पहुंचे और यूनिवर्सिटी ऑफ लिवरपूल में मेडिसिन की पढ़ाई करने चले गए। यशवीर ने 1977 में लीसेस्टर में उषा से शादी की। तीन साल बाद 1980 में साउथेम्प्टन में ऋषि का जन्म हुआ। उनके माता-पिता अपनी सेवानिवृत्ति तक एक सफल फार्मेसी व्यवसाय चलाते थे।

'सुनक' परिवार के पास सबसे बड़ा धन उनके संस्कार और शिक्षा थी। वे बीसवीं शताब्दी के उस मोड़ पर यह समझ गए थे कि विद्या धन सब धनों से उत्तम है और इसका संग्रह करना चाहिए। यशवीर के नाना जी श्री लूथरा उस जमाने में अबोटाबाद के डाकखाने के मुलाजिम थे और छोटे मोटे कर्मचारी नहीं बल्कि पोस्टमास्टर थे। यह बड़ी बात थी। ब्रिटिश भारत के प्रति या यूँ कहें कि ब्रिटिश हुक्मरानों के प्रति आम हिंदुस्तानी का मोह भंग हो चुका था। भारतेन्दु ने अंग्रेजी राज के बारे में एकदम सीधा और कानून की पकड़ में न आने वाला संकेत कविता के बहाने दे दिया था-

अंधाधुंध मच्यौ सब देसा। मानहुँ राजा रहत बिदेसा।

सात समुन्दर पार स्थित अंग्रेजी शासक के अन्याय को और फिर कैसे बताते?

फिर भी बहुतेरे ऐसे थे जो अँगरेज राज के 'सुखसाज' के दीवाने थे। विक्टोरिया के राज को नियामत समझते थे। 1935 के आते न आते देश की हालत कुछ न कुछ बिगड़ती चली गई। हिन्दू मुसलमान का आपसी सम्बन्ध बिगड़ता जा रहा था।

योरोप वाले जो चाहें दिल में भर दें।
जिसके सर पाए जो चाहे तोहमत धर दें।
बचते रहो इनकी तेजियों से अकबर
तुम क्या हो खुदा के तीन टुकड़े कर दें।

भारतवासी हिंद महासागर क्षेत्र में अफ्रीकी व्यापारियों के साथ एक लंबा इतिहास साझा करते हैं। उनके संबंध 19वीं शताब्दी में और अधिक मजबूत हुए जब ब्रिटिश साम्राज्य और विशेष रूप से 1885 में ईस्ट अफ्रीकन प्रोटेक्टोरेट (जिसे ब्रिटिश ईस्ट अफ्रीका के नाम से भी जाना जाता है) का गठन हुआ और कई भारतीय उस क्षेत्र में बसने चले गए जो उस समय ब्रिटिश नियंत्रण में था। भारतीय जनसंख्या पूर्व अफ्रीका में तेजी से बढ़ी और आर्थिक रूप से समृद्ध हुई।

उपनिवेश था भारत भी तब। और शासक की मानसिकता भी उपनिवेशवादी थी। उनका सूरज न डूबता था और साम्राज्य फैल रहा था जिसमें कई तरह के प्रभाव थे जो आज भी अनेक समुदायों को प्रभावित करते हैं। सुनक के पूर्वज पूर्वी अफ्रीका के रास्ते भारत से आए थे। अंग्रेजों ने भारतीय अप्रवासियों को अफ्रीकी महाद्वीप में मूल निवासियों और उपनिवेशवादियों के बीच लगभग एक बफर के रूप में और सस्ते श्रम के स्रोत के रूप में कार्य करने के लिए आमंत्रित किया था। उन्हें सुदूर अफ्रीका तक के लिए कुशल कामगार चाहिए थे और भारत में इनकी कमी न थी। यू. पी. बिहार से किसान मजदूर जबरन या मजबूरन जा रहे थे या भेजे जा रहे थे तो पंजाब से भी पलायन हो रहा था। कोई भविष्य के सुनहरे सपने लिए जाता था तो कोई दो जून की रोटी जुटाने की खातिर खट रहा था। हिन्दू-मुस्लिम के बीच तनाव बढ़ रहा था और मुस्लिम बहुल इलाकों में हिन्दू का रहना मुहाल हुआ जाता था। 60 के दशक में, इन देशों में उपनिवेशवाद-विरोधी संघर्ष बढ़ने लगे और तुलनात्मक रूप से समृद्ध भारतीयों को साम्राज्यवादी सहयोगी के रूप में देखा जाने लगा। दक्षिण एशियाई लोगों ने लंबे समय से इन समाजों में अपने लिए एक अस्पष्ट सी जगह बना ली थी। वे ब्रिटिश शासकों और अफ्रीकी मूल के बीच कड़ी का काम कर रहे थे। एशियाई लोग अक्सर सरकारी और नौकरशाही पदों पर काम करते थे और कुछ काम-धंद या व्यवसाय भी करते थे।

अफ्रीकी देशों में भारतीय प्रवास कई चरणों में हुआ। प्रारंभिक प्रवासन गिरमिटिया मजदूरों के रूप में था, जिन्हें यूरोपीय साम्राज्यवादियों द्वारा विभिन्न उपनिवेशों में ले जाया गया था, ज्यादातर गन्ने की खेती के लिए वे गए। पेट की भूख मिटाना उनका पहला लक्ष्य था। दक्षिण अफ्रीका, मॉरीशस और नेटाल आदि स्थानों पर भारतीय रुक गए और बसने लगे। ज्यादातर गुजरात और पंजाब से भारतीय पूर्वी अफ्रीकी देशों में बसने लगे थे। खासकर वहां जहां ब्रिटिश हुक्मरान शासन कर रहे थे। प्रवासियों का पहला जत्था रेलकर्मी के तौर पर वहां गया था। बाद में, वकील, एकाउंटेंट, डॉक्टर, क्लर्क और छोटे व्यापारी जैसे पेशेवर लोग भी इन देशों में गए और बहुत से शहरों और कस्बों में बस गए। उनमें से अधिकांश के पास उस समय ब्रिटिश पासपोर्ट थे।

कई मजदूरों ने बाद में रुकने का फैसला किया, जबकि उनमें से कुछ को वापस लौटने के लिए मजबूर किया गया। दिलचस्प बात यह है कि यह वह भारतीय या एशियाई समूह नहीं है जो 60 और 70 के दशक में

बड़ी संख्या में ब्रिटेन और अमेरिका में चला गया। 60 और 70 के दशक में एशियाई लोगों का निष्क्रमण हुआ और यह खदेड़े जाने की हद तक अपमानजनक भी था जिसमें ज्यादातर भारतीय कीनिया, युगांडा, मलावी और तंजानिया जैसे पूर्वी अफ्रीकी देशों से निकाले गए थे। समाज में उनकी स्थिति ऐसी बन गई थी कि वे इन देशों में जब स्वतंत्रता आंदोलन बढ़ा तो ये लोग उनके कोप भाजन बने। जब इन देशों ने एक एक करके स्वतंत्रता प्राप्त करनी शुरू की, तो 'अफ्रीकीकरण' की नीति के अनुसार भारतीयों को बाहर करना शुरू कर दिया गया। नवगठित सरकारों ने यह सुनिश्चित करने की कोशिश की कि सत्ता संरचना, व्यवसाय और अन्य प्रभावशाली पदों को देशी अफ्रीकियों द्वारा भरा जाए, और उपनिवेशवादी और उनके एशियाई सहयोगी चले गए।

उन्नीसवीं शताब्दी से ही ब्रिटेन ने यह सुनिश्चित करना शुरू कर दिया था कि वे उनकी अपनी संस्कृति और मूल्यों में निहित व्यवस्था और सोच को अपनी देशी प्रजा को अंग्रेजी शिक्षा के माध्यम से प्रसारित करें। मैकाले की शिक्षा पद्यति में यही संकेत था। भारत के एक वर्ग विशेष ने अंग्रेजी शिक्षा के महत्व को पहले समझा और फिर उसे अपने उत्थान का माध्यम बनाया। शिक्षा को विकास का एक उपकरण के रूप में इस्तेमाल किया। दादाभाई नौरोजी (1825-1917) की कहानी जगजाहिर है। दादाभाई नौरोजी विद्वान, प्रोफेसर, राजनीतिक पथप्रदर्शक, स्वतंत्रता सेनानी और व्यवसायी और स्त्री शिक्षा के प्रबल समर्थक थे। दादा भाई नौरोजी 1892 में ब्रिटिश संसद के सदस्य के रूप में चुने जाने वाले दूसरे भारतीय थे। सेंट्रल फिन्सबरी के मुख्य रूप से मजदूर वर्ग के निर्वाचन क्षेत्र ने दादाभाई नौरोजी को चुना। वहाँ से नौरोजी भारत में ब्रिटेन के शर्मनाक शासन को आईना दिखाने के अपने एजेंडे को पूरा करने के लिए आगे बढ़े। ब्रिटेन में ऋषि सुनक की ताजपोशी ने भारतीय मूल के दादा भाई नौरोजी के चेहरे पर स्वर्ग में मुस्कान ला दी होगी। लगभग 130 साल पहले, मुंबई (बॉम्बे) के पारसी प्रोफेसर ब्रिटेन की संसद के लिए चुने जाने वाले पहले भारतीय बने।

उनसे पहले 1841 में एंग्लो-इंडियन डेविड ओचटरलोनी डाइस सोम्ब्रे से चुनाव जीतकर संसद सदस्य बने थे। यही नहीं कंजर्वेटिव पार्टी के सदस्य के रूप में भी 1895 में एक भारतीय सांसद चुने गए थे। सर मंचर्जी मेरवांजी भौनागरी केसीआईई (1851-1933) उनका नाम था। क्या आपने यह नाम

कभी सुना है? इतिहासकार जोनाथन शीर का कहना है कि पारसी वंश के एक रूढ़िवादी राजनेता मंचर्जी भौनागरी ने अंग्रेजी आकांक्षा के भारत का प्रतिनिधित्व किया। वे भारतीय मूल के थे और अंग्रेजी राज्य के प्रति पूर्णत: और ताउम्र ष्वफादार, आत्मसात, और आज्ञाकारी" (लॉयल, असिमिलाटिड, ओबसेकियस) रहे।

जब राम दास सुनक को पूर्वी अफ्रीका के एक देश जाकर काम करने का मौका मिला तो वे राजी हो ही गए। एक स्व-घोषित जीवनी लेखक ने बताया कि कैसे सुनक के दादा-दादी ने अपना शहर छोड़ दिया "और बिना कहीं रुके सीधे कीनिया चले गए।" उन्होंने जोर देकर कहा कि "वे पानी पीने भी नहीं रुके हिंदुस्तान में (उन्होंने भारत में पानी पीना भी गंवारा न किया)," यह दावा करते हुए कि सुनक की विरासत केवल पाकिस्तानी है, वे यह भूल जाते हैं कि 1935 में पाकिस्तान था ही नहीं।

नैरोबी (केन्या) में क्लेरिकल अफसर के रूप में ठीक ठाक वेतन पर दूर देश जाना उनके लिए दुरुस्त था पर वे अपने साथ अपनी पत्नी को नहीं ले गए। भला वहां नयी नवेली दुल्हन को क्योंकर परेशानी में डालते?

आपने ठीक समझा। पति के विदेश गमन के उपरांत वे गुजरांवाला में क्या करतीं? उन्होंने दिल्ली अपने मायके में आकर रहने की ठानी। उधर पति अपनी योग्यता बढाने के लिए आगे पढ़ रहे थे, इधर दिल्ली में पत्नी चिर प्रतीक्षा रत थीं। राम दास जी ने अपने अध्यवसाय के बल पर पहले अकाउंटेंट की परीक्षा पास की और फिर वे सिविल सर्वेंट बन गए। दो साल में सुहाग रानी भी अपनी गृहस्थी में रमने के लिए नैरोबी आ गयीं। अब उनके पास एक लक्ष्य था। भारत से दूर अपनी संस्कृति और धर्म का पालन करते हुए अपने पाँव जमाना। भूत के सहारे वर्तमान के उद्योग से भविष्य का निर्माण करना और वह भी प्रसन्नता पूर्वक।

गृहस्थ धर्म का पालन करते हुए वे छह संतानों के पालन पोषण में व्यस्त हुए। तीन पुत्र और तीन पुत्रियां। इन्हीं छह बालकों में से एक थे ऋषि सुनक के पिता श्री यशवीर। ऋषि सुनक के पिता यशवीर सुनक का जन्म 1949 में नैरोबी में हुआ था। इन बच्चों को शिक्षा देना भी परम धर्म था। स्त्री शिक्षा का तब उद्देश्य सीमित था, इसलिए लड़कियों को भारत भेजा गया और लड़कों को उच्च शिक्षा के लिए विलायत।

कई भारतीय अप्रवासी और उनके वंशज आज भी पूर्वी अफ्रीका में रहते हैं, लेकिन 20वीं सदी के उत्तरार्ध में अनेक वहां से चले भी आये। एक तरह

से सुनक-संतति ब्रिटेन को ईदी अमीन की देन हैं। यदि युगांडा के तानाशाह ने 1970 के दशक में पहली बार अपने देश से उनके पिता और पितामह को निकालकर पूर्वी अफ्रीका से निष्कासन की एक शृंखला शुरू नहीं की होती, तो भारतीय अभी भी बड़ी संख्या में पूर्वी अफ्रीका में रह रहे होते। 1960 के दशक से ही, यह क्षेत्र भारतीयों के लिए एक कम मेहमाननवाज स्थान बन गया था। अफ्रीकी महाद्वीप पर भारतीय लोगों की अपेक्षाकृत समृद्धि के कारण तनाव हुआ और तब ब्लैक-विरोधी दृष्टिकोण चरम पर पहुंच गया जब ईदी अमीन ने युगांडा में सत्ता पर कब्जा कर लिया और 1972 में एशियाई लोगों को देश से निकाल दिया। तत्कालीन राष्ट्रपति ईदी अमीन के आदेश के तहत युगांडा से भारतीय अल्पसंख्यकों का निष्कासन हुआ। यह वह समय था जब भारतीय डायस्पोरा का एक महत्वपूर्ण भाग कीनिया और तंजानिया छोड़ गया। भारत लौटने के बजाय ये भारतवंशी अमेरिका, कनाडा और यू के आदि देशों में चले गए।

उस समय ब्रिटेन में विदेशी आप्रवासियों के लिए माहौल आज जैसा न था। ब्रिटेन की तेजी से बदलती जनसांख्यिकी और सामाजिक-सांस्कृतिक वास्तविकताओं के संदर्भ में, तत्कालीन श्रम मंत्री, रॉय जेनकिंस ने 1967 में बहुसंस्कृतिवाद के दर्शन पर प्रकाश डाला था, "एकीकरण शायद एक ढीला शब्द है। मैं इसे अप्रवासियों द्वारा अपनी राष्ट्रीय विशेषताओं और संस्कृति की हानि के अर्थ के रूप में नहीं मानता। मुझे नहीं लगता कि हमें इस देश में एक 'मेल्टिंग पॉट' की जरूरत है, जो हर किसी को एक ही सांचे में ढाल दे... इसलिए, मैं एकीकरण को आत्मसात करने की एक सपाट प्रक्रिया के रूप में नहीं बल्कि समान अवसर के रूप में, सांस्कृतिक विविधता के साथ, पारस्परिक सहिष्णुता के माहौल में परिभाषित करता हूँ।

इसलिए उनके बानक भी कुछ ऐसे बने कि यशवीर जी के बड़े भाई हरीश सुनक को 1966 में इलेक्ट्रिकल इंजिनीयरिंग का कोर्स करने के लिए लिवरपूल विश्व विद्यालय में दाखिला मिला।

इस मौके को भला वे क्यों बेकार जाने देते? परिवार की समस्त संचित धन-राशि से बंदोबस्त हुआ। भारतीय परिवार बचत करता है, धन का संचय करता है। जिससे वक्त जरूरत पर काम आये। भाई विलायत पहुंचे तो रास्ता एक तरह से खुल गया। यशवीर जी ने भी बिना वक्त गवाएं उसी साल ए लेवल की परीक्षा के लिए विदेश प्रयाण किया। पैसा न था, पर हिम्मत और हौसला बहुत था। मितव्यता से किसी तरह वक्त काटने लगे। आपसी

सहयोग से बात बनी और कुछ ही वर्षों में सारा परिवार वहां आ गया। राम दास और सुहाग रानी भी आ गए। संयुक्त परिवार ब्रिटेन आ गया। सुनक के दादाजी श्री रामदास सुनक तंगनयिका (तंजानिया) में टैक्स अधिकारी थे इसलिए ब्रिटेन आने के बाद उन्हें राजस्व विभाग में नौकरी मिल गई।

राम दास और उनकी पत्नी सुहाग रानी हुए ऋषि के दादा-दादी। रामदास सुनक ने 1971 में साउथेम्प्टन में एक वैदिक सोसाइटी बनाकर एक हिंदू मंदिर की स्थापना की। उनके पुत्र श्री यशवीर और छह भाई बहनों के बारे में भी आप कुछ न कुछ तो जान ही गए हो।

अब ऋषि की माता-पिता जी के बारे में बताते हैं। ब्रिटिश मीडिया के लिए एक कहानी में, एक पारिवारिक मित्र ने इस जोड़ी को "भावुक ब्रिटिश" (पैशनेट ब्रिटिश) के रूप में वर्णित किया है। ऋषि की माता जी भी पंजाबी परिवार से थीं। उनका नाम है उषा। उषा के पिता का नाम है श्री रघुबीर बेरी। उनका वृहद् परिवार अब भी लुधियाना में है जहाँ उनके रिश्तेदार सुभाष बेरी आज भी उनके भारत आने-जाने के फसाने बड़े चाव से सुनाते हैं। बेरी परिवार पहले शहर के करीमपुरा मोहल्ले में रहता था और वर्तमान में सिविल लाइंस में रहता है। ऋषि के नाना रघुबीर सेन बेरी पांच भाई थे। उग्र सेन बेरी, भीम सेन बेरी, विक्रमजीत सेन बेरी, गन्धर्व सेन बेरी और रघुबीर सेन बेरी। ये लोग लुधियाना जिले के जस्सोवाल सूदन नामक गांव के मूल निवासी थे। सम्प्रति, रघुबीर बेरी 95 वर्ष के वयोवृद्ध हैं और अपने नाती पोतों के साथ लन्दन में स्वास्थ्य लाभ और सत्संग करते हैं।

वे भी पंजाब के और ठेठ पंजाबी किन्तु रघुबीर बेरी जी का विवाह एक ऐसी कन्या से हुआ था जिनका जन्म तंजानिया में हुआ था। उषा की माताजी सरक्षा का जन्म टंगान्यिका (अब तंजानिया) के एक ग्रामीण इलाके में हुआ था। यह इलाका वन्य पशुओं से भरा था। कहते हैं वे सिंहों की दहाड़ के बीच पाली गयी थीं। सरक्षा नामक इस कन्या ने बचपन में स्वाहिली भाषा भी सीख ली थी पर वे रहीं भारत से आबद्ध और जुडी हुई। और उस समय तो यही देश उनका और उनके परिवार का घर था ऐसे थे ऋषि के नाना-नानी।

सोलह वर्ष की बाली उम्र में इस कन्या का विवाह रघुबीर बेरी नामक इंजीनियर से हुआ जो उस समय तंजानिया में रेल इंजीनियर के पद पर थे और इनके तीन संतानें हुईं। उषा और दो भाई भरत और अजय। यहाँ भी इस परिवार का लक्ष्य भारत जाना न था। वे ब्रिटेन जाकर बसना चाहते थे।

इस दिलेर स्त्री सरक्षा ने अपने बलबूते पर 1960 के दशक में लेकस्टर का रुख किया और किसी न किसी तरह से कभी टाइपिस्ट का काम करके और कभी कोई दूसरी नौकरी करके एक साल के भीतर 1969 में अपने परिवार को भी मिला लिया।

दूसरी तरफ की कहानी वास्तव में उषा की माँ- और ऋषि की नानी सरक्षा- के साथ शुरू होती है- एक असाधारण महिला जो तंजानिया में एक दूरस्थ झोपड़ी में स्वाहिली बोलते हुए बड़ी हुई। एक छोटा पंजाबी समुदाय जरूर था वहां, पर बेगानों की संगत अधिक थी। 1966 में उन्होंने ब्रिटेन के लिए एकतरफा टिकट खरीदने के लिए अपनी शादी के गहने बेचने का साहसिक निर्णय लिया। उन्होंने अपने पति और छोटे बच्चों को अफ्रीका में पीछे छोड़ते हुए अकेले विलायत की यात्रा की, लीसेस्टर नगर में रहकर अपनी जगह बनाई और एक बुक-कीपर के रूप में काम करते हुए कुछ रकम जमा की। एक साल बाद परिवार के बाकी लोगों के पालन-पोषण के लिए उनके पास पर्याप्त नकदी संचित हो गई थी। उनके पति और तीनों संताने भी आकर परिवार में शामिल हो गए। रघुबीर भी काम पर लग गए और एम.बी.ई. करके प्रतिष्ठित हुए। ऋषि सुनक के नाना ने वहां दशकों तक अंतर्देशीय राजस्व कर कार्यालय में काम किया। उन्होंने इसके लिए एमबीई (मेंबर ऑफ द ऑर्डर ऑफ द ब्रिटिश एम्पायर) भी अर्जित किया। उन्हें इस बात से लाभ हुआ कि वे उपनिवेशवादियों के करीब थे और उनमें से कई प्रशासन और सार्वजनिक सेवा का हिस्सा थे। ये आसानी से नई स्थिति में समायोजित हो गए। यूके में पारिवारिक सम्बन्ध होने के कारण उन्हें नौकरी पाने और यहाँ बसने में मदद मिली। ब्रिटिश सरकार ने भी बसने में उन्हें मदद की इसलिए उनके लिए अपने विशेषाधिकारों को प्राप्त करना और दावों को पेश करना आसान रहा।

उषा की उम्र 16 वर्ष हो चली थी। ऋषि की माँ, उषा ने स्कूल में कड़ी मेहनत की और एस्टन विश्वविद्यालय में प्रवेश हासिल किया। यहाँ उन्होंने फार्मेसी की पढ़ाई की। उषा ने 1972 में फार्माकोलॉजी में एस्टोन यूनिवर्सिटी से ग्रेजुएशन किया

श्री यशवीर 1966 में चिकित्सा की पढ़ाई के लिए लिवरपूल पहुंचे थे। उधर यशवीर भी ए लेविल के बाद बस करके न बैठ गए। वे आगे बढ़े और खूब पढ़े। 1974 में उन्होंने लिवरपूल यूनिवर्सिटी से मेडिसन में ग्रेजुएशन किया उषा पारिवारिक मित्रों के माध्यम से मेडिकल छात्र यशवीर से मिली।

और जुलाई 1977 में दोनों का विवाह संपन्न हुआ। यशवीर मेडिकल के पेशे में थे। नेशनल हेल्थ सर्विस में फैमिली डॉक्टर हो गए और उषा जी फार्मेसी चलाने लग गईं। साउथेम्प्टन चले गए, और कालांतर में उनके तीन संतानें हुईं- सबसे बड़े ऋषि, दूसरे पुत्र संजय जो अब एक नैदानिक मनोवैज्ञानिक और न्यूरोसाइकोलॉजिस्ट हैं और बेटी राखी जो संयुक्त राष्ट्र में काम करती है।

ये कहानी है- और बिलकुल सच्ची कहानी है। यह माइग्रेशन इतिहास उन लोगों के लिए इतना अलग है जो सीधे भारत से या पाकिस्तान और बांग्लादेश से ब्रिटेन चले आये। इस कहानी में तेरी मेरी कहानी भी आ मिली है। हर भारतीय की कहानी है जिसने उद्योग किया। जिसने शिक्षा को मूल मन्त्र माना। मैं तो बस इनका कायल ही होकर रह गया हूँ। मैंने भी तो पूर्वी अफ्रीका में एक दो नहीं पूरे पंद्रह वर्ष बिताये। अपने बच्चों को विदेश में पढ़ाया भी। पर कहानी बनते-बनते रह गई। ऋषि सुनक की कहानी बनी। पर ऐसे अनेक हैं जो अपनी कहानी बनाते हैं पर सुनाते नहीं। इसी दम्पति की संतान हैं ऋषि सुनक। मानो शौनक ऋषि का अवतार हों। अंग्रेजों को लगेगा कि इस भारतीय मूल के व्यक्ति का कोई 'मिडिल' नाम तो है नहीं बस दो शब्द। इन दो शब्दों में तो जीवन दर्शन है। भारतीय संस्कृति का सार है। अध्यात्म है। दर्शन है और है विद्वत्ता का गणित।

❍❍

(3)
एकदा नैमिषारण्ये!

"दिवाली के पहले दिन ब्रिटेन ने अपने पहले गैर-श्वेत प्रधानमंत्री, एक नैष्ठिक कर्मकांडी आस्तिक आचारी हिंदू, ऋषि सुनक का स्वागत किया। आपको यह सोचने के लिए क्षमा किया जा सकता है कि यह ब्रिटिश नस्ल संबंधों के लिए प्रकाश की किरण है, और इसे पहले से ही "ऐतिहासिक क्षण" के रूप में घोषित किया जा चुका है, जब सुनक का जन्म 1980 में हुआ था जब संसद के कोई अश्वेत या एशियाई सदस्य नहीं था।" केहिन्डे एंड्रयूज, बर्मिंघम सिटी यूनिवर्सिटी में ब्लैक स्टडीज के प्रोफेसर और "द न्यू एज ऑफ एम्पायर: हाउ रेसिज्म एंड कॉलोनियलिज्म स्टिल रूल द वर्ल्ड" पुस्तक के लेखक हैं। उनके द्वारा सी.एन.एन. के लिए लिखित और 26 अक्टूबर 2022 को प्रकाशित एक आलेख का प्रारम्भ इन शब्दों से होता है और यह बहुतेरों का विचार भी है। पर वे इसे विकास का नहीं अपितु 'चेतावनी' का सूचक मानते हैं।

अर्थशास्त्र के प्रणेता विष्णुगुप्त चाणक्य के वंशज सरीखा यह सुपुत्र 12 मई, 1980 को सॉउथम्पटन जनरल हॉस्पिटल में पैदा हुआ। उनका जन्म सामान्य अस्पताल में हुआ था। माता-पिता उन्हें 54 रिचमंड गार्डन ले गए। यह उनका घर था जिसे 1930 के दशक में बनाया गया था। यह शहर के पोर्ट्सवुड जिले में एक रेडब्रिक हाउस था। यह अस्पताल से कुछ मील की दूरी पर शर्ली में रेमंड रोड पर था जहाँ उनके पिता यशवीर सुनक एक पारिवारिक चिकित्सक के रूप में काम करते थे। उनकी माँ उषा स्थानीय केमिस्ट की दुकान 'वेस्टन फार्मेसी' में प्रबंधक के रूप में कार्यरत थीं। ऋषि के जन्म से कुछ समय पहले ही उन्होंने वह नौकरी छोड़ दी थी। उसने बाद में उन्होंने केवल वहीं काम करने का फैसला किया जहाँ काम के घंटे कम हों और बच्चों के लालन-पालन में असुविधा न हो। कालांतर में, उनका भाई संजय 1982 में और बहिन राखी 1987 में पैदा हुए।

आदर्श बचपन कैसे बनता है? कुछ सामान्य विषय हैं: प्यार करने वाले माता-पिता, घर का स्थिर माहौल, मौज-मस्ती करने के अवसर, अभाव या डर की अनुपस्थिति, खेलने-कूदने के लिए समय और स्थान, एक बड़ा घर जिसमें बगीचा हो और जहां बच्चे उछल कूद सकें, महंगी से महंगी स्कूली शिक्षा जिसे पैसा खरीद सके और एक परिवार के रूप में एक साथ रहने का बहुत सा समय, और अधिकांश सामग्री निश्चित रूप से वहां हो। सुनक की विलक्षण जीवनी लिखने वाले ऋषि के बाल्यकाल का खुलासा क्या कुछ यूं करते हैं? वे जवाहरलाल की तरह चांदी का चम्मच मुंह में लेकर पैदा नहीं हुए थे। पर हुए थे ब्रिटेन में, इसलिए वही इनकी मात्र भूमि है-

जिसकी रज में लोट-लोट कर बड़े हुए हैं।
घुटनों के बल सरक-सरक कर खड़े हुए हैं।
परम हंस-सम बाल्य काल में सब सुख पाये,
जिसके कारण-धूल-भरे हीरे कहलाये।
हम खेले-कूदे हर्ष-युक्त जिसकी प्यारी गोद में,
हे मातृभूमि! तुमको निरख मग्न क्यों न हों मोद में।

नहीं, ऐसी बात नहीं। पर अपनी मातृभूमि से प्रेम तो होगा ना! चलिए! कथा प्रवाह में बाधा न डालें।

"पूर्वी अफ्रीकी भारतीय" समुदाय ने यूके में भारतीय प्रवासी वर्ग के बारे में फैली भ्रांतियों और धारणाओं को बदल दिया। वे एक तरह तार्किक क्रम से व्यापार, शिक्षा, सरकार और अंत में राजनीति में सफलता की ओर बढ़ते चले गए। वंचित शरणार्थी वर्ग के लोगों के लिए एक दो पीढ़ी में ही इस प्रकार विकसित होकर ख्यातिप्राप्त करना कमाल से कम नहीं। यशवीर सुनक राष्ट्रीय स्वास्थ्य सेवा (एनएचएस) में एक जनरल चिकित्सक (जीपी) हैं और उषा सुनक वर्तमान में साउथहैम्प्टन में सुनक फार्मेसी में निदेशक और फार्मासिस्ट हैं उनके भाई संजय एक मनोवैज्ञानिक हैं और उनकी बहन राखी (विलियम्स) न्यूयॉर्क में आपात स्थिति में शिक्षा के लिए संयुक्त राष्ट्र वैश्विक कोष में रणनीति और योजना के प्रमुख के रूप में काम करती हैं। यशवीर अपनी डॉक्टरी और उषा अपनी फार्मेसी में व्यस्त रहे और परिवार का भरण पोषण करते रहे। अपने बच्चों की शिक्षा दीक्षा पर ध्यान देना उन्होंने जन्म से सीखा था। इसमें किसी तरह की कोताही न की। कई अप्रवासी परिवारों की तरह, सुनक दम्पति ने शिक्षा की परिवर्तनकारी शक्तियों

पर विश्वास किया। उषा सुनक द्वारा चलाई जा रही फार्मेसी की सफलता के साथ-साथ यशवीर की जीपी डॉक्टरी की आय के साथ, वे अपने बच्चों को अच्छे स्थानीय निजी स्कूलों में भेजने में सक्षम हुए।

हम जब यह कहानी आपको सुना रहें हैं तो जानते हैं कि यह कोई आम कहानी नहीं है। यह ब्रिटेन के प्रधानमंत्री की कहानी है। और जब कहानी बड़ी होती है तो उसमें कुछ न कुछ झोल रह जाता है। तब तो किसी को पता न था कि ऋषि एक दिन इतना आगे जायेगा। पर अब पता है। इस पते ने लापता लोगों को भी सचेत कर दिया है। अब बहुतेरे लोगों के पास बताने के लिए कहानी है, सुनाने के लिए संस्मरण हैं। मेरे पास तो क्या होंगे, किसी के पास कोई ऐसा यंत्र न होगा जिससे सच्चाई का पता चले। 'होनहार बिरवान के होत चीकने पात' पर इतने भी चिकने नहीं होते कि रपट जाने का भय हो। इसलिए बिना लाग-लपेट और अतिश्योक्ति का सहारा लिए बताते हैं।

सुनक फार्मेसी

ऋषि सुनक को डाउनिंग स्ट्रीट तक ले जाने वाली यह उल्लेखनीय यात्रा साउथेम्प्टन जनरल अस्पताल में शुरू नहीं हुई थी, जहां उनका जन्म 42 साल पहले हुआ था, बल्कि लगभग आधा मील दूर। 35 पर एक व्यस्त चौराहे पर हुई थी। यहां, सेन्सबरी-लोकल के सामने, आपको लाल-ईंट की दुकानों की एक पंक्ति मिलेगी जिसमें आज एक बेकर, एक नाई की दूकान, एक नख-शिख सलून, एक दंत चिकित्सालय, और एक मामूली सा परिसर दिखाई देगा जहाँ दरवाजे पर एक बड़ी चौकोर घड़ी है और है एक नीला प्रतीक चिन्ह जिसमें अंग्रेजी अक्षर एन एच से एस जगमगाते हैं। इस छोटी सी दुकान को कई दशकों तक सुनक फार्मेसी कहा जाता था। साउथेम्प्टन कॉमन के भव्य पार्कों और बगीचों के किनारे हिल लेन के किनारे नीचे के छोर पर किंग एडवर्ड VI स्कूल शहर का सबसे प्रतिष्ठित और सबसे प्रतिष्ठित स्कूल था। और ऊपर के सिरे पर, ऊँची गली के कोने पर, सुनक फार्मेसी थी। इस फार्मेसी को ऋषि की माँ उषा चलाया करती थीं। अपने रिटायर होने तक उनका यह सेवा कार्य निर्बाध रूप से अनवरत चलता रहा। यह जैसे उनका पारिवारिक उपक्रम था। अपनी किशोरावस्था के दौरान, ऋषि अपनी साइकिल पर सप्ताहांत के दौरान ग्राहकों को दवाइयां दे आया करते थे। ए-लेवल की पढ़ाई के साथ-साथ वे अर्थशास्त्र का अध्ययन करते हुए

दूकान के हिसाब-किताब को भी देख लेते थे। ऋषि सुनक प्रतिभा, परिश्रम और सौभाग्य के संयोजन के माध्यम से यहां तक आए। साथ में एक उत्कृष्ट शिक्षा रही जिसको सुनिश्चित करने में सुनक फार्मेसी का परोक्ष योगदान है। याद रहे ऋषि सुनक ने अपने जिन आदर्शों और प्रेरक चरित्रों का बार-बार जिक्र किया है उनमें मार्गरेट थैचर भी हैं जो एक अन्य दुकानदार की संतान (और कंजर्वेटिव पीएम) थीं।

ओकमाउंट स्कूल

अपने बच्चों के लिए उन्होंने जो प्राइमरी स्कूल चुना वह था- ओकमाउंट स्कूल। इस स्कूल की बड़ी साख थी। यहाँ केवल 150 बच्चे पढ़ते थे और यह चर्च के स्कूल से कहीं बेहतर था। ऋषि ने चार वर्ष की आयु में यहाँ दाखिला लिया। पुराने समय के प्रेप स्कूल, ओकमाउंट में किंडरगार्टन के इस स्कूल के हेडमास्टर का नाम जो सेवेज था। सुनक पढ़ने में इतना तेज था कि हम उम्र बच्चों से आगे जा पहुँचा और एक साल में दो क्लास पास करने लगा। उसकी किंडरगार्टन टीचर मिसिज एवेरेस्ट कहा करती थीं कि ये लड़का या तो ब्रेन सर्जन बनेगा या हार्ट सर्जन। ऋषि ने सिर्फ चार साल की उम्र में भी ऐसा प्रभाव डाला कि उनके एक शिक्षक ने भविष्यवाणी की कि वह एक मस्तिष्क या हृदय सर्जन होंगे। उसे क्या पता था कि ये बच्चा दिलों को जीतने वाला होगा। वास्तव में, भविष्य के प्रधानमंत्री को अकादमिक रूप से इतना अच्छा समझ लिया गया था कि वह एक साल में दो कक्षाएं पास कर सका।

स्ट्राउड

स्कूल में सब कुछ ठीक चल रहा था, पर अचानक 1989 में ईस्टर के दौरान यह खबर आई कि स्कूल बंद किया जा रहा है और यह गर्मी की छुट्टी उनकी हमेशा के लिए छुट्टी होगी। यह खबर चिंताजनक थी किन्तु सच थी और तब दोनों भाई ऋषि और संजय को दूसरे स्कूल- स्ट्राउड- में दाखिल कराया गया। यह स्कूल एक दूसरे स्कूल की शाखा के रूप में कार्य करता था और इसके बच्चों को उस दूसरे स्कूल में प्राथमिकता के आधार पर प्रवेश मिल जाता था। स्कूल में खूब रेलमपेल थी और दूसरे एशियायी मूल के बच्चे भी थे। यहाँ भी ऋषि ने अपनी धाक जमाई और खूब खेल खेले। हॉकी, फुटबॉल और क्रिकेट तीनों गेम वह खेलता था और खूब

खेलता था। अध्यापकों में चर्चे हुए। उसके भविष्य को सब उज्जवल बताते थे। सब माता-पिता को बधाई देते थे। उसके सहपाठी आज भी याद करते हैं कि ऋषि के माता-पिता के संस्कार ने इन्हें इतना कुशाग्र बुद्धि बनाया। सुनक के एकमात्र जीवनी लेखक की तरह यह जानकर आप भी मोहित हो जाएंगे कि ऋषि के हैम्पशायर प्रेप स्कूल, स्ट्राउड के शिक्षकों ने उन्हें 13 साल की उम्र में महानता के लिए चिह्नित किया था। ओली केस नाम का एक विद्यार्थी 1989 और 1993 के बीच स्कूल में उनके सहपाठियों में से थे और दोनों आगे बढ़ते रहे। होली शिक्षक बन गए और वे अब कहते नहीं थकते कि सुनक के बारे में तब शिक्षक कहा करते थे, "ऋषि एक दिन प्रधानमंत्री बनने जा रहा है।"

ऋषि ने खेलकूद के साथ-साथ सांस्कृतिक कार्यक्रमों में भी भाग लेना शुरू किया। वे नाटकों और म्युजिकलों में छोटे मोटे रोल करने के लिए सदा तत्पर रहते थे। इससे उन्हें लोगों के सामने अच्छी तरह से अपनी बात कहने का हुनर आ गया। उनके शिक्षकों में से एक, जूडी ग्रेगरी ने एक बार ऋषि नामक इस किशोर का स्मरण करते हुए कहा था, "सुनक हमेशा एक सच्चे और समझदार लड़के की तरह भीड़ में भी अलग से पहचान लिया जाता था। एक बात और याद आती है कि वह वाक-पटु होने के साथ ही प्रसन्न वदन भी था, आप उसे हँसमुख कह सकते हैं।"

अपने व्यक्तिगत गुणों और लोकप्रियता के कारण ऋषि को अपने स्कूल के अंतिम वर्ष में 'हेड बॉय' बनने का अवसर मिला। यह सभी कहते हैं कि ऋषि को अपने परिवार से एक ही मन्त्र मिला था और वह था- विद्या ददाति विनयम- उन्हें ज्ञान प्राप्त करना है और उस ज्ञान के सहारे आगे जाना है। आगे जाने की इस होड़ ने उन्हें इस बात के लिए प्रेरित किया कि वे उस स्कूल से बेहतर स्कूल में शिक्षा प्राप्त करें जिसमें वे आसानी से जा सकते हैं। इस लिए एडवर्ड कॉलेज में जाने की बजाय उन्होंने विंनचेस्टर कॉलेज में जाने का निर्णय लिया। उनके सहपाठी एडवर्ड में जा रहे थे, पर उनके माता-पिता ने अधिक फीस वाले महंगे कॉलेज को उनके लिए चुना। साउथेम्प्टन में कुछ सौ गज की दूरी पर एक हर तरह से अच्छा स्कूल था, जिसके लिए भीड़-भाड़ के बीच में स्थित विंनचेस्टर के लिए दैनिक दौड़ की आवश्यकता नहीं थी। लेकिन सुनक दम्पति अपने बच्चों को सर्वश्रेष्ठ शिक्षा देना चाहते थे।

विंनचेस्टर कॉलेज

सुनक के जीवन में महत्वपूर्ण मोड़ प्राथमिक विद्यालय के अंत में आया, जब एक मेहनती मध्यमवर्गीय अप्रवासी परिवार के एक मेहनती लड़के को विंनचेस्टर कॉलेज में पढ़ने के लिए जगह मिली। यह एक नयी दुनिया थी जिसमें विंनचेस्टर लड़कों की अपनी खुद की एक विक्टोरियन पब्लिकस्कूल भाषा भी थी, जिसमें साइकिलें 'बोगल्स' थीं और सिगरेट 'ट्रस्ट' थीं। वे सब लड़के धनी थे बहुत अमीर और उनमें से बहुत कम को गर्मी के महीनों के दौरान वेटिंग टेबल के सामने वेटर बनकर पैसा कमाना पड़ता था।

विचारकों ने इस तथ्य को कभी कटाक्ष से और कभी सीधे प्रस्तुत किया है कि खासो-आम सबके लिए शिक्षा और वह भी गुणवत्तापूर्ण शिक्षा एक ऐसा माध्यम है जिसके द्वारा वे शासक वर्ग में जा पहुँचते हैं। जॉर्ज ऑरवेल ने 20वीं सदी के पूर्वार्ध में 'द लायन एंड द यूनिकॉर्न' में लिखा है, "इंग्लैंड पर एक अभिजात वर्ग का शासन था, जिसे लगातार परवेनस (उच्च स्तरीय शिक्षा संस्थान) से भर्ती किया जाता था। और यह देखते हुए कि स्व-निर्मित पुरुषों के पास कितनी ऊर्जा थी, और यह देखते हुए कि वे एक ऐसे वर्ग में प्रवेश का मार्ग खरीद रहे थे, जिसमें किसी भी तरह से सार्वजनिक सेवा की परंपरा थी, कोई उम्मीद कर सकता था कि किसी तरह से सक्षम शासकों का उत्पादन किया जा सकता है। "द लायन एंड द यूनिकॉर्न" में ऑरवेल शासकों के नए वर्ग की प्रशंसा नहीं कर रहे थे बल्कि पुराने अभिजात वर्ग की आलोचना कर रहे थे। उन्होंने विचार किया कि दोनों निराशाजनक थे: "एक सदी के पिछले तीन-चौथाई के दौरान अंग्रेजी जीवन में प्रमुख तथ्यों में से एक शासक वर्ग में क्षमता का क्षय रहा है।"

विलियम ऑफ विकेहैम विंनचेस्टर के बिशप और इंग्लैंड के लॉर्ड चांसलर थे। अपने पदों से प्राप्त धन का उपयोग करने के लिए उन्होंने 1382 में स्कूल और यूनिवर्सिटी कॉलेज, न्यू कॉलेज, ऑक्सफोर्ड दोनों की स्थापना की। उन्होंने विंनचेस्टर कॉलेज 1394 में स्थापित किया गया था। इस कॉलेज के पूर्व छात्र स्कूल के संस्थापक विलियम ऑफ विकेहैम की याद में 'ओल्ड विकेहैमिस्ट' कहे जाते हैं।यह वह कॉलेज है जिसका अपना राज रहा है। अपनी बौद्धिकता के लिए यह कॉलेज ख्यात है- विख्यात है। यूँ तो केवल एक ही प्रधानमंत्री-हेनरी एडिंग्टन- इसने दिया है और वह भी दो

शताब्दी पूर्व। इस संस्थान ने आखिरी बार 1801 में प्रधानमंत्री पद के लिए एक प्रत्याशी दिया था किन्तु अनेक मंत्री जरूर दिए हैं। और भी स्वनामधन्य जैसे भारत के प्रमुख क्रिकेट खिलाड़ी और आज के हीरो सैफ अली खान के पिता नवाब मंसूर अली खान पटौदी भी इसी कॉलेज में पढ़ते थे। जनरल सर निक कार्टर (चीफ ऑफ द डिफेंस स्टाफ), डेविड जे थुलएस (भौतिकी में नोबल पुरस्कार विजेता) आदि और भी हजारों हैं जो इस कॉलेज की शिक्षा से जीवन में समृद्ध हुए। प्रख्यात उपन्यासकार जेन ऑस्टेन शायद हैम्पशायर के सबसे प्रसिद्ध निवासियों में से एक हैं क्योंकि उनका अधिकांश पर छोटा सा जीवन यहीं बीता। इलाज के लिए विंचेस्टर की यात्रा करने के बाद, जेन और उनकी बहन ने कैथेड्रल के बगल में कॉलेज स्ट्रीट में रहना शुरू कर दिया। खेद है, दो महीने बाद ही उनकी मृत्यु हो गई, और उनके शरीर को विंनचेस्टर कैथेड्रल में दफना दिया गया। अंग्रेजी रोमांटिक कवि, जॉन कीट्स भी विंनचेस्टर में रहे थे। 1819 की गर्मियों और शरद ऋतु में कवि ने यहाँ निवास किया था।

यह कॉलेज धन के बल पर नहीं बल्कि धन-बल के साथ बुद्धि-बल पर ही किसी को टिकने देता है। तेरह वर्ष की आयु में ऋषि सुनक इस कॉलेज में जब प्रवेश करते हैं तो वे उस बौद्धिक जगत में जा पहुँचते हैं जहाँ प्रतिस्पर्धा के बिना कुछ नहीं होता। 'इंटेल्लेक्टुअलि एरोगेंट' अध्यापकों और शिक्षार्थियों से भरा पूरा माहौल देखकर ऋषि को लगा कि उसे यहाँ चुनौती और चेतावनी दोनों मिलेंगी। और उन्होंने आगे बढ़कर इसे स्वीकारा।

सुनक दम्पति ने अपने दोनों बेटों को विंनचेस्टर कॉलेज पढ़ने के लिए भेजा। युवा ऋषि कभी नीचे की ओर नहीं गए। उन्होंने केवल ऊपर की ओर यात्रा की। कार के पीछे युवा ऋषि और उनके छोटे भाई के साथ, विंनचेस्टर कॉलेज के लिए दैनिक 12 मील की यात्रा करते थे। सुनक ने एक निजी बोर्डिंग स्कूल, विंनचेस्टर कॉलेज में शिक्षा प्राप्त की, जिसमें दाखिला लेने वाले छात्र को तब प्रति वर्ष बहुत अधिक फीस देनी होती है। यह बात आज सारी दुनिया मानती है कि भारतवासी अपने बच्चों की शिक्षा दीक्षा में तन-मन-धन से लगे रहते हैं। सुनक दम्पति धनी थे पर धन्ना सेठ नहीं जो अपने तीन बच्चों की पढ़ाई के खर्च को लेकर चिंतित न होते। वे चिंतित थे और इसी लिए उन्होंने ऋषि को स्कॉलरशिप के लिए परीक्षा देने हेतु प्रेरित किया। इन परीक्षाओं की खास बात यह भी थी कि इनसे चाहे आर्थिक मदद

उतनी न मिले पर प्रतिष्ठा खूब मिलती थी। परीक्षा में पास होना आसान न था। विंनचेस्टर में इन परीक्षाओं को 'इलेक्शन' कहते थे। ये टेस्ट कई दिन चलते थे। ऋषि ने जी तोड़ मेहनत की। 13 साल की उम्र के किशोर वयी ऋषि को उस प्रसिद्ध पब्लिक स्कूल विंचेस्टर में ऋषि को छात्रवृत्ति न मिल पाई, जहाँ अब फीस 43,000 पाउंड प्रति वर्ष है। यह उनके अनुसार उनकी पहली सबसे बड़ी विफलताओं में से एक थी।

इधर-उधर से कुछ धन राशि भी मिली। दूसरी तरफ पिता यशवीर ने जॉन लुइस में ऑक्युपेशनल हेल्थ एडवाइजर का पार्ट टाइम काम संभाला जिसे वे बीसों साल करते रहे। इससे कुछ और धन की प्राप्ति सुनिश्चित हुई। 'यह एक बड़ी बात थी,' ऋषि सुनक ने एक बार एक साक्षात्कारकर्ता से इस घटना का जिक्र आने पर कहा था 'मैं बस थोड़ा सा चूक गया और यह मेरे माता-पिता के लिए एक बड़ी समस्या थी। मुझे बहुत बाद तक तो पता ही नहीं चला कि यह वास्तव में कितना संघर्ष था और इसे कम करने के लिए मेरे माता-पिता को न जाने क्या-क्या करना पड़ा था। उन्होंने बहुत कुछ धन इधर-उधर से बचाया, उन्होंने बहुत कुछ बलिदान किया, मेरे माता-पिता के लिए सब कुछ उनके बच्चों के लिए था जो इस महान शिक्षा को मुहैया कराने के निमित्त रहा।"

बच्चों की शिक्षा में सब कुछ खर्च करके संतुष्ट रहने वाले पिता ने यथा शक्ति परिवार को खेलकूद और आमोद प्रमोद में भी व्यस्त रखा। किसी चीज की कोई कमी न होने दी। टेनिस खेलते और बाहर खाना खाने भी जाते। परिवार के प्रबल प्रभाव और सहारे तथा अपनी मेहनत और कुशाग्र बुद्धि की बदौलत ऋषि ने परीक्षा में तो सफलता पाई ही, वे अपनी संस्था के चमकते सितारे भी बने। क्या क्रिकेट, क्या हॉकी और फुटबॉल, वे खेल के मैदान में भी खूब चमके। विंनचेस्टर कॉलेज में पढ़ाई के दौरान सुनक ने वहाँ अब तक का सबसे अजीबोगरीब काम यह किया तो चोरी-छिपे एक छोटे से पोर्टेबल टेलीविजन को अपने हॉस्टल के कमरे में ले आए ताकि वह यूरो '96 के किसी भी महत्वपूर्ण खेल को देखने से चूक न जाएं।

वरिष्ठ पत्रकार सईद नकवी अपने एक लेख में भारतीय परिवार प्रणाली और अपनी संतानों की शिक्षा दीक्षा के लिए उनके भगीरथ प्रयासों की चर्चा करते हुए ऋषि सुनक के लिए उनके परिवार के योगदान को रेखांकित करने के लिए एक दृष्टांत सुनाते हैं- सुनक परिवार द्वारा ऋषि को बनाने की

योजना अनुकरणीय है। उदाहरण के तौर पर, मैं आपको पहले एक नियोजित भविष्य की एक संक्षिप्त कहानी सुनाता हूँ। मामूली आर्थिक हालत के एक युवक ने गोल्फ कोर्स के पास रहने की जगह मांगी ताकि उसकी बेटी पास के स्कूल में दाखिला ले सके। वह और उसकी बेटी फिर गोल्फ क्लब में शामिल हो गए, चाहे उन्हे इसके लिए कोई भी कीमत देनी पड़ी। भीख माँगना, उधार लेना या चोरी करना भी वे चुनते पर अपने अभियान को तब जारी रखते रहे जब तक वह अपने उच्च माध्यमिक स्तर को नहीं पार कर लेती, और कॉलेज के लिए तैयार नहीं हो जाती। तदुपरांत या तो वह किसी क्षेत्र में विशेषज्ञ होगी, यदि चैंपियन नहीं तो भी श्रेष्ठ गोल्फर जरुर होगी। यह उनकी लगन से तैयार की गई सूची में सबसे महंगे अमेरिकी कॉलेजों में प्रवेश के लिए उच्च प्रीमियम योग्यता है। रणनीति काम कर गई। श्री सुनक के मामले में, उनके जिस कैरियर की कल्पना की गई थी और नेटवर्क, धन और शक्ति प्राप्ति के लिए जो दूर की कौड़ी लाई गई थी उसमें एक कदम के रूप में सर्वोत्तम संभव शिक्षा का योगदान है।[9]

उनके परिवार का एक बंगलादेशी मित्र भी बन गया था जो 1975 में वहां आया था और अपने उद्योग से एक रेस्ट्रा का मालिक बन गया था। मियाँ भाई भी अब तो ऋषि सुनक के बारे में बताते हुए फूले नहीं समाते। वे तो इस बालक को पालने में झूलते देख चुके हैं। इसके करिश्में को गदगद भाव से बताते हैं। इसी रेस्ट्रा में ऋषि ने स्कूल की छुट्टियों में कार्य किया और धन के साथ ही श्रम के महत्त्व को भी समझा।

उठती उमर में ऋषि ने ज्वाइन किया और फिर खुद को झोंक दिया पढ़ाई में और उन सब क्रिया कलापों में जिनके लिए कॉलेज जाना जाता था। अपनी भलमनसाहत, विनम्रता, और शालीनता से उसने दिल जीते। मित्र बनाये। लेवल के लिए ऋषि ने विषय चुने- इंग्लिश लिटरेचर, इकोनॉमिक्स और मैथ्स। लेवल के लिए भी उन्होंने फ्रेंच और बायोलॉजी लिया। उनके इस सिलेक्शन पर उनके माता-पिता कुछ खास खुश न हुए। अंग्रेजी या अर्थ-शास्त्र पढ़कर लड़का क्या करेगा? उनके मन में यह चिंता थी कि अर्थ-शास्त्र के पढ़ने से अर्थ (धन) की प्राप्ति कहाँ होती है? ऋषि की माता जी को तो इस बात की बहुत दिनों तक बड़ी चिंता रही। पर ऋषि का यही फेवरेट सब्जेक्ट था। सोलह बरस की उमर में ये उनका प्रिय विषय बन गया।

सुनक विंनचेस्टर में अन्य छठे फॉर्मर्स से अलग था: एक आजीवन

नॉनड्रिंकर, वह पब के आकर्षण से विचलित नहीं होता था। लेकिन उसमें कुछ और खास बात थी, जिसने उसे आम झुंड से अलग कर दिया था। वह हर मायने में रूढ़िवादी था और अपने मित्र वर्ग के लिए तो वह ऐसा ही था जो न केवल अपने दृष्टिकोण और आचरण में बल्कि अपने धार्मिक दृष्टिकोण में भी एक ऐसा हिंदू था जो बीफ से परहेज करता था।

विंनचेस्टर कॉलेज ने विद्यार्थियों के साथ ऐसा व्यवहार करना पसंद किया जैसे कि वे युवा पुरुष हों, न कि दूध पीते बच्चे। संस्कृति का यह एक पहलू था जिसे सुनक ने विशेष रूप से सराहा सराहते हैं। उनके माता-पिता ने उन्हें बहुत छोटी उम्र से ही कड़ी मेहनत करने के लिए प्रोत्साहित किया था। वे एक ऐसे शिष्य थे जो धीरे-धीरे, लेकिन दृढ़ता से, आगे बढ़ रहा था। अब वह बोर्डिंग स्कूल में थे, उन्हें अपने समय का प्रबंधन खुद करना था, जिसे वे मानते हैं कि वह सबसे मूल्यवान कौशल में से एक था और जिसे उन्होंने बड़ी मेहनत से हासिल किया था।

विंनचेस्टर कॉलेज को विद्यार्थियों के साथ ऐसा व्यवहार करना पसंद था जैसे कि वे वास्तव में आपको अपने स्वयं के जीवन को थोड़ा सा समझने में सक्षम होने के लिए सिखा रहा था...घर का काम 'यहाँ यह आज है, इसे कल करके सौंप दो' नहीं था। यह बहुत अधिक था 'अगले सप्ताह के लिए आपको जो कुछ करने की आवश्यकता है वह यहाँ है।'- आप अपना खुद का समय व्यवस्थित करते हैं और यह पता लगाते हैं कि आप इसे कब करने जा रहे हैं... आप अपने माता-पिता से हर चीज में मदद नहीं ले सकते, तो यह आपको वह स्वतंत्रता और वह आत्म-प्रेरणा सिखाता है। शायद यही जीवन की सबसे बड़ी शिक्षा है।"

स्कूल की छुट्टियों के दौरान, उन्होंने अपनी माँ को उनके फार्मेसी व्यवसाय के बही-खातों के रखरखाव में मदद की। परिणामस्वरूप, उन्होंने कर और खर्च के बारे में मुख्य राजनीतिक दल क्या कह रहे थे, इसमें रुचि लेना शुरू कर दिया। वे स्थानीय समुदाय में अपने माता-पिता की भूमिका और गतिविधियों को देखकर भी जागरूक होते जा रहे थे। 1997 में जब दुनिया जागने लगी थी, तब विंनचेस्टर कॉलेज अखबार के संपादक के रूप में सुनक यूरोपीय संघ के खतरों के बारे में चिंता जताते हुए लेख लिख रहे थे। 17 साल की उम्र में, सुनक चिंतित थे कि ब्लेयर के पास "यूनाइटेड किंगडम के संभावित टूटने और एक अंतिम यूरोपीय सुपरस्टेट की सदस्यता

की योजना है"। मई 1997 में, आम चुनाव के दौरान, उन्होंने स्थानीय कंजर्वेटिव उम्मीदवार के लिए कुछ दिनों के लिए पर्चे वितरित किए। जब टोनी ब्लेयर चुनाव जीते तो हर कोई इसके बारे में चर्चा कर रहा था लेकिन ऋषि नहीं। उनके परिवार की कहानी उनके बुर्जुआ लेबोराइट सहपाठियों की तुलना में मार्गरेट थैचर के करीब थी। नेतृत्व के लिए सुश्री ट्रस द्वारा जीते गए चुनाव के दौरान श्री सुनक ने 'द टेलीग्राफ' में अपना रुख प्रकट करते हुए लिखा था, "मैं एक थैचरी हूँ, मैं एक थैचर के रूप में शामिल हूँ, और मैं एक थैचर के रूप में ही शासन करूंगा।"

1997 की चुनावी रात में शुरुआती परिणामों को देखते हुए, सुनक स्कूल पत्रिका, 'द वायकेहमिस्ट' के लिए एक सुचिंतित आलेख लिखने के लिए बैठ गया, इस खबर पर शोक व्यक्त किया। उनकी मुख्य शिकायत यूरोप से थी। उन्होंने टोनी ब्लेयर की शिकायत की, 'वह एक देशभक्त के लेबल में आनंदित होते हैं,' लेकिन यूनाइटेड किंगडम के संभावित टूटने और एक अंतिम यूरोपीय सुपरस्टेट की सदस्यता की योजना बनाते है।" ब्रेक्सिट के बीज पहले से ही उनके दिमाग में थे। यूरोपीय संघ के प्रति उनका संदेह शुरू से ही था। फिर भी सुनक की राजनीतिक महत्वाकांक्षा अभी पूरी तरह से स्पष्ट नहीं थी।

उषा सुनक अपने बेटों के आत्मविश्वास से खुश रहा करती थीं। उन्हें लगता है कि उनके बेटों ने इसे बड़ी मेहनत से हासिल किया है, लेकिन यह उनके और उनके बेटों के बीच के मतभेदों को भी इंगित करता है, "वे किसी भी समय भीड़ के सामने खड़े हो सकते हैं और बात कर सकते हैं। मैं उनके जैसा ऐसा नहीं कर सकती। वे उत्तर और तर्क के साथ आते हैं, और मैं उनके साथ तर्क करने का एकमात्र तरीका यह कहकर पाती हूँ कि मैं तुम्हारी माँ हूँ।" माँ की ममता और दुलार के क्या कहने हैं? वे जिस किसी से भी मिलती, अपने बच्चों की तरक्की का बखान जरूर करतीं। जो भी उनकी फार्मेसी में आता वो जरूर ऋषि के बारे में कुछ सुनता और कहता था। विनचेस्टर में सुनक भाइयों ने पिछले दिनों क्या किया था, इस बारे में व्यापक अपडेट के बिना साप्ताहिक नुस्खे को इकट्ठा करने वाले उषा सुनक ने सामने से हट नहीं पाते थे।

प्रसंगवश यहाँ मैं जोड़ दूँ कि 'मेलऑनलाइन' की एक रिपोर्ट के अनुसार, संजय सुनक ने अपने भाई ऋषि सुनक के स्ट्राउड निजी प्राथमिक स्कूल में पढ़ाई की। फिर 1999 में यूनिवर्सिटी कॉलेज लंदन में स्नातक के

रूप में और बिर्कबेक, लंदन विश्वविद्यालय में स्नातकोत्तर के रूप में पढ़ाई की। उसके बाद क्लिनिकल मनोविज्ञान में सरे विश्वविद्यालय से डॉक्टरेट की पढ़ाई से पहले उन्होंने किंग्स कॉलेज लंदन में फोरेंसिक मानसिक स्वास्थ्य का अध्ययन भी किया। राखी सुनक ने ऑक्सफोर्ड में दाखिला लेने के बाद वहां यूनिसेफ सोसायटी की स्थापना की और अंतरराष्ट्रीय सहायता विशेषज्ञ पीटर विलियम्स से शादी की है।

'सेड लिटिल मेन : प्राइवेट स्कूल्स एंड द रुइन ऑफ इंग्लैंड' पुस्तक के लेखक रिचर्ड बेयर्ड ने बर्तानिया की महंगी प्राइवेट शिक्षा और अनेक राजनेताओं द्वारा बचपन में वहां की गई पढ़ाई पर विस्तार से प्रकाश डाला है। शिक्षा में अभिजात वर्ग को वे एक बुराई की तरह देखते हैं। 11 साल की उम्र तक, सुनक ने ओकमाउंट प्रिपरेटरी स्कूल और फिर स्ट्रॉउड इंडिपेंडेंट प्रेप स्कूल में पढ़ाई की, जिसमें अब एक साल में 18,500 पाउंड तक की फीस ली जाती है। वहां से, उन्होंने विंनचेस्टर कॉलेज (अब £43,335 प्रति वर्ष) में जाने से पहले साउथेम्प्टन में किंग एडवर्ड VI स्कूल (अब £17,000 प्रति वर्ष) में अध्ययन किया। सुनक से पहले पांच चांसलर और एक प्रधानमंत्री ने इंग्लैंड के सबसे पुराने पब्लिक बोर्डिंग स्कूलों में से एक और ईटन के लंबे समय से प्रतिद्वंद्वी विंनचेस्टर में पढ़ाई की थी। विंनचेस्टर जैसे बोर्डिंग स्कूल छात्रों को राजनीति में आगे बढ़ने के लिए अच्छी तरह से तैयार कर सकते हैं, वे एक विश्वदृष्टि का निर्माण करते हैं जो सामान्य से बहुत आगे होती है। पैसा इन सब के केंद्र में है क्योंकि हर कोई जानता है कि पढ़ाई में बहुत पैसा खर्च होता है। पढ़ने वाले, पढ़ाने वाले और खर्च करने वाले माता-पिता सब जानते हैं। लेकिन वास्तविक धन अमूर्त होता है। रोजमर्रा की जिंदगी की जरूरतें आपके लिए पूरी होती चली जाती हैं। फिर आप वास्तव में उन लोगों के बारे में कैसे सोच सकते हैं जो पाँच पाउंड और दस पाउंड के लिए संघर्ष कर रहे हैं?"

'सेड लिटिल मेन : प्राइवेट स्कूल्स एंड द रुइन ऑफ इंग्लैंड' पुस्तक के लेखक रिचर्ड बेयर्ड ने बर्तानिया की महंगी प्राइवेट शिक्षा और अनेक राजनेताओं द्वारा बचपन में वहां की गई पढ़ाई पर विस्तार से प्रकाश डाला है। शिक्षा में अभिजात वर्ग को वे एक बुराई की तरह देखते हैं। बियर्ड, जिनकी पुस्तक आंशिक रूप से उनके अपने अनुभवों पर आधारित है, का मानना है कि सभी पुरुष बोर्डिंग स्कूल अपने छात्रों को भावनात्मक रूप से कठोर

बनाते हैं। उनका कहना है कि जीवित रहने के लिए लड़के अपने साथियों के बीच कोई भेद्यता नहीं दिखा सकते हैं। रिचर्ड बेयर्ड के शब्दों में, "यह विचार कि, विंनचेस्टर कॉलेज में पढ़ते समय, उसने कभी नहीं सोचा होगा कि वह सरकार के शीर्ष पर होगा, मेरे लिए बहुत कम संभावना है। नेतृत्व के गुण उन चीजों में से एक हैं जो वे आपको सिखाते हैं और आप उन शब्दों में अपने भविष्य के बारे में सोचने के लिए बाध्य हो जाते हैं। "तो उन्होंने निश्चित रूप से सोचा होगा कि वह इस तरह के कार्यों का संपादन करेंगे, भले ही उन्होंने स्पष्ट रूप से राजकोष के चांसलर बनने के बारे में नहीं सोचा हो।"

ऐसा लगता है कि सुनक कम उम्र से ही मुख्य रूप से श्वेत और उच्च वर्ग के प्रतिष्ठानों से ताल मेल बैठाने में माहिर थे। ये शैक्षिक संस्थान ऐतिहासिक रूप से देश के सबसे धनी लोगों को शक्तिशाली पदों के लिए तैयार करते थे। दक्षिण एशियाई विरासत के अन्य टोरी राजनेताओं के पास राजनीति में कम विशेषाधिकार प्राप्त मार्ग थे- साजिद जाविद और प्रीति पटेल दोनों ने ऑक्सब्रिज को छोड़ कर कॉम्प्रिहेंसिव और ग्रामर स्कूलों में शिक्षा प्राप्त की।

श्रमेव जयते!

अगस्त 1998 में, उस गर्मी में- फ्रांस 98 विश्व कप की गर्मी और ओमघ बमबारी- कुटी मिया, करी हाउस के पीछे स्थित नामी रेस्तरां, अपने एक वेटर से एक बात कहता है 'आप कुछ खास बनने जा रहे हैं, ऋषि!' ब्रिटेन के भावी चांसलर और भावी प्रधानमंत्री ने आदर से तब अपनी प्रसिद्ध मुस्कान बिखेरी। आज भी वे कहते हैं तब से ही ऋषि खूब बोलने वाला था, क्या खूब बोलता था। "तब 18 साल के ऋषि सुनक ऑक्सफोर्ड जाने वाले थे, लेकिन उस छुट्टी पर उन्होंने कुछ पॉकेट मनी कमाने के लिए अपने इस एक करीबी पारिवारिक मित्र मिया के रेस्तरां में सहायक का काम किया। 'मैंने उसे बड़ा होते देखा है, जनाब!" बंगला देश से आये मिया कहते नहीं थकते। ऋषि के काम करने की क्षमता को याद करते हुए, वे कहते हैं, "वह बहुत मेहनती थे। एक बहुत अच्छे इंसान। वह हर किसी के साथ काम कर सकते हैं, जिन लोगों के साथ वह काम कर रहे थे। हर कोई उनसे प्यार करता था- ग्राहक उनसे खुश थे। वह एक लोकप्रिय व्यक्ति हैं। वह

बहुत आसानी से लोगों से बात कर सकता है। आप उसे अब भी देख सकते हैं। वह लोगों से कैसे जुड़ता है- बहुत बातूनी व्यक्ति। वह चीजों को बहुत अच्छी तरह से समझा सकता है। वह बात करने में बहुत, बहुत चालाक है।"

मियां का पुत्र अरमान अब 25-26 वर्ष का है और अपने पिता का काम में हाथ बंटाता है। वह तब 7 या 8 साल का था जब सुनक उनके रेस्तरां में काम करता था। अरमान भी सुनक के उस वक्त को याद करते हुए अब पूछने पर बताते हैं "मुझे स्पष्ट रूप से याद है कि हमारे दोनों परिवार लंदन की यात्रा पर गए थे, जहाँ हमने 'द लायन किंग' फिल्म को देखा था। मैं ऋषि को एक बहुत ही विनम्र, अच्छी तरह से बोलने वाले व्यक्ति के रूप में याद करता हूँ, जिसकी किस्मत में कुछ बड़ा करना बदा था।"

खिलाड़ी भैय्या!

ऋषि के माता-पिता टेनिस के दीवाने थे। पर वे फुटबॉल को भी बेहद पसंद करते थे। फुटबॉल का यह शौक उन्होंने ऋषि को भी दिया। सॉउथम्पटन फुलबॉल क्लब का सीजन टिकट उनके पास रहता था। उनके बचपन का स्टार-खिलाड़ी था मैत द टीसीइर। उसने टीसीइर की जर्सी नंबर 7 भी खरीद ली थी जिसे वह कई बार पहनकर खूब इठलाता था। हाल ही में एक्सेटर में एक आयोजन में उन्होंने उन भूमिकाओं का खुलासा किया जो उन्हें जीवन में करना पसंद होता यदि वह राजनेता न बनते और कहा कि वह स्टार वार्स फिल्म में काम करना चाहते थे या अपने पसंदीदा प्रीमियर लीग क्लब, साउथेम्प्टन के मालिक होना चाहते थे। सुनक ने स्पोर्ट बाइबिल के माध्यम से एक बार कहा था, "जीवन की महत्वाकांक्षाओं की मेरी सूची में यह रहा था, ठीक है, जब मैं एक बच्चा था, मैं एक स्टार वार्स फिल्म में रहना चाहता था, इसलिए शायद यह एक समझदार बात नहीं है। "लेकिन मैं एक बहुत बड़ा फुटबॉल प्रशंसक हूं, मैं साउथेम्प्टन से हूँ और अगर मुझे साउथेम्प्टन चलाने में सक्षम होना है, तो मैं हूँगा।"

यदि प्रधानमंत्री थेरेसा ने अपने बचपन में सबसे शैतानी भरा काम यह किया था कि वे गेहूं के खेत में नंगे पैर दौड़ पड़ी थीं। सुनक ने यूरो 96 का मैच देखने के लिए छोटा सा टीवी बिना इजाजत के अपने हॉस्टल में रख छोड़ा था। उनको अपने 18 वें जन्म दिन के अवसर पर सबसे बढ़िया जो उपहार मिला था वह उनकी पसंदीदा टीम के खिलाड़ियों द्वारा हस्ताक्षरित कार्ड था।

युवा सुनक को न केवल क्रिकेट के खेल से लगाव था, उन्होंने हर मैच में भारत का नहीं इंग्लैंड का समर्थन किया। सोशल मीडिया पर सुनक की तुलना भारत के पूर्व क्रिकेटर आशीष नेहरा से कर दी गई। लोगों ने ऋषि सुनक के लिए बधाई संदेश पोस्ट करते हुए आशीष नेहरा की तस्वीरों का इस्तेमाल किया। क्या ऋषि और आशीष नेहरा भाई थे जो कुंभ के मेले में अलग हो गए थे?

रेसिज्म से आमना-सामना

ऐसा नहीं है कि एक ऐसे समुदाय में जहाँ गोरे अंग्रेज बहुतायत से हों, वहां पैदा हुए किसी अश्वेत को कोई उलाहना न देगा। कोई उसे अपमानित नहीं करेगा। ऐसे लोग होते हैं। ऐसी घटनाएं भी होती हैं। बचपन में हुए ऐसे वाकये याद रह जाते हैं। एक घटना को याद करते हुए, सुनक ने खुद एक साक्षात्कार में कहा था, "मैं अपने छोटे भाई और छोटी बहन के साथ बाहर था, और मुझे लगता है कि मैं शायद एक मध्य-किशोर था, और हम एक फास्ट-फूड रेस्तरां में थे और मैं बस उनकी देखभाल कर रहा था। पास लोग बैठे थे। यह पहली बार था जब मैंने इसका अनुभव किया था, बस कोई बहुत ही अप्रिय बातें कह रहा था। 'प' शब्द। और मैं ठिठक गया। मुझे अब भी यह याद है। यह मेरी याद में बस गई घटना है। आपका कई तरह से अपमान किया जा सकता है।"

लिंकन कॉलेज, ऑक्सफोर्ड

उन्हें लिंकन कॉलेज, ऑक्सफोर्ड में दर्शनशास्त्र, राजनीति और अर्थशास्त्र पढ़ने के लिए नौ स्नातकों में से एक के रूप में स्वीकार किया गया था। लिंकन कॉलेज, ऑक्सफोर्ड, सबसे छोटे ऑक्सब्रिज कॉलेजों में से एक है, जिसमें प्रत्येक वर्ष समूह में केवल 70 स्नातक होते हैं। उनके राजनीतिक करियर ने भी, सत्ता के लिए इंग्लैंड के सबसे पारंपरिक और सहज मार्ग का अनुसरण किया है। राजकोष के पांच पूर्व चांसलरों की तरह, सुनक को भी प्राचीन और प्रतिष्ठित विंनचेस्टर कॉलेज में स्कूली शिक्षा मिली थी; और उन्हीं वायकेहैमिस्ट चांसलरों में से तीन की तरह, वह भी ऑक्सफोर्ड में अध्ययन करने के लिए, जैसा कि अपेक्षित था, प्रवेश पा गया।

किसी भी अन्य विश्वविद्यालय के किसी भी अन्य पाठ्यक्रम से अधिक, किसी भी सम्मानित या सामान्य निजी स्कूल से अधिक, और शायद किसी

अन्य लोकतंत्र में बेजोड़ तरीके से अतुलनीय, ऑक्सफोर्ड पीपीई ब्रिटिश राजनीतिक जीवन में व्याप्त है। सुनक ने भी दर्शन, राजनीति और अर्थशास्त्र में प्रथम श्रेणी की डिग्री प्राप्त की। सुनक ने ऑक्सफोर्ड में भी पढ़ाई की जहाँ से पिछले छह में से पांच प्रधानमंत्री दिए। इतने सारे अपने सहपाठियों (वायकेहैमिस्ट) की तरह, विश्वविद्यालय शिक्षा के लिए, ऋषि ने ऑक्सफोर्ड को ही चुना। और अपने से पहले पढ़कर जा चुके बहुत से महत्वाकांक्षी युवकों की तरह उन्होंने राजनीति, दर्शन और अर्थशास्त्र जैसे विषयों को चुना। लेबर पीयर और विचारक, मौरिस ग्लासमैन, जिन्होंने कैम्ब्रिज में आधुनिक इतिहास का अध्ययन किया है वे इस पर टिप्पणी करते हुए कहते हैं: "पीपीई एक विशिष्ट विश्वविद्यालय की डिग्री की स्थिति को जोड़ती है- पीपीई स्कूल में एक व्यावसायिक पाठ्यक्रम की मुहर के साथ अच्छा होने का अंतिम रूप है। यह कैबिनेट सदस्यता के लिए एकदम सही प्रशिक्षण है, और यह आपको जीवन का एक विशिष्ट दृश्य देता है जो एक बहुत ही गहन सांस्कृतिक रूप है।" कुछ नेताओं के लिए यह डिग्री कोई समाधान नहीं बल्कि समस्या है। पूर्व सरकारी सलाहकार डॉमिनिक कमिंग्स ने अपने प्रभावशाली ब्लॉग पर लिखा है : "यदि आप युवा, स्मार्ट और राजनीति में रुचि रखते हैं, तो पीपीई का अध्ययन करने से पहले बहुत अच्छी तरह से सोचें... यह वास्तव में बड़ी समस्याएं पैदा करता है क्योंकि यह (डेविड) कैमरन और एड बॉल्स जैसे लोगों को प्रोत्साहित करता है। बहुत सारे विश्वास और झांसा देकर बुरे विचारों को फैलाना सीखता है।" यह कितनी मजेदार बात है कि पाकिस्तान के अभूतपूर्व प्रधानमंत्री श्री इमरान खान भी यही विषय लेकर यहाँ से पढ़कर गए थे। पता नहीं इस बात में कितना सच है!

लिंकन कॉलेज के बाहर, जहां उन्होंने पढ़ाई की, सुनक की कोई खास प्रतिष्ठा या पहचान न थी। वे युवा विलियम हेग की तरह न थे, जो ऑक्सफोर्ड पहुंचे और लगभग एक टोरी सेलिब्रिटी बन गए। या युवा बोरिस जॉनसन जैसे न थे जिसने ऑक्सफोर्ड यूनियन को छिन्न-भिन्न कर दिया था। ऑक्सफोर्ड में, सुनक टोनी ब्लेयर की तरह नगण्य थे। किसी ने उनकी महत्वाकांक्षा को अधिक गंभीरता से नहीं लिया।

उनके समकालीनों के व्हाट्सएप ग्रुप ने जब अपने नए प्रसिद्ध सहपाठी के बारे में बातचीत की तो इस आश्चर्य के साथ कि यह महान लड़का

उनका वर्षों तक सहपाठी रहा पर उन्होंने कभी ध्यान ही नहीं दिया। "वह निश्चित रूप से कॉलेज बार में कभी नहीं आया," मित्र मंडली में से एक कहता है "तीन साल में एक बार भी नहीं। मैं शर्त लगाने के लिए तैयार रहूंगा यदि उसने इसमें एक बार भी पैर रखा हो। "वे अपने साथियों में कुछ हद तक 'नटखट टीटोटलर' के रूप में जाने जाते थे जो शराब का सेवन न करता था, और जो पार्टियों में बस करो से लेकर आइस आइस बेबी तक गाया करता था। 'ऋषि छात्र राजनेताओं के लिए अनजान थे। समझा जाता है कि मिस्टर सुनक अपने काम में लगे रहते थे और अपने काम से काम रखते थे, और बस इतना ही। यहां तक कि ऑक्सफोर्ड यूनिवर्सिटी कंजर्वेटिव एसोसिएशन भी उन्हें पिछले सदस्य के रूप में पहचानने का दावा करने में असमर्थ है। लेबर पार्टी के राष्ट्रीय अभियान समन्वयक के रूप में उनकी प्रतिद्वंद्वी शबाना महमूद ऋषि को ऑक्सफोर्ड में उनके दिनों के लिए "लाइब्रेरी गीक" के रूप में याद करती हैं। ऑक्सफोर्ड में रहते हुए सुनक की महत्वाकांक्षा को राजनीतिक रेवड़ के साथ चलने के अलावा दूसरे मौके भी मिले। वे ऑक्सफोर्ड यूनिवर्सिटी इन्वेस्टमेंट सोसाइटी के अध्यक्ष बने जहां उत्सुक युवा छात्रों ने उन्हें व्याख्यान देने के लिए आमंत्रित किया। वहां उन्होंने बॉलरूम नृत्य के लिए अपनी नैसर्गिक प्रतिभा का परिचय दिया, यहां तक कि एक प्रतियोगिता में वे सेमीफाइनल तक पहुंचने में समर्थ हुए।

ऑक्सफोर्ड के बाद

जब सुनक ने 2001 में स्नातक की उपाधि प्राप्त की, तो वह सीधे गोल्डमैन सैक्स को ज्वाइन किया, जैसा कि उन दिनों अति-महत्वाकांक्षी लोगों ने किया था। उनकी पहली नौकरी गोल्डमैन सैक्स के साथ थी। ऑक्सफोर्ड के बाद, ऋषि ने गोल्डमैन सैक में एक प्रतिष्ठित स्नातक की नौकरी ली और अपने माता-पिता की मदद से दक्षिण केंसिंग्टन में £210,000 का फ्लैट खरीदकर लंदन चले गए। इन्वेस्टमेंट बैंक में जूनियर भर्तियों ने अपने द्वारा कही गई हर बात और उनके द्वारा बनाई गई छाप के बारे में बहुत सावधान रहना सीखा, क्योंकि गोल्डमैन एक "360-डिग्री प्रक्रिया" का उपयोग करता है जिसमें कर्मचारियों को उनके बॉस और उनके सहकर्मी समूह दोनों द्वारा रेट किया जाता है। "परिणाम यह है कि आपको लगातार अपने ब्रांड का प्रबंधन करना पड़ता है," सिस्टम से परिचित आपको कोई

भी कर्मचारी बता सकता है। "यदि आप लोगों को परेशान करते हैं या टीम को निराश करते हैं... आप टोस्ट की तरह बाहर फुदका दिए जाते हैं। "इस तरह का अथक निरंतर मूल्यांकन सुनक के लिए राजनीति के लिए एक उपयोगी प्रशिक्षण मैदान बना।

आज, यह आश्चर्यजनक लगता है कि दुनिया अब कितनी दूर चली गई है- ब्लेयरवाद का शिखर, वित्तीय अहंकार, अमेरिकी साम्राज्यवाद और दावोस की आम सहमति। फिर भी सुनक ने इस पद को 2004 में छोड़कर आगे की सुध ली।

स्टैनफोर्ड, कैलिफोर्निया

जिस समय मार्क जुकेरबर्ग अपने साथियों के साथ सिलकोन वैली में फेसबुक की परिकल्पना कर रहे थे, उस समय ब्रिटेन के भावी प्रधानमंत्री सुनक दो वर्ष का एमबीए कोर्स कर रहे थे। कोर्स आर्थिक दृष्टि से तो कीमती था ही, इसमें दुनिया के सबसे कुशाग्र बुद्धि वाले लोग पढ़ते थे। सुनक इसमें फुल ब्राइट स्कॉलरशिप के द्वारा आए थे। इसलिए इतना खर्च न हुआ था। यह भी आप समझ लो कि इस स्कॉलरशिप को पाने वालों में से साठ नोबेल प्राइज विजेता और नब्बे पुलितजर पुरस्कार विजेता हुए हैं। राजनेताओं और धन्नासेठों की संख्या तो पूछिए ही मत जो तिजोरी खाली करके भी दाखिल होना चाहते हैं। क्या सुनक पोपुलर थे? यह पूछना ही बेकार है। यहाँ ऐसा कौन होता है जो चर्चित न हो। (किसी अनुक्षा नामक भारतीय लड़की के वे कुछ करीब आए बताते हैं, पर रोमांस आदि का कुछ पता नहीं चलता।) डेरिक बोल्टन, जो स्टैनफोर्ड में 2001-2016 तक एडमिशन के सहायक डीन थे और ऋषि-अक्षता के साथ मित्रवत बने रहे उनके अनुसार श्री सुनक ने "बहुत आत्मविश्वासी" होकर कार्यक्रम में प्रवेश लिया था। वह छोटी उम्र से जानता था कि वह अधिक से अधिक लोगों पर प्रभाव डालना चाहता है।"

इस संस्था ने दुनिया के बारे में उनके दृष्टिकोण पर गहरा प्रभाव डाला, उन्हें उद्यमिता के बारे में उत्साह से भर दिया और उन्हें एक वैश्विक दृष्टिकोण दिया। सुनक ने 2006 में प्राप्त स्टैनफोर्ड एमबीए प्राप्त करने में लगने वाले समय को इस बात का श्रेय दिया है कि उसे दुनिया के बारे में "बड़ा सोचने" के लिए सिखाने के साथ और शासन के लिए "स्टार्ट-अप

मानसिकता" लाने के लिए जैसा अमेरिका ने उसे रास्ता दिखाया वह अनुकरणीय है। ब्लॉकचेन और क्रिप्टो के लिए उनके दृष्टिकोण में वह प्रभाव परिलक्षित होता है। स्टैनफोर्ड के प्रोफेसर पॉल रोमर जिन्हे 2018 का नोबेल पुरस्कार मिला वे सुनक के आदर्श रहे और जिनके चार्टर सिटीज के विचार को वे यहाँ वहाँ उद्धृत करते हैं। जब सुनक ने लंदन में एक प्रतिष्ठित बिजनेस स्कूल में व्याख्यान दिया, तो उन्होंने अपने "प्रेरक" स्टैनफोर्ड प्रोफेसरों में से एक, नोबेल पुरस्कार विजेता अर्थशास्त्री पॉल रोमर, के नवाचार पर व्याख्यान का हवाला दिया और उन पर रोमर के प्रभाव का वर्णन किया। 'द पाथ्स टू पावर' नामक एक प्रसिद्ध कोर्स पढ़ाने वाले जेफरी फेफर ने लिंक्ड-इन पर पोस्ट किया कि सुनक उनके छात्रों में से थे और उन्हें उम्मीद थी कि वे शक्ति के बारे में सबक सीखेंगे "उन पदों पर पहुंचेंगे जहां वे दुनिया में कुछ अलग करने की कोशिश करेंगे।"

एशक्रॉफ्ट लिखते हैं कि सिलिकॉन वैली ने युवा ऋषि को चकाचौंध कर दिया, और उन्होंने एक बार टिप्पणी की थी कि बे- एरिया से 10 मिनट की ड्राइव करते हुए सैकड़ों व्यवसायों को पार करना कैसे संभव है, जिन्होंने लोगों के जीवन को बदल दिया है। अपने वित्त करियर के माध्यम से, सुनक ने या तो प्रमुख अमेरिकी कंपनियों के लिए काम किया या निवेश किया- जिनमें कुछ ऐसी भी थीं जो बाद में उनके राजनीतिक भाग्य को आकार देने में सक्षम हुई। अपनी पत्नी अक्षता मूर्ति के माध्यम से ऋषि ने अमेरिका को खूब देखा है। 'गार्जियन' पत्रिका के अनुसार, अक्षता और उसके परिवार के व्यवसायों के माध्यम से, सुनक के भारत में वेंडीज और भारत में अमेजॅन के साथ एक संयुक्त उद्यम संचालित करने वाली कंपनियों से भी संबंध हैं। अनेक अमरीकियों का उन्हें 'पहला कैलीफॉर्नियाई प्रधानमंत्री' कहने का निहितार्थ भी यही है। उन्हे सिलिकॉन वैली की 'आध्यात्मिक संतान' कहने का तात्पर्य भी शायद यही है।

2010 में सुनक थेलेम पार्टनर्स के सह-संस्थापक के रूप में कैलिफोर्निया लौट आए, जिन्होंने न्यूज कॉर्प सहित कंपनियों में निवेश किया। यह ब्रिटेन के सबसे अधिक प्रसार वाले अखबार 'द सन' और 'द टाइम्स' का मालिक है, जिसे आमतौर पर लंदन का पेपर ऑफ रिकॉर्ड माना जाता है। थेलेम ने मोडर्ना में +500 मिलियन से अधिक का निवेश किया, और महामारी के दौरान यह खुलासा करने से इनकार कर दिया कि क्या उन्हें इसके कोविड

वैक्सीन मुनाफे में कटौती मिल रही है। वह और उसकी पत्नी अभी भी सांता मोनिका में एक अपार्टमेंट के मालिक हैं और उन्होंने अपना ग्रीन कार्ड अक्टूबर 2021 तक रख छोड़ा था जिससे यू.एस. में स्थायी निवास की अनुमति रहे। यूके चांसलर के रूप में अपनी भूमिका में रहते हुए उन्होंने 18 महीने तक यू.एस. करों का भुगतान किया। सुनक के इन अमेरिकी संबंधों की कड़ी आलोचना भी हुई। लोगों ने दबी जुबान से ही सही पर यह कहा जरूर कि वे यूके में रहने के लिए तब पूरी तरह से प्रतिबद्ध नहीं थे।

कैलिफोर्निया में दो साल के बाद सीवी-टॉपिंग एमबीए पूरा करने के बाद, वह 2006 में लंदन और मेफेयर लौट आए, जहां एक नए प्रकार का वित्त-वातावरण फलफूल रहा था। यह था 'हेज फंड'। उन्हें सर क्रिस होन ने द चिल्ड्रन इन्वेस्टमेंट फंड (TCI) में काम पर रखा था। 'बर्कले स्क्वायर के एक एक्टिविस्ट फर्म में प्रसिद्धि के चरम पर एक बड़ी भूमिका' बेमिसाल काम था यह। उन पर भरोसा किया गया था। और सुनक को दो साल बाद इस फर्म में पार्टनर तक मान लिया गया। थोड़ी देर के लिए वह और उसके नए साथी सफलता के घोड़ों पर सवार रहे।

सहकर्मी ऋषि के बारे में कहते हैं: "उसे नापसंद करना बहुत मुश्किल है। वह बहुत ही सहज, विनम्र किस्म का लड़का है।" जिन गुणों ने ऋषि के व्यक्तित्व को निर्मित किया है, वे उनके जीवन की कहानी पढ़ने से आपको स्पष्ट हो जाती हैं: चतुर और प्रतिभाशाली, अत्यधिक परिश्रमी, महत्वाकांक्षी, सीखने के लिए उत्सुक, अनुशासित, हमेशा अच्छी तरह से तैयार। वह कुछ भी हल्के में नहीं लेता है, हर जानकारी को मन में बसा लेता है, अपनी जिम्मेदारी के कम ग्लैमरस कामों को भी लगन से करता है और अपने निर्वाचन क्षेत्र में एक जुट होकर काम करता है। चांसलर बनने के बाद ऋषि के बारे में वेस्टमिंस्टर में गप्प बाजों के बीच उसका एकमात्र शरारती उपनाम "बेबी चिनो" था। वह उसके पूर्ववर्ती साजिद जाविद के संदर्भ में पहले प्रयोग किया गया था। जाविद ने अटपटा उपनाम 'चिनो' पाया था जिसका अर्थ है "केवल नाम का चांसलर।" सुनक के मामले में यह उसके छोटे कद पर भी कटाक्ष हो सकता है क्योंकि ऋषि केवल 5 फीट 6 इंच लंबा है, और इससे उसे प्रभावित होने की संभावना नहीं है। इसलिए कह सकते हैं कि उससे जलने वालों को भी कुछ कहने का मौका नहीं मिलता।

फिर आर्थिक संकट आ गया। सुनक के लिए, निवेश के मूल्य से करोड़ों पाउंड का सफाया देखना, उस भयानक अनिश्चितता का एक कड़वा

पूर्वाभास था, जिसका सामना वह दस साल से अधिक समय बाद चांसलर के रूप में तब करने वाले थे, जब यूके की अर्थव्यवस्था मंदी की चपेट में आ गई थी।

प्रेम और प्रेम-विवाह

वहाँ, 24 साल की उम्र में, अक्षता मूर्ति नाम की एक साथी छात्रा से उनकी नजरे मिलीं। कहते हैं कि वे अपनी कक्षा के कार्यक्रम को अक्षता के साथ 'एक विशेष कक्षा में रहने' के लिए बदल देते थे। चूंकि ऋषि सिर्फ 5 फीट 6 इंच लंबे हैं (चर्चिल के बाद उन्हें कद में सबसे छोटा पीएम कहा जा सकता है।) इसलिए अक्षता को इस रिश्ते को आगे ले जाने के लिए उनकी कुछ सामंजस्य जरूर करना पड़ा होगा। वे धीरे-धीरे 'पावर-कपल' बन कर चर्चा में आए। किसी पार्टी में ऋषि सुनक ने अक्षता का आभार मानते हुए कहा था 'मैं आपका तहे दिल से शुक्रिया अदा करता हूँ कि 18 साल पहले आपने अपनी ऊँची एड़ी की चप्पलें छोड़ने का फैसला लिया और और बैकपैक के साथ चलते छोटे लड़के को मौका देने का फैसला किया।' वाणी की चपलता और मिठास का इससे बढ़िया उदाहरण और कहाँ मिलेगा?

जनवरी 2009 में सुनक ने अक्षता से प्रेम निवेदन कर विवाह प्रस्ताव रखा। वे बहुत दिनों से दूर-दूर रहकर अपने आप को समझा रहे थे। अगस्त 2009 में वे विवाह बंधन में बांध दिए गए। वेडिंग सूत्र मैगजीन में इनके विवाह का कुछ विवरण उपलब्ध है।

सफलता की कुंजी : अध्ययन और अध्यवसाय

ऋषि अपनी जातीय पृष्ठभूमि की तुलना में अपनी शिक्षा को जिस तरह से देखते थे उससे लगता है कि शिक्षा के योगदान को वे अधिक महत्वपूर्ण देखते थे। "मैं बहुत खुशकिस्मत हूं कि मैं इन जगहों पर रहा, इसने मुझे समाज में एक कुलीन वर्ग में डाल दिया। मैं हमेशा खुद को पेशेवर मध्यवर्गीय मानता हूं, मुझे नहीं लगता कि एशियाई होना कोई एक परिभाषित विशेषता है।"[10]

यूट्यूब पर कुछ वीडियो हैं जिनमें ऋषि कुछ बच्चों को जूम पर पढ़ा रहे हैं। पीछे एक व्हाइटबोर्ड पर लिखे मिस्टर सुनक लिखा है और वे अपने आवास नंबर 11 में प्राथमिक विद्यालय के बच्चों को गणित पढ़ा रहे हैं।

केंट के स्वानले में सेंट पॉल के प्राथमिक विद्यालय में कक्षा 6 में अनुपात समानुपात और भिन्न आदि की व्याख्या करने के बाद, वे विद्यार्थियों से कुछ प्रश्न लेते हैं। जब एक ने उनसे पूछा कि स्कूल में उनका पसंदीदा विषय कौन-सा था तो उन्होंने जवाब दिया कि गणित, अंग्रेजी साहित्य और अर्थशास्त्र उनके तीन पसंदीदा विषय थे।

थैचरवाद

सुनक मानते हैं कि मार्गरेट थैचर यॉर्कशायर में पहली टोरी चुनाव के दौरान कंजरवेटिव पार्टी की सर्वश्रेष्ठ नेता थीं क्योंकि उन्होंने कई चुनावी जीत हासिल की और इस देश को बेहतर बनाने के लिए कई बदलाव किये। ऋषि के अपने शब्दों में, उनके पारिवारिक मूल्यों को थैचरवाद के सर्वोत्तम सिद्धांत- कड़ी मेहनत और सफलता द्वारा आकार दिया गया था। और उनकी शुरूआती जिंदगी में बस, थैचर की किराने की दुकान को सुनक के फार्मेसी काउंटर से बदल दिया गया है। (हमें उनके ससुर नारायण मूर्ति के उदय में भी थैचरी लोकाचार की एक झलक मिल सकती है, एक ऐसी कहानी जिस पर उनके सुयोग्य दामाद और प्रधानमंत्री को गर्व है।) यदि सुनक, अपने अनुभव की पोटली से हमेशा सतर्क पुरानी थैचरी दृढ़ता ला सकता है और एक प्रशासक के रूप में उनकी सिद्ध साख के लिए वैचारिक स्पष्टता तो उसका सफल होना कहाँ मुश्किल है। 2015 में एक नव-निर्वाचित सांसद के रूप में उन्होंने तर्क दिया था कि "सामान्य समय में सार्वजनिक खर्च सकल घरेलू उत्पाद के 37 प्रतिशत से अधिक नहीं होना चाहिए", यह एक मनमाना आंकड़ा था जो केवल सुनक की वैचारिक प्रवृत्तियों को प्रकट करता है। आज, स्थायी संकट के एक नए युग में, ऐसा आंकड़ा केवल टर्बो-तपस्या और यूरोपीय मानदंडों के साथ एक तेज विराम के माध्यम से प्राप्त किया जा सकता है। 2016 में सुनक ने सेंटर फॉर पॉलिसी स्टडीज के लिए एक रिपोर्ट लिखी थी। यह संस्थान थैचर द्वारा सह-स्थापित थिंक टैंक है। इस रिपोर्ट में आपने मुक्त बंदरगाहों को चैंपियन बनाना, मानक करों और नियमों से मुक्त आर्थिक क्षेत्र बनाना आदि को शामिल किया था। सुनक के लिए, जिन्होंने 2016 के यूरोपीय संघ के जनमत संग्रह में 'लीव' का समर्थन किया था, ब्रेक्सिट की अपील यूके को और भी अधिक बाजार समर्थक दिशा में झुकाने की थी। उनका उद्देश्य मारग्रेट थैचर के अधूरे सपने को पूरा करना

रहा है। कई दृष्टियों से सुनक खुद थैचर के बाद ब्रिटेन के सबसे अधिक थैचर जैसे प्रधानमंत्री हैं। उन्होंने जुलाई 2022 में घोषणा की थी कि "मैं एक थैचर के रूप में चल रहा हूँ और मैं एक थैचर के रूप में शासन करूंगा" को आज एक मध्यमार्गी के रूप में चित्रित किया गया है।

यह भी जोड़ दें कि ऋषि और मारग्रेट थैचर दोनों कद में उतने लंबे न हों, वह पाँच फुट पाँच इंच की और ये केवल पाँच फुट छह इंच के हैं, पर दोनों का राजनीतिक कद काबिले तारीफ है। ब्रिटिश मीडिया इन्हे डीशी ऋषि कहकर आदर देता है, और इनके करिश्माई व्यक्तित्व का भय विरोधी लेबर पार्टी में कम नहीं है। उम्मीद करनी चाहिए कि थैचर के समान ही ऋषि भी आर्थिक सुधारों के द्वारा और सख्ती से पटरी पर लाने के लिए सख्त कदम उठायेंगे।

सात्विक जीवन

ऋषि नाम को सार्थक करते हुए ऋषि सुनक सोमवार को उपवास करते हैं और इससे अपने शरीर सौष्ठव को भी शेप में रखने में सहायता पाते हैं। साक्षात्कारों में, सुनक ने दावा किया कि उन्होंने कभी ड्रग्स या सिगरेट का एक कश भी नहीं लिया। वह जोर देकर कहते हैं कि वह कभी भी 'रेवर'(पार्टियों या रात्रि क्लबों में जाने वाला) नहीं थे, उन्होंने एक बच्चे के रूप में 'शेल सूट' (चमकीले रंग की प्रकाश-युक्त नायलॉन पैंट और वैसी ही तड़क भड़क वाली जैकेट की एक जोड़ी) पहनना और बाद में 'बहुत सारे नाइट क्लबों' में जाना अवश्य स्वीकार किया।

यह बात रेखांकित करने की है कि ऋषि टीटोटेलर हैं अर्थात शराब का सेवन नहीं करते। इसका अर्थ यह नहीं कि उन्हें ब्रिटेन में जन्म लेने और रहने पर भी इसका स्वाद पता नहीं। पता है। शादी के समय 2009 में वे इतने नर्वस हो गए थे, ब्रिटिश मीडिया कहता है मैं नहीं, कि उन्होंने अपने मित्रों से वादा किया कि वे विवाह से पहले एक दो शॉट लेकर देख लेंगे, और उन्होंने ऐसा किया भी बताते हैं।

एक बार जब वे विद्यार्थी थे तो उनसे एक वृत्त चित्र निर्माता ने उनके मित्रों के बारे में प्रश्न किया जिसके उत्तर में उन्होंने कहा, "मेरे मित्र अभिजात वर्ग के हैं, उच्च वर्ग के हैं और वर्किंग क्लास के भी हैं, फिर अपने को ठीक करते हुए कहा- नहीं वर्किंग क्लास के नहीं। कहना न होगा कि ऋषि को संभवत: गरीब, गरीबी और मध्यम-वर्ग की कोई खास जानकारी नहीं।

मित्र मंडली और शौक

कहते हैं ऋषि को बचपन से मीठे का बहुत शौक रहा है। वे दिन की शुरुआत अक्सर डबल चॉकलेट मफिन से करते हैं। दोपहर में भी चाय के साथ इन्हे दो बिस्कुट चाहिए। एक पॉडकास्ट में वे कहते सुने जा सकते हैं कि बचपन में कोका कोला अधिक पीने से उनके सात दाँतों में फिलिंग करवानी पड़ी थी।

सुनक "कोका-कोला की चीजें इकट्ठा करता है", जैसा कि उन्होंने दो स्कूली विद्यार्थियों से एक बार कहा था, "मैं कोक का आदी हूँ। मैं कोक का घनघोर आदी हूँ।" जब उन छात्रों ने उनकी इस बात के लिए चिरोरी की तो वे बोले, "कोका कोला-अडिक्ट, जस्ट फॉर द रिकॉर्ड।" ऋषि सुनक की अब तक प्रकाशित जीवनियों में नशीली दवाओं के सेवन का कोई सबूत और जिक्र नहीं है जो नियमित रूप से वरिष्ठ टोरीज की आत्मकथाओं में बहुतायत से मिलता है।

ऋषि ने एक लाइब्रेरी में बच्चों को सम्बोधित करते हुए कहा था कि रोनाल्ड डाहल बच्चों की किताबों के उनके पसंदीदा लेखक हैं और उन्होंने इनकी कई किताबें अपनी दो बेटियों को पढ़कर सुनाई हैं।

वे अपने गीकी व्यक्तित्व की कभी-कभी प्रसन्न छवि दिखाते हैं। स्टार वार्स और शुरुआती बॉन्ड फिल्मों के एक जुनूनी प्रशंसक हैं। उन्होंने कुछ बच्चों से एक बार कहा था कि वे जब खुद बच्चे थे तो जेडी नाइट बनना चाहते थे। वे इलेक्ट्रॉनिक गैजेट्स के लिए दीवाने लगते हैं। उनका वह फोटो जिसमें वे £180 सेल्फ-हीटिंग कॉफी मग के साथ थे बड़ा चर्चा में आया था।

सुनक की एक वीडियो क्लिप अपने कॉन्टैक्टलेस डेबिट कार्ड को बार कोड स्कैनर तक पकड़े हुए- भुगतान डिवाइस पर टैप करने के बजाय- वायरल हो गई, जिससे यह आभास हुआ कि वह शायद ही कभी व्यक्तिगत रूप से चीजें खरीदते हैं। बाद में उन्होंने स्वीकार किया कि किसी को उसे कार्ड रीडर का उपयोग करना सिखाना था। बीबीसी के साथ 2007 के एक साक्षात्कार से फिर से सामने आए एक अन्य क्लिप में, ने स्वीकार किया था कि उनका कोई 'मजदूर वर्ग का दोस्त' नहीं है।

फैशन और प्रदर्शन

कुछ लोग सोचते हैं कि फैशन महत्वहीन है। वे गलत हैं। फैशन जीवन और मृत्यु का प्रश्न है। भारत में प्रधानमंत्री नरेंद्र मोदी यदि फैशन- आइकॉन हैं तो ब्रिटेन में ऋषि सुनक हैं।

ऋषि के हमेशा वर्क मोड में फोटो दिखाई देते हैं। इनमें सुनक की शर्ट की आस्तीन ऊपर की ओर होती है। यह पावर ड्रेसिंग का बराक ओबामा मॉडल है। ब्रिटिश प्रेस ने उनके व्यक्तित्व का इतनी बारीकी से विश्लेषण किया है, यहां तक कि उनकी दाहिनी कलाई के चारों ओर लाल पूजा के धागे को भी दिखाया जाता रहा है। वह हमेशा वर्क मोड में फोटो खिंचवाता है, उसकी शर्ट की आस्तीन ऊपर की ओर होती है। यह पावर ड्रेसिंग का बराक ओबामा मॉडल है। ब्रिटिश प्रेस ने उनके व्यक्तित्व का इतनी बारीकी से विश्लेषण किया है, यहां तक कि उनकी दाहिनी कलाई के चारों ओर लाल पूजा के धागे को एक आदिवासी अनुष्ठान की तरह माना जाता है, जबकि दुनिया भर के अन्य राजनेता, जो अपनी धार्मिक मान्यताओं (प्रार्थना की माला, क्रूस) को दिखाने में संकोच नहीं करते हैं। शायद ही कोई उनका जिक्र करता हो, पर ऋषि की बात दूसरी है, वे हिन्दू जो हैं। सुनक की वेशभूषा और लकदक के बारे में ब्रिटिश प्रेस में बहुत कुछ लिखा जाता रहा है। 'एंटी-बैगी सूट' और महंगे 'कश्मीरी स्वेटर' पहनना ब्रिटिश राजनीति में भी असामान्य है। इसी लिए स्टाइल-लेखक उन्हें "डिशी ऋषि" कहते हैं। उनको "असंभावित स्टाइल आइकन" और "सर्वोच्च हुडी में एक प्रकार की ऑस्टेन नायिका" दोनों के रूप में वर्णित किया गया है। कोई कटाक्ष करता है तो कोई ईर्ष्या और कोई दबी जुबान से प्रशंसा। 'द गार्जियन' पत्रिका की प्रिया एलान ने एक बार उनके लिबास को देख कर उन्हें "अपने नवीनतम मिशन के बाद त्वरित सफाई की योजना बना रहे एक किराए के हत्यारे" से तुलना करके लोगों को दंग कर दिया था। मैं दावे के साथ कह सकता हूँ कि आपने तो इन वस्त्रों, जूतों, और अन्य सामग्री को देखा तक न होगा जो वे पहनते हैं। इनकी कीमत सुनकर आप डर के मारे रोने लगोगे। ऋषि के हेनरी हर्बर्ट सूट की कीमत £3,500 है। 450 पाउंड के उनके प्रादा लोफर्स सिर्फ यह दिखाते हैं कि वह कितने 'आउट ऑफ टच' हैं। ऋषि पैसा खर्च करते हैं और आप तुरंत देख सकते हैं कि उनका वस्त्र विन्यास इसके लायक है। वे देखने में और भी अच्छे लगते हैं। उनके ये नए कपड़े आशा का संचार करते हैं। भरोसा दिलाते हैं ऋषि एक निवेश बैंकर थे इसलिए वे जानते हैं कि किसमें कब और कितना निवेश करना है।

सुनक, अपनी साफ-सुथरी, कुशाग्र जीवनशैली के साथ, नियमित रूप से सुबह 6 बजे पेलोटन वर्कआउट और ग्रीक योगर्ट और ब्लूबेरी के नाश्ते के साथ दिन

की शुरुआत करते हैं। अपनी आदतों को छिपाने की कोशिश वे नहीं करते। सुनक, पेलोटन वर्कआउट के साथ अपने दिनों की शुरुआत करते हैं, लेकिन ट्विक्स बार और स्प्राइट के कैन के साथ संसदीय मामलों का पूर्वाभ्यास करते हैं। प्लास्टिक के मनके युक्त कड़ा पहनते हैं जो संभवत: अपने छोटे बच्चों (दूसरे शब्दों में, कूकी गहने) ने बनाए होंगे और 'कलावा' भी जो हिन्दू धर्म का सूचक है। स्किनी टाई, कनाडा गूज पफर्स और कॉमन द्वारा हस्तनिर्मित प्रोजेक्ट स्नीकर्स होते हैं। उनके पास महंगा £180 का "स्मार्ट मग" है जो उनके पेय पदार्थ को गर्म रखता है, यह दर्शाता है कि वह संभवत: 'गैजेट्स' के दीवाने हो सकते हैं। उन्होंने एक बार एक निर्माणाधीन इमारत का दौरा करते हुए 'प्राडा लोफर्स' पहने थे और ट्रेजरी के बजट दिवस की तैयारी के दौरान, उन्होंने 11 डाउनिंग स्ट्रीट में पाम एंजल्स स्लाइड्स की चौंकाने वाली जोड़ी पहनी हुई थी।

डिशी ऋषि

डैशिंग ऋषि की छवि ऋषि सुनक ने बनाई नहीं, साल 2020 में कोविड-19 के दौरान अपने आप बन गई। जब पूरी दुनिया ने पहली बार लॉकडाउन का अनुभव किया तो उसी दौरान सुनक हर किसी की नजर में आने लगे। सुनक ने ग्रे हुडी के साथ वर्क फ्रॉम होम की अपनी फोटो ट्वीट की। एक पूर्व इनवेस्टमेंट बैंकर सुनक की इस फोटो में उनकी सादगी ने लोगों का दिल जीत लिया। सूट की जगह हुडी में नजर आने वाले सुनक अपने काम में बिजी थे। इस फोटो के बाद ट्विटर पर #DishyRishi ट्रेंड शुरू हो गया। ये नया हैशटैग नहीं था। इससे पहले ये हैशटैग ब्रिटिश टीवी शो में डांस करने वाले ऋषि शर्मा के लिए था। 'डेली मेल' अखबार ने जाहिर तौर पर सोच के वह सुंदर है, और कसरती बदन का जवां मर्द है। वह अपेक्षाकृत युवा है। वह निश्चित रूप से बोरिस जॉनसन नहीं हैं। 'द सन' अखबार ने उन्हें ताजी हवा का झोंका के रूप में संदर्भित किया। वह 40 वर्षीय मिडिल-ऐज का कोई अधेड़ टाइप का नहीं बल्कि फिल्मी हीरो सा दिखता है। बोरकोव्स्की कहते हैं, "यह उनकी तेज छवि है जिसने अव्यवस्थित बोरिस जॉनसन को काट कर रख दिया। सुनक हमेशा खूबसूरती से सामने आता है, उसके पास फिल्म स्टार जॉर्ज क्लूनी जैसा ग्लैमर है। उनका सोशल मीडिया बेहद सफल है, आप उन्हें देश का पहला इंस्टाग्राम चांसलर कह सकते हैं।" कुछ लोगों का ख्याल है कि यह शब्द तुकबंदी

के लिए प्रयोग में लाया गया और इसलिए भी कि उसने लोगों को आधी कीमत में भोजन (इसलिए व्यंजन-डिश) देने के लिए एक योजना बनाई और डिश गुड लुकिंग के लिए एक आम शब्द है जैसे कि वह एक डिश है या वह एक डिश दिखने वाला आदमी है। कुछ आलोचकों ने इस छवि को बचकानी और 'मैनचाइल्ड' कह कर खारिज भी किया।

ऋषि की प्रतिद्वंदी पार्टी-लेबर पार्टी- को उन्हें आगामी चुनाव में पराजित करने के लिए इस कारण भी कठिनाई आने का भय है। उनकी यह हीरो वाली छवि के दीवाने बहुत हैं। मीडिया तो है ही, युवक-युवतियाँ भी इस आदर्श फैमिली-मैन को रश्क की नजर से देखते हैं। "द अटलांटिक" के लिए लिखते हुए पत्रकार हेलन लेविस लिखती हैं कि ऋषि सुनक को देखकर उनकी पृष्ठभूमि से अधिक उनकी संपत्ति का ख्याल आता है- "हर बार जब मैं ऋषि को टीवी पर देखती हूँ, तो मुझे उसे झांसा देकर उसके दोपहर के भोजन के पैसे चुराने की चुलबुली इच्छा होती है।" 'न्यूजनाइट' के राजनीतिक संपादक के अनुसार ऋषि सुनक को उनके सहकर्मी और सहयोगी 'बहुत चित्ताकर्षक' (वेरी पर्सनेबल)ही नहीं लगते बल्कि वे कुछ ऐसे है जो अपने विचारों को समझते हुए वही कहते हैं जो कर सकते हैं।

ऋषि रिच

अब जब ब्रिटिश-भारतीय राजनेता ऋषि सुनक यूनाइटेड किंगडम के प्रधानमंत्री बन गए हैं, कुछ तो 'कोऊ नृप होइ हमें का हानि' कहकर कलटी मार देते हैं पर कुछ लेफ्ट लिबरलों को यह बात हजम नहीं होती। वामपंथी झुकाव वाले राजनेता और बुद्धिजीवी सुनक और उनकी पत्नी की चल-अचल संपत्ति और स्थिति को लेकर बेचैन हो रहे हैं और उसके लिए उनकी आलोचना कर रहे हैं। भारत में भी तो कैसे ये लिब्रान्डु जन राष्ट्रपति द्रौपदी मुर्मू और पूर्व राष्ट्रपति रामनाथ कोविंद को पदासीन होते देखकर गमगीन हुए थे? इनकी अब चलती नहीं, पर जबान कैंची सी जरूर चलती है। वास्तव में, ऋषि सुपर रिच नहीं हैं, लेकिन उनकी पत्नी बिल्कुल अमेरिकन केरी की तरह हैं। टीवी कॉमेडियन कैश एंड केरी कहकर उनका मजाक उड़ाते थे। लेकिन यह तथ्य आसानी से वामपंथी भुला देते हैं। यह इन्ही वामपंथी मीडिया कवरेज का उड़ाया हुआ विवरण विश्लेषण है जिसे पढ़कर सोच सकते हैं कि वह जो पोतड़ों का रईस है वह ऋषि सुनक है। जबकि सच

कुछ और है। गणेश आर के शब्दों में-

यह किसी को भी स्पष्ट होना चाहिए कि ऋषि सुनक दोहरे या तिहरे खतरे से पीड़ित हैं- वे न केवल दक्षिणपंथी कंजर्वेटिव हैं, बल्कि गेंहुए रंग के हिंदू भी हैं जो अपनी विरासत और विश्वास के कारण शर्मिंदा नहीं हैं। यह होना स्टालिनवादी फ्रिंज वाम-इस्लामी जिहादी कट्टरपंथियों की निरंतरता के अनुसार उन्हें 'वाजिब-अल-कत्ल' बनाता है, आज की दुनिया में फासीवादी लूटेर वंश के लुटियंस कुली जो आज की दुनिया में उदारवादियों की तरह प्रतीत होते हैं, वे ऐसा वितंडावाद फैलाते हैं। मैंने उनके बारे में कहीं और लिखा है।[11]

ऋषि सुनक धनी हैं। बहुत धनी। इंफोसिस के मानद चेयरमैन एन.आर. नारायण मूर्ति की पुत्री और ऋषि की पत्नी अक्षता मूर्ति की निजी संपत्ति 4.5 अरब डॉलर के लगभग है। अक्षता के साथ, जो इंफी में अपनी 0.93 प्रतिशत हिस्सेदारी के माध्यम से +715 मिलियन प्राप्त करती हैं, इस दम्पति की संपत्ति अकूत हो जाती है। सुनक की नस्लीय पहचान उसके बारे में इस तथ्य की तुलना में अधिकांश ब्रितानियों के लिए कम महत्वपूर्ण है। उनका और उनकी पत्नी का धनाढ्य होना लोगों को खलता है। वे इतने रईस हैं कि आम हिंदुस्तानी तो क्या कल्पना करेगा, विलायत के पोतड़ों के रईस भी उनकी माली हालत देखकर दाँतो तले उंगली दबा लेते हैं। यह धन उन्होंने अर्जित किया है। उनकी पत्नी ने पाया है। सुनक अपनी दौलत को छिपाते नहीं, दिखाते हैं। लोगों के आकर्षण और टिप्पणियों का केंद्र बन जाते हैं। : सिलवाया सूट, एक पेलोटन व्यायाम बाइक, वह बेतुका महंगा सेल्फ-हीटिंग कप। ब्रिटिश वर्ग प्रणाली के उत्कृष्ट स्पंदनों के प्रति संवेदनशील लोगों के लिए यह उन्हें "नया पैसा" बनाने वाला लगता है। क्योंकि सुनक के विपरीत, बोरिस जॉनसन ईटन में पढ़े और वह भी छात्रवृत्ति प्राप्त करके। मामूली से लोगों के बीच सुनक गैरमामूली हैं। कुछ लोग यह भी कहते रहे कि सुनक ने अक्टूबर 2021 तक ग्रीन कार्ड रख छोड़ा था, जिससे उन्हें संयुक्त राज्य अमेरिका में स्थायी निवास की अनुमति मिली हुई थी। ब्रिटेन में अपना शेष जीवन जीने के लिए वह कितने प्रतिबद्ध थे, इस बारे में उनके आलोचक कई बार आरोप लगाते रहे हैं। फोर्ब्स का अनुमान है कि सुनक और उनकी पत्नी अक्षता मूर्ति की दौलत लगभग +810 मिलियन है। इसके विपरीत यह किंग चार्ल्स तृतीय के +500 मिलियन के व्यक्तिगत धन की तुलना में एक बिलियन डॉलर के एक चौथाई से अधिक है।

दो पुत्रियों के पिता सुनक का अपना निजी रियल एस्टेट पोर्टफोलियो है। दंपति के पास यूके और कैलिफोर्निया में चार आलीशान घर हैं, जिनकी अनुमानित कीमत 18.3 मिलियन डॉलर है। उनके पास सबसे बड़ी संपत्ति मैनर हाउस है, जो 19वीं शताब्दी में उत्तर यॉर्कशायर के किर्बी सिगस्टन गांव में विरासत-सूचीबद्ध दो मंजिला ग्रामीण इलाकों की हवेली है, जिसे उन्होंने जुलाई 2015 में 2.3 मिलियन डॉलर में खरीदा था। सुनक दम्पति कथित तौर पर 40 फुट स्विमिंग पूल, एक जिम और एक आउटडोर टेनिस कोर्ट के साथ एक अवकाश केंद्र स्थापित करने के लिए +450,000 खर्च कर रहे हैं। लंदन में, उनका मुख्य निवास 16 हेस्पर म्यूज में अपस्केल केंसिंग्टन में है, जो चार बेडरूम वाला सीढ़ीदार घर है, जिसे उन्होंने 2010 में 7.1 मिलियन डॉलर में हासिल किया था। सुनक के पास दक्षिण केंसिंग्टन में ओल्ड ब्रॉम्प्टन रोड पर एक अपार्टमेंट भी है, जिसे उन्होंने सितंबर 2001 में लगभग +300,000 में खरीदा था। कैलिफोर्निया में- जहां सुनक और मूर्ति स्टैनफोर्ड के ग्रेजुएट स्कूल ऑफ बिजनेस में छात्रों के रूप में मिले थे- वहां उनके पास समुद्र तट पर एक पेंटहाउस है जिसकी कीमत 7.5 मिलियन डॉलर है। यह स्पष्ट नहीं है कि सुनक ने अब तक कितना कमाया, लेकिन प्रधानमंत्री के रूप में उनका नया पद एक बड़े वेतन के साथ आता है। अब वह प्रति वर्ष +185,000 से अधिक कमाएंगें, सांसद के रूप में अपने +95,000 के वेतन से यह धन राशि लगभग दोगुनी है। हालांकि वह निश्चित रूप से अपनी अरबपति पत्नी की तरह अमीर नहीं हैं, सुनक ने मई 2015 में राजनीति में प्रवेश करने से पहले एक दशक से अधिक समय तक आर्थिक प्रबंधन के क्षेत्र में काम किया। तब वह यॉर्कशायर के रिचमंड के निर्वाचन क्षेत्र में संसद के लिए चुने गए थे। उनका आधिकारिक वित्तीय प्रकटीकरण विवरण स्पष्ट नहीं : उनकी वित्तीय संपत्तियों के लिए केवल यह कहा गया है कि उनके पास "अंध ब्लाइंड ट्रस्ट/ब्लाइंड मैनेजमेंट एग्रीमेंट" का भरोसा है।[12]

❍❍

(4)
एक दूजे के लिए

ऋषि सुनक ब्रिटेन के ऐसे नेता हैं, जिन्हें अमीर ससुराल के दामाद होने के कारण भी कई बार कटाक्ष का सामना करना पड़ता है। ऋषि सुनक की पत्नी, फैशन डिजाइनर अक्षता मूर्ति, और भी अमीर हैं। उनके पिता की लगाई कंपनी में उनके पास एक प्रतिशत से भी कम के शेयर हैं किन्तु यह भी बहुत है। मीडिया रिपोर्ट्स की जानकारी के मुताबिक अक्षता मूर्ति कुल 1.3 अरब डॉलर यानी 10.6 हजार करोड़ रुपये की संपत्ति की मालकिन है जिसमें सबसे बड़ा हिस्सा इंफ के शेयर का है। इसके अलावा वह तीन कंपनियां कैपिटल और प्राइवेट इक्विटी फर्म कैटामारन वेंचर्स, फैशन स्टोर न्यू एंड लिंग वुड और जिम श्रृंखला डाइम फिटनेस की डायरेक्टर भी हैं।

ब्रिटेन सहित पूरी दुनिया में एक बेहद जानी-मानी हस्ती ऋषि सुनक की पत्नी अक्षता मूर्ति भारत के मशहूर उद्योगपति नारायण मूर्ति और समाजसेवी-साहित्यकार सुधा मूर्ति की बेटी हैं। अक्षता मूर्ति अब भी एक भारतीय नागरिक हैं।

माता-पिता : सुधा मूर्ति- नारायण मूर्ति

नागवार रामाराव नारायणमूर्ति (जन्म: 20 अगस्त, 1946) भारत की प्रसिद्ध सॉफ्टवेयर कंपनी इंफोसिस टेक्नोलॉजीज के संस्थापक और जानेमाने उद्योगपति हैं। इंफोसिस भारत की सबसे बड़ी टेक कंपनियों में से एक है। यह वर्तमान में ब्रिटेन सहित लगभग 50 देशों में मौजूद है। इसका मुख्यालय बेंगलुरु में है। कंपनी ने 2019 में 11.8 अरब डॉलर, 2020 में 12.8 अरब डॉलर और 2021 में 13.5 अरब का राजस्व दर्ज किया। नारायण मूर्ति ने साल 2011 में इंफोसिस के अध्यक्ष पद को छोड़ दिया था, लेकिन अभी भी कंपनी के 0.39 फीसदी शेयर उनके पास हैं। एक युवा मार्क्सवादी के रूप में, मैसूर में एक 'अमेरिका विरोधी और यूएसएसआर समर्थक' शिक्षक

के एक विनम्र बेटे, नारायण मूर्ति को वास्तविक मौजूदा समाजवाद को देखने के लिए यूगोस्लाविया की सीमा पर बल्गेरियाई गार्डों द्वारा 1974 में गिरफ्तार किया गया था। बुल्गारिया में वहां के लोगों के जीवन के बारे में सवाल पूछने के अपराध के लिए उन्हें भोजन और पानी के बिना पांच दिनों के लिए रखा गया था और इस्तांबुल के रास्ते देश छोड़ने का आदेश दिया गया था। 'मैंने साम्यवाद में विश्वास खो दिया,' वे आज भी याद रखते हैं। मूर्ति का भ्रम दूर हो गया था। मूर्ति अपने इंजीनियरिंग कौशल के द्वारा एक कंपनी शुरू करने के कार्य में लगाने के सपने के साथ, अपने भ्रम से 'ठीक' होकर भारत लौट आए। 1981 में, अक्षता के जन्म के एक साल बाद, सॉफ्टवेयर इंजीनियर एनआर नारायण मूर्ति ने छह सहयोगियों के साथ अपनी पत्नी से उधार लिए गए +250 डॉलर का उपयोग करके एक आईटी कंपनी इंफोसिस की स्थापना की। कंपनी इतनी मामूली थी कि दो साल तक उनके पास कंप्यूटर नहीं था और फर्म का कार्यालय नारायण मूर्ति का अपना कमरा था। लगभग 40 वर्षों के बाद, अब कंपनी एक ऐसी कंपनी के रूप में विकसित हो गई है जो भारत के एक आईटी पावरहाउस में आमूल-चूल परिवर्तन का पर्याय बन गई है। आज, लगभग 50 देशों में 300,000 से अधिक कर्मचारी इंफोसिस में काम करते हैं। इसने यूके सहित दुनिया भर की कंपनियों और सरकारों के लिए आईटी सेवाएं प्रदान करने के लिए आकर्षक अनुबंध प्राप्त किये हैं।

सुधा मूर्ति एक मध्यमवर्गीय परिवार से हैं, न कि एक अमीर परिवार से। उनके पिता एक प्रोफेसर और डॉक्टर थे, और उन्होंने दूसरे शिक्षक परिवार में शादी की। उनके ससुर एक स्कूल टीचर थे और उनका भाई प्रोफेसर है, उनकी बहन प्रोफेसर है। परिवार में एकमात्र असाधारण व्यक्ति उनके पति हैं जो व्यवसाय में चले गए। सुधा मूर्ति के लेखन के लिए यह कहना अतिशयोक्ति न होगी कि वे भारतीय अंग्रेजी में आर के नारायण का स्मरण कराती हैं। "मैं एक बहुत ही स्वतंत्र व्यक्ति हूँ। मेरे जमाने में लोग कहते थे, 'हे भगवान, कैसी लड़की है!' आज ऐसा नहीं है। मेरे पति नारायण मूर्ति हैं-टी-एच-वाई, ठीक है? मैं मूर्ति हूँ- टी-वाई। यहाँ से मुझे लगता है कि मेरी आजादी दिखती है...। एक श्लोक जो मुझे बचपन में पढ़ाया गया था... मेरे दादा संस्कृत के बड़े विद्वान थे और मैंने उनसे पूछा था कि भारत में कृष्ण का इतना सम्मान क्यों है। उन्होंने कहा, 'न रुक्मिणी वल्लभा न अनिरुद्ध पिताः न देवकी नंदहारा कृष्णः स्वयं कृष्णः'- कृष्ण का सम्मान

इसलिए नहीं है कि वे देवकी के पुत्र देवकीनंदन हैं, इसलिए नहीं कि वे रुक्मिणी के पति थे, इसलिए नहीं कि वे अनिरुद्ध के पिता थे, बल्कि इसलिए कि वे अपने जीवन में कृष्ण थे।...उनके अपने गुण इसलिए मुझे हमेशा विश्वास था कि मैं जो हूँ वही हूँ।"[13]

यह आजादी उनकी बेटी अक्षता में भी दिखाई देती है। वे विवाह के बाद 'सुनक' उपनाम से नहीं अब भी अपने 'मूर्ति' उपनाम से जानी जाती हैं।

मूर्ति दम्पति अब भारत में मध्यम वर्ग के रोल-मॉडल और आदर्श हैं। दोनों को एक नरम राष्ट्रवादी प्रतिभा के रूप में देखा जाता है। इन दोनों का जीवन सादा जीवन उच्च विचार का पर्याय और उदाहरण बन गया है। मूर्ति दम्पति कभी अभिजात वर्ग का हिस्सा नहीं बने। किसी ने ठीक ही श्री नारायण मूर्ति को 'कॉर्पोरेट भारत का महात्मा गांधी' कहा है। ऋषि सुनक के ससुर, एनआर नारायण मूर्ति, अपनी पत्नी सुधा के साथ उसी बेंगलुरु के फ्लैट में रहते हैं, जहाँ उन्होंने दशकों पहले रहना शुरू किया था। वे अब भी वही एक छोटी कार चलाते हैं, बर्तन साफ करते हैं, और अपना शौचालय खुद साफ करते हैं। उनके जीवन में कोई चमक नहीं है, कोई फैशन नहीं है, कोई भव्य छुट्टियां या निजी जेट नहीं हैं, कोई शानदार घर नहीं है, कोई लक्जरी ब्रांड नहीं है। उनके बारे में सब कुछ सामान्य और बिना ताम-झाम के है। मूर्ति अंतर्मुखी व्यक्ति हैं जिन्हें अध्ययन करने के अलावा शायद चिंतन करना ही पसंद है। सुधा मूर्ति अपनी अंग्रेजी पुस्तक 'थ्री थाउजेंड स्टिच्स' में उल्लेख करती हैं कि कैसे उनके पति अपना शौचालय खुद साफ करते हैं, एक ऐसा काम जिसे कई भारतीय आमतौर पर दूसरों के लिए छोड़ देते हैं। पढ़ने लिखने के अलावा परोपकार और समाज सेवा उनका एक और जुनून है। "पैसे की असली ताकत उसे देने में है," उनकी प्रसिद्ध कहावतों में से एक है।

सुधा मूर्ति ने 1980 के दशक में एक इंजीनियर के रूप में काम किया, लेकिन अपने बच्चों के साथ अधिक समय बिताने की जरुरत देखकर एक कॉलेज में पढ़ाना शुरू कर दिया। आज अवश्य अक्षता अकूत धन की स्वामिनी है, पर उसका बचपन आम भारतीय लड़कियों सा ही था। मूर्ति दंपति कोई धनी न थे और बताया जाता है कि स्कूल में अक्षता को एक बार अपने स्कूल के सांस्कृतिक कार्यक्रम के दौरान खेले जा रहे नाटक में भाग लेने से वंचित होना पड़ा था क्योंकि माता-पिता उसके लिए कोस्ट्यूम

न खरीद पाए थे। यह भी कहते हैं कि उनके आदर्शवादी पिता ने गांधी जी की तरह घर में कई नियमों के पालन की सख्त हिदायतें दी थीं और वे अपने बच्चों में उच्च भारतीय संस्कार भरना चाहते थे। इस बात का गवाह तो मैं खुद हूँ क्योंकि मैं 1980 से लेकर 1985 तक बैंगलोर में टाटा इंस्टीटयूट में कार्यरत था और इस दंपति को आदर से देखा जाता था। मल्लेश्वरम के क्रॉसरोड पर न जाने कितनी बार इन्हें देखा होगा, तब कहाँ पता था कि ये इतिहास पुरुष होने जा रहे हैं।

मूर्ति का उनकी बेटी अक्षता को लिखा पत्र इतना वायरल हो गया कि न जाने किसने उसका हिंदी में कुछ अंश अखबार में छाप दिया।

अक्षता

मैंने यह कभी नहीं सोचा था कि पिता बनने के बाद मैं इतना बदल जाऊंगा। मेरी जिन्दगी में तुम्हारा आना अपार खुशियों के साथ-साथ तमाम जिम्मेदारियां भी लाया। अब मैं सिर्फ एक पति, एक बेटा या केवल एक कर्मचारी ही नहीं था वरन् अब मैं एक पिता था जिसे अपनी बेटी की हर आशा रूपी मोड़ पर खरा उतरना था। तुम्हारे जन्म ने मेरे जीवन को हर मायने में बदल दिया। मेरे कार्यस्थल पर लोगों से बातचीत पहले से ज्यादा सधी और विचारपूर्ण होने लगी, बाहर की दुनिया से मेरा संबंध पहले के मायने में ज्यादा परिपक्व, विचारशील और गरिमामय हो गया था। मैं इस बात की जरूरत महसूस करने लगा था कि हर आदमी के साथ मेरा व्यवहार संवेदनशील और शिष्ट होना चाहिए। तुम किसी दिन बड़ी होकर दुनिया को समझोगी और मैं यह नहीं चाहता कि तुम यह सोचो कि मैंने कुछ गलत किया है। 'अक्सर मेरा दिमाग तुम्हारे बचपन के दिनों में चला जाता है। तुम्हारी माँ और मैं युवा दिनों में थे और अपने-अपने करियर में पांव जमा रहे थे। तुम्हारे जन्म के 2 माह बाद हम तुम्हारे साथ हुबली से मुंबई आ गए लेकिन जल्द ही इस बात का पता चल गया कि बच्चे की परवरिश करना और करियर दोनों एक साथ संभालना मुश्किल है। इसलिए हमने यह तय किया कि तुम अपने जीवन के शुरुआती दिनों में हुबली में दादा-दादी के साथ रहोगी।' भाविक रूप से यह हमारे लिए कठिन निर्णय था। हर सप्ताह के आखिर में मैं बेलगाम तक हवाई जहाज से आता था और वहां से हुबली के लिए किराए पर कार लेता था, हालांकि इसमें बहुत पैसे खर्च होते थे

लेकिन मैं तुम्हें देखे बिना नहीं रह सकता था। अमूमन मुझसे यह पूछा जाता था कि मैंने अपने बच्चों को क्या संस्कार दिए हैं? मैंने इसकी जिम्मेदारी तुम्हारी माँ को दे रखी थी।

मैं तुम्हारी माँ का हमेशा आभारी रहूंगा कि उन्होंने तुम्हें और रोहन को उम्दा संस्कार दिए साथ ही साथ साधारण और सामान्य जीवन जीना सिखाया। मुझे याद है जब मैं तुम्हें और रोहन को कार से स्कूल भेजना चाहा। तब हमारे पास बहुत पैसे थे, लेकिन तुम्हारी माँ ने कहा कि तुम लोगों को अपने सहपाठियों के साथ ऑटोरिक्शा से स्कूल जाना चाहिए। प्रायः तुम कहती थी कि हमारे घर में टीवी क्यों नहीं है? तुम्हारी माँ ने पहले ही फैसला लिया था कि हमारे घर में टीवी नहीं होना चाहिए ताकि तुम लोगों की पढ़ाई पर कोई असर न पड़े।[14]

1996 में, उन्होंने इंफोसिस फाउंडेशन की शुरुआत की। यह एक गैर-लाभकारी संगठन है जो शैक्षिक और गरीबी-विरोधी परियोजनाओं को सहायता देता है। इंजीनियरिंग और शिक्षा के प्रति उनके जुनून को बेटी अक्षता ने साझा किया है।

मूर्ति के लिए, सुनक आदर्श दामाद हैं। वे एक ऐसे व्यक्तित्व के मालिक हैं जिन्होंने अपनी 'ईमानदारी' से खुद को परिभाषित किया। मूर्ति ने उन्हें अपनी नयी कंपनी कैटामारन इन्वेस्टमेंट का डायरेक्टर बना दिया। इस तरह मूर्ति ने अपने दामाद को नयी ऊंचाई दी। परिणाम स्वरुप सुनक ने राजनीति में गंभीरता से भाग लेने का मन बनाया। नारायण मूर्ति ने 2015 के आम चुनावों में अपने कुछ दिन बिताये थे, अपने दामाद के पर्चों और प्रचार सामग्री को उत्तरी यॉर्कशायर में लेटरबॉक्स में डालते हुए उन्हें शायद ही किसी ने नोटिस लिया हो शायद ही कोई जानता हो कि वे कौन थे।

एनआर नारायण मूर्ति ने अपने दामाद ऋषि सुनक को दो सलाह दी थीं, सांसद बनने के बाद सुनक ने एक टीवी इंटरव्यू में अपने ससुर के बारे में कहा था," मूर्ति का दामाद होना "एक बहुत बड़ा लाभ" था, लेकिन "एक ही समय में बहुत डराने वाला" भी था। सुनक ने तब खुलासा किया कि उन्हें अपने ससुर से कुछ बेशकीमती सलाह मिली थी।, "वे हमेशा मुझे ईमानदारी से जीने और सही काम करने के लिए कहते हैं।"

ऋषि सुनक को भी अपने फादर-इन-ला पर गर्व है। एक साक्षात्कार के दौरान उन्होंने कहा था, "मेरे ससुर ने शून्य से शुरुआत की थी और उनके

पास महज कुछ रुपये थे, जो मेरी सास ने बचत करके उन्हें दिए थे और अब दुनिया के सबसे बड़े और सम्मानित उद्योगपति में उनका नाम है। उनकी सफल कंपनियां हैं जो पूरे यूनाइटेड किंगडम में हजारों लोगों को रोजगार देती हैं। टीवी डिबेट में ऋषि ने कहा था, "यह एक अविश्वसनीय कहानी है और वास्तव में यह एक ऐसी कहानी है, जिस पर मुझे वास्तव में गर्व है और प्रधानमंत्री के रूप में मैं यह सुनिश्चित करना चाहता हूँ कि हम यहाँ घर पर (ब्रिटेन में) उनकी तरह और कहानियाँ बना सकें।"

नारायण और सुधा मूर्ति के घर अप्रैल 1980 में जन्मी अक्षता और उनके छोटे भाई रोहन का पालन-पोषण उनके दादा-दादी ने किया, जबकि उनके माता और पिता ने इंजीनियरिंग और विज्ञान में अपना करियर बनाया। नारायण ने 4 बिलियन डॉलर की आईटी कंपनी 'इंफोसिस' को अपने अध्यवसाय के बल पर खड़ी की और उनकी माता ने पहले तो सबसे प्रसिद्ध कार निर्माता, टाटा इंजीनियरिंग और लोकोमोटिव कंपनी (टेल्को) के यहाँ भारत की पहली महिला इंजीनियर बनीं। फिर अपने स्वाध्याय के बल पर सुचर्चित लेखिका और समाजसेविका का खिताब पाया। इन दोनों की विनम्रता और दयालुता के चर्चे रहे हैं।

सुधा मूर्ति ने अपने बच्चों को ऐशोआराम और दिखावे के वातावरण में पलने-बढ़ने नहीं दिया। रिपोर्ट्स के मुताबिक, बचपन में उनके घर में टेलीविजन तक नहीं था। इतना ही नहीं, सुधा ने यह सुनिश्चित किया कि उनके बच्चे आलीशान कारों के बजाय ऑटो-रिक्शा से स्कूल जाएं।

अपने शुरुआती दिनों में वह बाल्डविन गर्ल्स हाई स्कूल, बैंगलोर में पढ़ने गयीं। हालांकि, उच्च शिक्षा के लिए वह विदेश चली गईं। लॉस एंजिल्स में "फैशन ऑफ डिजाइन एंड मर्चेंडाइजिंग" में डिग्री पूरी करने से पहले, अक्षता कैलिफोर्निया के क्लेरमोंट मैककेना कॉलेज में अर्थशास्त्र और फ्रेंच का अध्ययन करने के लिए विदेश चली गईं।

एमबीए के लिए उन्होंने स्टैनफोर्ड विश्वविद्यालय में प्रवेश लिया जहाँ वह ऋषि से मिलीं और उनकी प्रेम कहानी शुरू हुई। सुनक तब प्रतिष्ठित ऑक्सफोर्ड विश्वविद्यालय से प्रथम श्रेणी की डिग्री करने के साथ-साथ वहां एक फुलब्राइट स्कॉलर के रूप में प्रवेश प्राप्त करने के बाद आये थे। 2005 में, उन्होंने स्टैनफोर्ड यूनिवर्सिटी से MBA किया, जहाँ वह अपने भावी पति ऋषि सुनक से मिलीं। इन्हे एक दूसरे से प्यार हो गया और उन्होंने शादी के

बंधन में बंधने का फैसला किया। अपने प्यार को सुनक ने कई बार शब्द बद्ध किया है। लिज ट्रस के खिलाफ अपने अभियान के दौरान उन्होंने कहा था कि वह 'शार्ट-किड विद बैकपैक' को अपने जीवन में मौका देने के लिए अक्षता के आभारी हैं। ऋषि जानते भी हैं और समझते भी हैं कि आर्थिक रूप से अक्षता और वे समान नहीं। अपनी आम पृष्ठभूमि का स्पष्ट रूप से उल्लेख करते हुए सुनक ने एक बार खुले दिल से स्वीकार किया था, "आप जानते हैं कि आप मेरे लिए क्या मायने रखते हैं, और मैं अविश्वसनीय रूप से आभारी हूँ कि 18 साल पहले आपने अपनी ऊँची एड़ी को छोड़ने और छोटे कद के बैकपैक के साथ रहने वाले लड़के को मौका देने का फैसला किया था।" यह सच है कि ऋषि सुनक की हाइट बस पांच फुट छह इंच की है और यदि अक्षता ऊँची हील के जूते पहनती रहती तो वे अपने पति से लंबी दिखाई दिया करतीं।

आदर्श दम्पति के रूप में आदर प्राप्त ये दोनों पति पत्नी क्यों न प्रसन्न होंगे जब उनके जामाता ने इतिहास रच दिया। अपनी बेटी की पसंद को स्वीकार करते हुए प्रबुद्ध मूर्ति दम्पति ने विचार किया और पाया कि उनकी पुत्री ने 'एक शानदार, सुंदर, और ईमानदार' लड़के को चाहा है। अपने दामाद के बारे में मूर्ति के शुरुआती प्रभाव 2013 में लिखी गई एक किताब (लिगेसी: लेटर्स फ्रॉम एमिनेंट पेरेंट्स टू देयर डॉटर्स- सुधा मेनन) के लिए अपनी बेटी को लिखे गए एक गर्मजोशी भरे पत्र में सामने आते हैं। मूर्ति ने तब उस पत्र में लिखा था, "... जब मैं ऋषि से मिला और पाया कि वह सब है जो आपने उन्हें बताया था- शानदार, सुंदर, और सबसे महत्वपूर्ण, ईमानदार- मुझे समझ में आया कि आपने उसे अपना दिल क्यों चुराने दिया।"

ऋषि के विनम्र स्वभाव को देखकर और अनुभवी दृष्टि से उसके भविष्य को जानकर उन्होंने उन दोनों का विवाह करने का संकल्प लिया।

इस जोड़ी ने चार साल बाद 2009 में भारत के बेंगलुरु नगर में एक भव्य समारोह में शादी की। उन्होंने 30 अगस्त, 2009 में बैंगलोर में चामराज कल्याण मंडप, जयनगर में एक साधारण लेकिन सुरुचिपूर्ण समारोह में शादी की, और रिसेप्शन द बॉलरूम, लीला पैलेस होटल, ओल्ड एयरपोर्ट रोड, बैंगलोर में आयोजित किया गया था। विवाह भोज 'अडिगा कैटरर्स' द्वारा बनाया गया था जो कन्नड़ व्यंजनों के लिए प्रसिद्ध हैं। यह सात्विक (प्याज और लहसुन नहीं) भोजन एक पारंपरिक मैसूर ब्राह्मण भोजन था (नारायण

मूर्ति मैसूर से हैं) जिसमें धारवाड़ स्पर्श (सुधा मूर्ति के गृह नगर) के साथ मेनू का मुख्य आकर्षण हुबली की एक मिठाई मैंडिगे था। भोजन सादे बायोडिग्रेडेबल केले के पत्तों में परोसा गया था। अतिथि के रूप में अजीम प्रेमजी, किरण मजूमदार-शॉ, अनिल कुंबले, नंदन एम नीलेकणी, कप्तान जी.आर. गोपीनाथ, प्रकाश पादुकोण, सैयद किरमानी और गिरीश कर्नाड आदि गणमान्य उपस्थित थे। इंफोसिस के संस्थापकों में से एक श्री टीवी मोहनदास पई, जो इन दोनों की शादी में सुनक से मिले थे, वे अब याद करते हुए कहते हैं कि उन्होंने सुनक को एक "पूर्ण, ईमानदार, ऊर्जावान, बहुत केंद्रित" युवक के रूप में पाया। और जो पहले से ही "मूर्ति परिवार की आंखों का तारा" थे। "वह बहुत विनम्र, बहुत अच्छा व्यवहार करने वाला और बहुत परिपक्व था," वे आज भी कहते नहीं थकते।

जब अगस्त 2009 में ऋषि और अक्षता ने विवाह हुआ, तो विवाह में बेस्ट मेन के रूप में जेम्स फोर्सिथ उपस्थित थे, जो उनके समय से विंनचेस्टर में उनके सबसे अच्छे दोस्त और स्पेक्टेटर पत्रिका के भविष्य के राजनीतिक संपादक थे। माइकल एशक्रॉफ्ट ने अपनी 2020 की किताब 'गोइंग फॉर ब्रोक: द राइज ऑफ ऋषि सुनक' में लिखा है कि आमतौर पर आत्मविश्वासी सुनक को अपनी शादी की टीम-टॉम को देखकर थोड़ा परेशान और जागरूक हो गए थे।

भारत में कुछ समय रहने के बाद, वे यूके चले गए, और ऋषि 2015 में यॉर्कशायर के रिचमंड के लिए सांसद बने। दंपति की दो बेटियां हैं, कृष्णा और अनुष्का, लेकिन उनके बारे में बहुत कम जानकारी है, क्योंकि उनके माता-पिता ने उनकी पहचान निजी रखी है। ऐसा माना जाता है कि वे लंदन के साउथ केंसिंग्टन में ग्लेनडोवर प्रेप में पढ़ती हैं, उसी स्थान पर डेविड और विक्टोरिया बेकहम की बेटी हार्पर भी पढ़ती थी। यह भी पता चलता है कि पहली पुत्री 2011 में हुई।

2007 में, अक्षता ने अपना फैशन डिजाइन व्यवसाय, 'अक्षता डिजाइन्स' के नाम से स्थापित किया अक्षता को 'वोग इंडिया' द्वारा फीचर किया गया है और उन्हें अक्षता डिजाइन्स की मालिक बताया है। वे कहती हैं, "मैं एक विशेष परिधान के पीछे की कहानी, इसकी प्रामाणिकता, शिल्प कौशल और एक समृद्ध विरासत की रक्षा के बारे में हूं।" अक्षता को यह कहते हुए भी उद्धृत किया गया था: "मेरा मानना है कि हम एक भौतिकवादी समाज में

रहते हैं, और पिछले कुछ दशकों में वैश्वीकरण के कारण विश्व भर के ग्राहकों को उत्पाद बेचना आसान हो गया है।" यह फैशन के प्रति उनके जीवन भर के प्यार की परिणति थी, जिसने उनकी "नो-नॉनसेंस इंजीनियर" माँ को चकित कर दिया था, सुश्री मूर्ति ने 2011 में वोग इंडिया को बताया। कंपनी की वेबसाइट ने कहा कि इसका उद्देश्य ग्रामीण भारत में कलाकार और शिल्पकार महिलाओं के लिए "आय का स्थायी स्रोत" प्रदान करना है।

कई व्यवसायों में उन्होंने शेयर ले रखे हैं, जिसमें वे और उनके पति का एक साथ स्वामित्व है। 'कैटामारन वेंचर्स' यूके आदि में उनके अकेले के शेयर हैं। वह वर्तमान में एक डच क्लीनटेक इनक्यूबेटर फंड टेंड्रिस की मार्केटिंग डायरेक्टर भी हैं।

अक्षता मूर्ति अपने जन्म के देश और माता-पिता के घर भारत की नागरिक हैं। भारत अपने नागरिकों को एक साथ दूसरे देश की नागरिकता रखने की अनुमति नहीं देता है। इसलिए वे भारत के नियम कानूनों के पालन के लिए प्रतिबद्ध हैं।

अप्रैल 2022 में स्टॉक एक्सचेंजों के साथ साझा की गई जानकारी के आधार पर प्रकाशित एक मीडिया रिपोर्ट के अनुसार अक्षता मूर्ति की संपत्ति ब्रिटेन की महारानी से अधिक थी। ऋषि सुनक के ससुर नारायणमूर्ति की इंफोसिस (Infosys) भारत की सबसे बड़ी टेक कंपनियों में से एक है। आजकल ब्रिटेन सहित लगभग 50 देशों में इसका बिजबिजनेस नेटर्वक है। कंपनी का रेवेन्यू 2019 में 11.8 अरब डॉलर, 2020 में 12.8 अरब डॉलर और 2021 में 13.5 अरब डॉलर रहा। अक्षता मूर्ति को भारत की दूसरी सबसे बड़ी सूचना प्रौद्योगिकी कंपनी इंफोसिस में अपनी हिस्सेदारी के लिए 2022 में 126.61 करोड़ रुपये का लाभांश मिला। अक्षता को ब्रिटेन से बाहर अपनी आय पर कर स्थिति के चलते विवादों का सामना करना पड़ा था। शेयर बाजारों को उपलब्ध कराई गई सूचना के मुताबिक, इंफोसिस के सह-संस्थापक नारायण मूर्ति की बेटी अक्षता के पास सितंबर के अंत में इंफोसिस के 3.89 करोड़ या 0.93 प्रतिशत शेयर थे। वे ब्रिटेन में एक "गैर-डोम" की तरह हैं अर्थात उनका भारतीय पासपोर्ट अभी है। वे एक विदेशी नागरिक के रूप में रह रही हैं जिन्होंने ब्रिटेन के बाहर आय पर आयकर में लाखों पाउंड के बदले £30,000 फ्लैट शुल्क का भुगतान किया था। इस रहस्योद्घाटन ने उनके पति के राजनीतिक करियर को लगभग डुबा ही दिया था।

जुलाई में ऋषि के चांसलर के पद से इस्तीफा देने के एक दिन बाद, अक्षता ने अपने लंदन स्थित घर के बाहर इंतजार कर रहे पत्रकारों को चाय और बिस्कुट पेश किये। लेकिन उनके आतिथ्य की कद्र न करके बल्कि उपेक्षा करते हुए ट्विटर पर कुछ अहमकों ने डिजाइनर मग की कीमत की चर्चा की। एक ने लिखा: "उस मग की कीमत एक परिवार को 2 दिन तक भोजन खिला सकती है।" आपको क्या कहूं, गोस्वामी जी जो कह गए हैं- जाकी रही भावना जैसी। अंग्रेज लोगों को अतिथि सत्कार की भारतीय भावना का भला कैसे पता होगा? मालूम हैं न? अंग्रेजी में तो अतिथि की तो बात ही क्या, आथितेय को 'होस्ट' कहते हैं, जो सुनने में 'घोस्ट' सा लगता है और 'होसटाइल' (विमुख) के खानदान का प्रतीत होता है। 'अतिथि देवो भव:' का महत्व जानते तो अक्षता के आतिथ्य को सर माथे पर लेते। याद रखिए अगर मीडिया और तथाकथित पत्रकार यह सब वितंडावाद फैलाए चले जाते हैं और बाज नहीं आते बल्कि किसी अहंकार के कारण 'अमीरी' को लानत भेजने का मंजीरा बजाए जाते हैं तो वे भारतीय संस्कारों और उन शिक्षाविदों को बदनाम कर रहे हैं, उन श्रेष्ठ जीवन- मूल्यों को बदनाम कर रहे हैं, उन गाँधीवादी तरीकों को बदनाम कर रहे हैं जिसे मूर्ति परिवार ने अपने पूरे जीवन में अपने लिए मार्ग-दर्शक और प्रेरक रखा है और बड़े चाव, विश्वास और गर्व से अपनी संतान को दाय के रूप में सौंपा है।

द अल्टीमेट फैमिली मैन

ओबामा की तरह ऋषि के भी दो बेटियाँ हैं। लेकिन ओबामा की पत्नी के विपरीत, श्रीमती सुनक कोई मिशेल नहीं हैं। वास्तव में, कोई नहीं जानता कि उनका नजरिया क्या है। हालांकि उनका भारतीय पासपोर्ट धारी होना भी रेखांकित करने वाली बात है। पर न जाने क्यों लोग उनकी धन संपत्ति का जिक्र अधिक करते हैं और विद्या बुद्धि का कम?

यह कहानी अक्षता की नहीं और न दूसरे पात्रों की है। ये तो हमारे ऋषि के जीवन, चरित्र, और क्रिया कलापों के साक्षी और सहयोग कर्ता हैं। अक्षता के साथ वे दम्पति बनकर दांपत्य जीवन का सुख भोग रहे हैं। दो सुशील कन्याओं के पिता होकर पितृ धर्म का पालन करते हैं। कैरोलिन इग्गुल्डेन ने 'द सन' पत्रिका के लिए लिखे गए आलेख में उन्हें गृहस्थ आश्रम का ध्यान से पालन करने वाला आदर्श भारतीय माना है। वे लिखती हैं, 'ऋषि

सुनक टीटोटल हैं, पेलोटन राइडिंग फैमिली मैन हैं जिन्होंने अपनी मम्मी की फार्मेसी में कड़ी मेहनत का मूल्य सीखा है।'

ऋषि सुनक ने लेकिन पिछले गुरुवार, 42 वर्षीय, ऋषि सिर्फ एक पिता थे जो अपनी बेटियों के साथ आधे दिन की छुट्टी का आनंद ले रहे थे। जब लिज ट्रस उस दिन छह सप्ताह सत्ता में रहने के बाद प्रधानमंत्री का पद त्याग रही थीं, ऋषि अपनी दोनों बेटियों– कृष्णा और अनुष्का को टीजीआई फ्राइडे में दोपहर के भोजन के लिए ले जा रहे थे। जब वे वह दस पिन गेंदबाजी के खेल के लिए कमर कस रहे थे, तभी उन्हें यह कहते हुए फोन आया कि नेतृत्व की एक और लड़ाई होगी। पूर्व चांसलर भी साढ़े तीन साल में अपने पहले पारिवारिक अवकाश की प्रतीक्षा कर रहे थे।... वेस्टमिंस्टर के भीतर, ऋषि को एक ऐसे व्यक्ति के रूप में जाना जाता है जो दिन का काम जल्दी शुरू करता है और देर रात तक उसे खत्म करना पसंद करता है। उनकी ग्लैमरस पत्नी अक्षता मूर्ति, भारत के छठे सबसे अमीर व्यक्ति की अरबपति बेटी, अपने पति के प्रति समर्पित है और जब वह आधी रात तक काम करता है तो उसे कोई आपत्ति नहीं होती है।[15]

अपनी बेटियों को मजबूत रोल मॉडल प्रदान करने पर, उन्होंने कहा, "हमारी पहली लड़की होने के बाद मैं दूसरी लड़की के लिए जोर दे रहा था और घर में दो बहनों का होना वास्तव में खास है। देखिए, हम जो एक चीज करने की कोशिश कर रहे हैं, वह उनके लिए बहुत सारे मजबूत रोल मॉडल हैं। वे अपनी बेटियों के लिए आवश्यक पुस्तकों का चुनाव करने के काम को भी बड़ी गंभीरता से लेते हैं। ऐलेना फेविली और फ्रांसेस्का कैवेलो की किताबें, क्लियोपेट्रा, फ्रीडा काहलो, मैरी क्यूरी, माया एंजेलो, रूथ बेडर और मिशेल ओबामा जैसी महिलाओं के जीवन और उपलब्धियों के बारे में किताबें वे अपनी बेटियों को पढ़ने के लिए देते हैं। वे अपनी बेटियों के विचारों का आदर करते हैं। जलवायु परिवर्तन पर बीबीसी द्वारा आयोजित एक टीवी डिबेट में अपना तर्क प्रस्तुत करते हुए ऋषि ने कहा था, "मैं इस विषय पर अपनी दो बेटियों की सलाह भी लेता हूँ। वे इन मामलों में मेरे घर की एक्सपर्ट हैं।"

बीबीसी की एक रिपोर्ट के अनुसार सुनक ने बताया कि उनकी बेटी कृष्णा 11 साल की होने पर लंदन स्थित अपना प्राथमिक स्कूल पैदल जाना चाहती थी। इस कारण, जुलाई में चांसलर के पद से सुनक के इस्तीफा देने

से पहले उनका परिवार 11 डाउनिंग स्ट्रीट स्थित अपने फ्लैट को छोड़कर बेटी के स्कूल के पास रहने लगा था। सुनक ने हाल में ट्वीट किया था कि कैसे उनकी पुत्री अनुष्का ने जून में वेस्टमिंस्टर एब्बे में क्वींस प्लेटिनम जुबली समारोह के लिए अपने सहपाठियों के साथ कुचिपुड़ी नृत्य की प्रस्तुति दी। सुनक ने ब्रिटेन में महिलाओं और लड़कियों पर हुए कुछ हालिया हमलों का उदाहरण देकर स्पष्ट किया कि यह उनके लिए एक प्राथमिक मुद्दा है।

सुनक ने कहा, ''मैं यह सुनिश्चित करना चाहता हूँ कि मेरे बच्चे और अन्य लोग सुरक्षित तरीके से घूम-फिर सकें, हर माता-पिता अपने बच्चों के लिए यही चाहते हैं।'' उन्होंने कहा कि अपराध पर नकेल कसकर देश को लोगों के लिए सुरक्षित बनाना एक ऐसी चीज है जो निजी रूप से उनके लिए काफी महत्वपूर्ण है।

सुनक महिलाओं पर अपनी टिप्पणियों के लिए भी सुर्खियों में रहे हैं। वह विशेष रूप से महिला उद्यमियों के उत्थान की बात करते हैं। उन्होंने यह सुनिश्चित करने के बारे में भी बात की है कि मजबूत महिलाएं वे नारीवादी प्रतीक हैं जिनके साथ उनके बच्चे बड़े होते हैं, और नियमित रूप से घर के कामों में योगदान देते हैं। मेरी बीवी को यहां ले आओ। मेरे पास डिशवॉशर के लिए एक बहुत ही ओसीडी दृष्टिकोण है, जो वह आपको बताएगी, उन्होंने कहा, "डिशवॉशर में आप कितना सामान प्राप्त कर सकते हैं, इसे अनुकूलित करने का एक तरीका है। मेरे पिताजी के पास वह था, जो अब मेरे पास है। मुझे उस पर बड़ा गर्व है। एक खास तरीका है जिस तरह से मुझे बिस्तर बनाना पसंद है और इस तरह की बहुत सी चीजें।

पत्नी मनोरमां देहि

अक्षता अब भी भारतीय हैं, चाहे पति ब्रिटिश हैं। जब उनकी गैर-अधिवास स्थिति विवादास्पद हो गई थी, तो उन्होंने सोशल मीडिया पर लिखा: "उन्होंने मुझे कभी भी अपनी भारतीय नागरिकता, भारत से संबंध या मेरे व्यावसायिक मामलों को छोड़ने के लिए नहीं कहा, इसके बावजूद कि इस तरह के कदम से उसके लिए राजनीतिक रूप से चीजें सरल हो जातीं।" ऋषि ने एक साक्षात्कार में खुलासा किया कि उनकी खुशहाल शादी के पीछे एक रहस्य यह था कि वे बहुत अलग लोग थे। जबकि उन्होंने खुद को "अविश्वसनीय रूप से साफ-सुथरा" बताया, उन्होंने कहा कि उनकी

पत्नी "बहुत अस्त-व्यस्त" (वैरी मेस्सी) थी, लेकिन अधिक सहज भी थी। जैसा कि एक लेखक ने 'टाटलर' में एक सांसद को उद्धृत करते हुए कहा: "उन्हें एक अत्यंत समर्पित पत्नी मिली है। पत्नी को पति के आधी रात तक बाहर रहने में कोई समस्या नहीं है कि क्या करना है। अगर मैंने ऐसा किया होता, तो मेरी पत्नी रात के खाने पर मेरा सिर खा जाती। जाहिर है, उसका भारतीय महिलाओं के साथ कोई सामना नहीं पड़ा है। अक्षता और ऋषि सुनक की कई चीजों में एक जिसमें उनकी समानता हद दर्जे की है और वह है कि इन दोनों के माता-पिता ने दम्पति शब्द को सही अर्थों में सत्य चरितार्थ किया है। एक-दूसरे को विवाह के समय दिए गए वचनों का अक्षरश: पालन किया है। दोनों कामकाजी रहे और अपने-अपने परिवार को अपनी पूरी सामर्थ्य से शिक्षित किया। संस्कारित किया और वे इस बात में भी बहुत खुशनसीब रहे कि उन्होंने अपनी संतानों को फलते-फूलते देखा और उनको ऊंचाईयों पर चढ़ते देखा।

(5)
ऋषि राज का पूर्वापर

दो सौ साल, गुलामी झेली, झेलें जुल्मों सितम,
आज अचानक, बदली किस्मत, राजा हुए हैं हम।

"कई वर्षों से अब तक आधे से अधिक ब्रिटिश लोग इस कथन (और इसी तरह के अन्य कथनों) से सहमत हैं: ब्रिटेन हाल के दिनों में सोच से परे बदल गया है। यह कभी-कभी एक विदेशी देश जैसा लगता है और यह मुझे असहज महसूस कराता है। वृद्ध लोग, कम से कम शिक्षित लोग और सबसे कम संपन्न लोगों की इसमें सहमति की सबसे अधिक संभावना है, लेकिन अन्य समूहों से भी काफी व्यापक समर्थन इस कथन को प्राप्त है। वर्ग और आर्थिक हित के पुराने भेद पूरी तरह से गायब नहीं हुए हैं, बल्कि एक बड़े और ढीलेपन के कारण तेजी से खत्म हो गए हैं- दुनिया को कहीं से भी देखने वाले लोगों (एनी वेयर) इसे कहीं से देखने वाले लोगों के बीच (सम वेयर)। एनी वेयर हमारी संस्कृति और समाज पर हावी है। वे स्कूल में अच्छा प्रदर्शन करते हैं-वर्नोन बोगडानोर उन्हें 'परीक्षा उत्तीर्ण करने वाला वर्ग' कहते हैं-फिर आमतौर पर अपनी किशोरावस्था में घर से एक आवासीय विश्वविद्यालय में चले जाते हैं और ऐसे व्यवसायों में करियर बनाते हैं जो उन्हें लंदन या एक या दो साल के लिए विदेश में भी ले जा सकते हैं। ऐसे लोगों की शैक्षिक और करियर की सफलता के आधार पर पोर्टेबल 'प्राप्त' पहचान होती है जो उन्हें आम तौर पर नए स्थानों और लोगों के साथ सहज और आत्मविश्वासी बनाती है। 'सम वेयर' लोगों की जड़ें होती हैं और आमतौर पर उनकी पहचान की गई हैं-स्कॉटिश किसान, श्रमिक वर्ग जियोर्डी, कोर्निश गृहिणी-समूह से संबंधित जो विशेष स्थानों पर ठहर कर रहते हैं। यही कारण है कि वे अक्सर तेजी से होते बदलाव को देखकर अधिक परेशान होते हैं। समवेयर का एक कोर ग्रुप 'पीछे छोड़

दिया' कहा गया है- मुख्य रूप से कम शिक्षा प्राप्त करने वाले वृद्ध श्वेत श्रमिक वर्ग के पुरुष।.. कहना न होगा कि हम सभी के पास हासिल की गई पहचानों का मिश्रण है- और 'इन बिटविन वालों' की भी एक बड़ी संख्या है। "इस प्रकार का जोर का झटका देते हुए अपनी पुस्तक का प्रारम्भ करते हुए अपनी पुस्तक, 'द रोड टू समवेयर' (2017) में, डेविड गुडहार्ट अपने पाठकों को जगाते हैं।[16]

"अपनी पुस्तक, द रोड टू समवेयर (2017) में, डेविड गुडहार्ट ने दो प्रकार के सार्वजनिक व्यक्ति का पता लगाया: सम वेयर मैन, राष्ट्रीय विशिष्टताओं में निहित, और एनीवेयर मैन, दावोस मैन। राजनीतिक दुनिया में शायद ही कभी दूसरे की मांग होती है। 2022 का ब्रिटेन इसका अपवाद है। "ये शब्द हैं भारत के प्रखर विश्लेषक स्वप्न दास गुप्ता के। आप उनसे सहमत हों, या न हों, किन्तु ऐसा स्वप्न दास गुप्ता का मानना है। वे समझते हैं कि ऋषि सुनक कट्टर सफल राजनेता थे, एक ऐसे व्यक्ति जिनकी उपस्थिति ने कंजरवेटिव पार्टी को समृद्ध किया और सरकार के लिए अतुलनीय योगदान दिया। फिर भी, एक बेजोड़ व्यक्तित्व होने के नाते वे पार्टी के नेता होने से अलग है, वह व्यक्ति जिसका चेहरा पूरे मतदाताओं के सामने प्रस्तुत किया जाता है, न कि केवल एक निर्वाचन क्षेत्र में।[17]

1960 के दशक की शुरुआत में, सांसद सिरिल ओसबोर्न जैसे नेताओं ने पूर्व उपनिवेशों से आव्रजन के खिलाफ जोरदार तर्क दिए थे। एक साक्षात्कार में, ओसबोर्न ने घोषणा की कि इंग्लैंड "श्वेत व्यक्तिवाला देश है और मैं चाहता हूँ कि यह ऐसा ही बना रहे।" कंजर्वेटिव उम्मीदवार पीटर ग्रिफिथ ने अपने 1964 के चुनाव अभियान में खुले तौर पर नस्लवादी भाषा का इस्तेमाल किया: "यदि आप एक निगर पड़ोसी चाहते हैं, तो लिबरल या लेबर को वोट दें।"

डेढ़ दशक पहले, कंजर्वेटिव पार्टी के पास नस्लीय अल्पसंख्यक पृष्ठभूमि से सिर्फ दो सांसद (198 में से) थे। उस समय पार्टी सत्ता से बाहर थी, और जानती थी कि आधुनिक ब्रिटेन में लंबे समय तक सफल होने के लिए उसे अपनी छवि में सुधार करना होगा। इसलिए, 2006 में, नव-निर्वाचित पार्टी नेता डेविड कैमरन ने यह सुनिश्चित करने के लिए एक अच्छी कोशिश की कि पार्टी उस राष्ट्र को अधिक सटीक रूप से प्रतिबिंबित करे जिसका वह नेतृत्व करना चाहते थे। चार साल बाद इसके प्रधानमंत्री बने डेविड कैमरन

ने नस्लीय अल्पसंख्यक और महिलाओं को प्राथमिकता देते हुए सम्मिलित किया। साजिद जावेद कैमरन मंत्रिमंडल में संस्कृति, खेल और मीडिया मंत्री थे; वह पाकिस्तानी मूल के हैं। उनके पिता एक बस ड्राइवर थे। साजिद अपनी मेहनत के बल पर बाद में ड्यूश बैंक के कर्मचारी के रूप में कार्यरत रहे।

कंजर्वेटिव पार्टी ने 2010 से ब्रिटेन पर शासन किया हुआ है। सुनक ने 2010 में कंजरवेटिव पार्टी के लिए काम करना शुरू किया। अपने लिए स्थान बनाने की खातिर और अपनी विशेषताओं के प्रति सबका ध्यान आकृष्ट करने के लिए उन्होंने सबसे अच्छा और सरल अनुभवजन्य रास्ता अपनाया। ब्रिटेन के अल्पसंख्यक समुदाय पर पॉलिसी एक्सचेंज के लिए शोध करने के लिए स्वेच्छा से काम किया। इस अवधि के दौरान वे एक प्रमुख कंजर्वेटिव थिंक टैंक पॉलिसी एक्सचेंज से भी जुड़े, जिसके लिए वह 2014 में ब्लैक एंड माइनॉरिटी एथनिक (बीएमई) रिसर्च यूनिट के प्रमुख बने। उस वर्ष पॉलिसी एक्सचेंज ने 'ए पोर्ट्रेट ऑफ मॉडर्न ब्रिटेन' एक पैम्फलेट प्रकाशित किया। इसको सुनक ने बीएमई इकाई के उप प्रमुख सरथा राजेश्वरन के साथ लिखा था।

अपनी पार्टी के दृष्टिकोण को बदलने और सुनक जैसे व्यक्तित्व को विकसित करने का श्रेय पूर्व प्रधानमंत्री डेविड कैमरन को जाता है। उन्होंने 2012 में भविष्यवाणी की थी कि बहुत जल्द उनकी पार्टी अपना पहला ब्रिटिश-भारतीय प्रधानमंत्री देगी। और उनकी यह बात 10 साल के भीतर सच हो गई। न केवल ब्रिटेन में बल्कि अन्य जगहों पर भी, जैसे कि इटली और जर्मनी में, दक्षिणपंथी दलों ने महिलाओं और अन्य सामाजिक समूहों को बढ़ावा देने का बीड़ा उठाया हुआ है। सुनक ने उस समय अपने दोस्तों से कहा था : "मैं जब अमेरिका से वापस आया तो केवल जेम्स को जानता था। राजनीति में और कोई किसी से मेरी पहचान नहीं थी। उन्होंने मुझे डौगी से मिलवाया और फिर बात आगे बढ़ी।"

सुनक ने 2013 में यूके लौटने और राजनीति में आने के बारे में गंभीरता से सोचना शुरू कर दिया था। नाओमी केंटों के अनुसार ऋषि के ससुर श्री नारायण मूर्ति ने भी उन्हें यही सलाह दी थी कि उन्हें बिजनेस की बजाय राजनीति में कदम बढ़ाने की सोचना चाहिए क्योंकि इसके द्वारा जन सेवा भी की जा सकती है। फॉरसीथ ने सुनक को कुछ मदद की, सुझाव दिए। अपने

पुराने दोस्त को कुछ प्रमुख राजनीतिज्ञों से मिलवाया। अनुभवी टोरी सहयोगी डौगी स्मिथ से मिलवाया जो डेविड कैमरन के लिए भाषण लिखा करते थे।

एक इन/आउट ईयू जनमत संग्रह की संभावना कम थी, और उन्हें तत्कालीन प्रधानमंत्री और राजकोष के चांसलर, डेविड कैमरन और जॉर्ज ओसबोर्न से मिलने की खातिर बुलाया गया था, जो उन्हें अपने शेष अभियान में शामिल होने के लिए मनाने की उम्मीद कर रहे थे। जॉर्ज ओसबोर्न ने 'ऑल आउट वॉर' में टिम शिपमैन को बताया है कि कैसे सुनक पूरी तरह से विनम्र थे, लेकिन अंतत:, यह स्पष्ट था कि वह उनके प्रस्ताव में शामिल नहीं होने वाले।

100 से अधिक वर्षों से भारतीय नागरिक ब्रिटिश समाज के ताने-बाने में बुने गए हैं। वहाँ रच-बस गए हैं। वे वहाँ के लोगों के लिए डॉक्टर, नर्स, शिक्षक, दुकानदार, रेस्टोरेंट मालिक के दोस्त और पड़ोसी रहे हैं। उन्हें अब शायद ही कभी याद रहता हो कि वे भारतीय समुदाय से घिरे हुए हैं। भारतीय मूल के लोग अब वहाँ के जीवन का अंग हैं। सुनक भले ही कभी बाहरी व्यक्ति रहे हैं, लेकिन वह लंबे समय तक बाहरी नहीं रहे। उन्होंने खुद के लिए जगह बनाई। मई 2014 में, ग्रामीण यॉर्कशायर में रिचमंड की सुरक्षित कंजर्वेटिव सीट के लिए चुने जाने से ठीक पांच महीने पहले बीबीसी में एक इंटरव्यू में उन्होंने तर्क दिया था कि राजनेताओं को अब सभी ब्रितानियों को "BAME"- "ब्लैक एंड माइनॉरिटी एथनिक" के रूप में एक साथ मिलाकर नहीं देखना चाहिए। प्रत्येक विशिष्ट समुदाय को उनकी शर्तों के साथ उन्हें अलग-अलग स्वीकार करना चाहिए। उस समय, कंजर्वेटिव गैर-श्वेत मतदाताओं को आकर्षित करने में विफल हो रहे थे और जिनके दृष्टिकोण और परिस्थितियों ने उन्हें प्राकृतिक टोरी बना दिया था। सुनक ने उस समय कहा था कि वे किसी भी तरह से बड़े पैमाने पर अप्रवास के पक्ष में नहीं हैं। वे 50 या 60 साल पहले हुए आव्रजन और अब की परिस्थितियों के बीच अंतर करते हैं। एक समय था जब उनके दादा-दादी या माता-पिता इस देश में आए, एकीकृत हुए, कड़ी मेहनत की, इसके विपरीत अब जो वे अब देख रहे हैं- जो उनकी धारणा में है, वह वही पुराने जैसा नहीं है। उनका इस दौर का विश्लेषण सही और सटीक था:- कंजर्वेटिव पार्टी में आज पहले से कम 'व्हाइट' है, जबकि अभी भी बड़े पैमाने पर आप्रवासन का विरोध किया जा रहा है। ट्रस की पहली कैबिनेट के चार सबसे महत्वपूर्ण पदों में से कोई भी पद किसी गोरे व्यक्ति के पास नहीं था। पिछले

चुनाव का 'ब्रेकआउट स्टार' केमी बडेनोच थीं, जो नाइजीरिया में 16 साल की उम्र तक रही थीं।[18]

ए पोर्ट्रेट ऑफ मॉडर्न ब्रिटेन

'ए पोर्ट्रेट ऑफ मॉडर्न ब्रिटेन' राजनेताओं को जातीय अल्पसंख्यकों और उनके बीच के अंतर को समझने में मदद कर सकता है। महत्वपूर्ण बात यह है कि इसमें जिन जातीय अल्पसंख्यकों की चर्चा की गई है, उनमें कोई यूरोपीय समूह नहीं हैं, इसलिए शुरू से ही हम जानते हैं कि यह नस्ल के बारे में है। उन्होंने महसूस किया कि बहुत लंबे समय तक, मीडिया ने BAME समूहों के साथ ऐसा व्यवहार किया था जैसे कि वे एक ही इकाई हों, जब अकेले लंदन के खेल के मैदानों में 100 से अधिक विभिन्न भाषाएँ बोली जाती थीं। उनकी रिपोर्ट ने सबका ध्यान आकृष्ट किया। इस रिपोर्ट 'ए पोर्ट्रेट ऑफ मॉडर्न ब्रिटेन' की प्रस्तावना का एक अंश प्रस्तुत है-

ब्रिटेन का चेहरा बदल गया है। ब्रिटेन के 2012 के ओलंपिक ट्रायम्फ के नायकों में एक सोमाली आप्रवासी और यॉर्कशायर की एक मिश्रित जाति की लड़की थी। मो फराह और जेसिका एनिस ने राष्ट्र की भावना पर कब्जा कर लिया और ब्रिटेन की अविश्वसनीय विविधता का प्रतिनिधित्व करने आए। अश्वेत और अल्पसंख्यक जातीय (BAME) लोग अब आबादी का एक महत्वपूर्ण और तेजी से बढ़ने वाला हिस्सा हैं। हालाँकि, इनकी समझ ने इन समुदायों ने अपने बढ़ते महत्व के साथ तालमेल नहीं रखा है। राजनीतिक दृष्टिकोण से, ब्रिटेन के अल्पसंख्यक समुदायों को ठीक से समझने के लिए कुछ प्रयास किए गए हैं और मीडिया में यह मानने की प्रवृत्ति है कि सभी बीएमई समुदायों को एक ही राजनीतिक इकाई के रूप में माना जा सकता है-जैसे कि सभी जातीय अल्पसंख्यक समान विचार रखते थे और समान जीवन जीते थे। लेकिन स्पष्ट रूप से एक भी 'बीएमई सर्वशक्तिमान' नहीं है। अकेले लंदन के खेल के मैदानों में 100 से अधिक विभिन्न भाषाएँ बोली जाती हैं।[19]

इस रिपोर्ट में आगे है-

यह रिपोर्ट इस सवाल का जवाब देना शुरू करती है: 'ब्रिटेन के बीएमई समुदाय कौन हैं?' यह सर्वेक्षण, जनगणना, अकादमिक और मतदान डेटा के व्यापक सेट पर आधारित है। यूके में पांच सबसे बड़े अल्पसंख्यक समुदायों

का एक विस्तृत चित्र तैयार करें। रिपोर्ट इन प्रमुख जातीय समूहों में से प्रत्येक की जनसांख्यिकी, भूगोल, जीवन के अनुभव, दृष्टिकोण और सामाजिक आर्थिक स्थिति की रूपरेखा तैयार करती है। ये शोध राजनीति, चिकित्सा, मीडिया, सामाजिक क्रिया और धर्म की दुनिया में फैले योगदानकर्ताओं के 'पेन पोर्ट्रेट्स' के माध्यम से निष्कर्षों को जीवंत किया जाता है।

रिपोर्ट के निष्कर्ष स्पष्ट हैं। बीएमई समुदाय ब्रिटेन का एक और अधिक महत्वपूर्ण हिस्सा बनना जारी रखेंगे। समुदायों के बीच स्पष्ट अंतर हैं। इन मतभेदों को नीति निर्माताओं और राजनेताओं को समझना चाहिए। आधुनिक ब्रिटेन का एक पोर्ट्रेट उस समझ को आगे बढ़ाने के लिए एक समृद्ध, आधिकारिक और सुलभ संदर्भ मार्गदर्शिका के रूप में कार्य करता है।[20]

अचानक, लोग उसकी चर्चा करने लगे और वह राजनेताओं का ध्यान आकृष्ट करने लगा। जब टोरी के पूर्व नेता विलियम हेग ने घोषणा की कि वह मई 2015 में रिचमंड, यॉर्कशायर के ग्रामीण निर्वाचन क्षेत्र के लिए फिर से चुनाव नहीं लड़ेंगे, तो देश की सबसे सुरक्षित टोरी सीटों में से एक के लिए बहुत से नेताओं ने इच्छा दिखाई। जिन्होंने कहा, "हम विलियम हेग को याद करते हैं, हम विलियम को पसंद करते हैं," ऋषि ने उन लोगों को जवाब दिया, "मैं अगला विलियम हेग हूँ; मुझे अभी एक बेहतर रंग मिला है!" रिचमंड कंजर्वेटिव एसोसिएशन के अध्यक्ष एंगस थॉम्पसन स्मरण करते हैं। जब सुनक रिचमंड के लिए उम्मीदवार बने तो उन्हें निर्वाचन क्षेत्र में एक पुख्ता आधार की आवश्यकता थी। वहाँ उन्होंने नॉर्थलेर्टन से लगभग चार मील पूर्व में हैम्बलटन के किर्बी सिगस्टन गांव में एक शानदार मनोर घर खरीदने का फैसला किया। यह ग्रेड II सूचीबद्ध इमारत कई एकड़ पार्कलैंड में स्थापित की गई थी और इसमें एक सुंदर झील थी। उन्होंने स्थानीय सांसद बनने पर इसे खरीदने के लिए वादा करते हुए मकान-मालिक के साथ जगह किराए पर लेने का सौदा किया।

सुनक का विचार था कि अल्पसंख्यक सीट से कोई अल्पसंख्यक जीता तो क्या जीता। सुनक के चुनाव क्षेत्र में दो ही अल्पसंख्यक थे- वे और उनकी पत्नी। 7 मई, 2015 को चुनाव का नतीजा आया। आम चुनाव में उन्होंने 19,550 के बहुमत के साथ 51 प्रतिशत से अधिक वोट हासिल किए। अपनी कोंस्टीटूएंसी के लोगों के लिए वे हर वर्ष एक महाभोज का आयोजन करते हैं। गांव वाले उन्हें प्यार से 'द महाराजा ऑफ द डेल्स' कहते हैं।

राजनीतिक विचारधारा पर, सुनक ने एक बार हँसते हुए कहा था कि उनका परिवार उनके निर्वाचन क्षेत्र में समस्त जातीय विविधता का प्रतिनिधित्व करता है। (उनके ससुर ने चुनाव प्रचार के दौरान टीशर्ट पहन कर अनजान लोगों को पर्चे बांटें थे। उन बेचारों को तो पता ही नहीं चल पाया होगा कि ये बूढ़ा कोई मामूली उत्साही कार्यकर्ता नहीं, बल्कि भारत का एक प्रमुख धनी और प्रतिष्ठित व्यक्ति है। हम भारत के लोग श्री नारायण मूर्ति को कई बार भारत का राष्ट्रपति बनाने की बस सोचते भर हैं, ब्रिटेन ने उन्हें तो नहीं उनके दामाद को बना दिया।)

2015 में सांसद बनने के तुरंत बाद, सुनक ने दक्षिणपंथी थिंक टैंक, सेंटर फॉर पॉलिसी स्टडीज (सीपीएस) के लिए यूके के चारों ओर 'फ्रीपोर्ट्स' के निर्माण के लिए एक रिपोर्ट लिखी। इसे मार्गरेट थैचर द्वारा सह-स्थापित किया गया था। नीतिगत विचार था कि कर-मुक्त, गैर-विनियमित स्थल औद्योगिक तटीय शहरों को पुनर्जीवित करेगा। 1980 के दशक में पूर्व प्रधानमंत्री द्वारा असफल साबित होने के बाद 2012 में फिर से प्रधानमत्री डेविड कैमरन द्वारा छोड़ दिए जाने से पहले उसे उचित रूप से लागू करने की कोशिश की गई थी। सुनक ने एक अन्य दक्षिणपंथी थिंक टैंक, पॉलिसी एक्सचेंज के लिए भी काम किया। यह थिंक टैंक सीपीएस की तरह अपने दान दाताओं की घोषणा नहीं करता।- सांसद बनने से पहले, और चांसलर बनने के बाद उन्होंने आर्थिक मामलों के इस संस्थान में व्याख्यान दिए हैं।

ब्रेक्सिट

'ब्रेक्सिट' नाम यूनाइटेड किंगडम के यूरोपीय संघ से प्रस्थान के लिए दिया गया है। यह 'ब्रिटेन' और 'एग्जिट' का मेल है। यूरोपीय संघ को छोड़ने के लिए बहुमत वोट प्राप्त करने के लिए जनमत संग्रह हुआ। 23 जून, 2016 को, ब्रिटेन ने यूरोपीय संघ की सदस्यता पर जनमत संग्रह कराया। मतदाताओं के सामने सवाल था: 'यूनाइटेड किंगडम को यूरोपीय संघ का सदस्य रहना चाहिए या यूरोपीय संघ छोड़ देना चाहिए?' 51.89% मतदाताओं ने ईयू छोड़ने के लिए मतदान किया। यूके ने 31 जनवरी, 2020 को ईयू छोड़ दिया। 31 दिसंबर, 2020 तक छोड़ने के लिए बहुमत के वोट और एक संक्रमण अवधि लागू थी। उस दौरान कुछ भी नहीं बदला और यूके ने यूरोपीय संघ के सभी कानूनों और नियमों का पालन करना जारी रखा। इस

दौरान यूके और ईयू के बीच नए संबंधों पर भी बातचीत हुई। 24 दिसंबर, 2020 को यूरोपीय संघ और यूके के वार्ताकार दोनों पक्षों के नए संबंधों पर एक समझौते पर पहुंचे। यूरोपीय संघ और यूके ने तीन समझौतों में इस सौदे की शर्तों को निर्धारित किया है: व्यापार और सहयोग समझौता, सूचना सुरक्षा समझौता,परमाणु सहयोग समझौता। 1 जनवरी, 2021 को इन समझौतों में तय किए गए नियम लागू हो गए।

ऋषि सुनक ने तत्कालीन प्रधानमंत्री डेविड कैमरन का साथ न निभाते हुए ब्रेक्सिट को "ब्रिटेन के लिए अपनी नियति पर नियंत्रण वापस लेने के लिए एक पीढ़ी में एक बार का अवसर" के रूप में देखा। ब्रिटेन के यूरोपीय संघ छोड़ने पर 2016 के जनमत संग्रह से कई महीने पहले, उस समय जब बोरिस जॉनसन एक नाटकीय मोड़ में ब्रेक्सिट के समर्थन में सामने आए, एक बहुत कम प्रसिद्ध राजनेता होने के बावजूद सुनक ने भी इसके लिए अपना समर्थन घोषित किया। 36 वर्षीय बैकबेंचर और हाउस ऑफ कॉमन्स के नवनिर्वाचित अनभ्यस्त सुनक ने यूरोपीय संघ के जनमत संग्रह में कोई बड़ी भूमिका नहीं निभाई। किन्तु ब्रेक्सिट के शुरुआती समर्थक बनने से, सुनक ब्रिटिश राजनीति में असामान्य रूप से तेजी से आगे बढ़ते चले गए। लंदन स्कूल ऑफ इकोनॉमिक्स में राजनीति के प्रोफेसर टोनी ट्रैवर्स के अनुसार ब्रेक्सिट के उनके शुरुआती समर्थन ने "उन्हें कंजर्वेटिव पार्टी के भीतर इतिहास के उस दाहिने हिस्से में डाल दिया। कोई नहीं कह सकता था कि सुनक उससे बच गए थे और वे ब्रेक्सिट को कमजोर कर सकते थे। वह ब्रेक्सिट के समर्थक थे, लेकिन एक वैचारिक के बजाय एक तरह के उदारवादी, सामान्य ज्ञान वाले ब्रेक्सिट के साथ थे।"

पिछले कुछ वर्षों में ब्रिटेन की कहानी दुखभरी आपदा की रही है। ब्रेक्सिट' देश की चली आ रही रीति-नीति के लिए एक बड़ा झटका था और कहना न होगा कि देश अभी तक यूरोपीय संघ से बाहर निकलने की लागत से उबर नहीं पाया है। ऋषि सुनक ने अपने पूर्ववर्ती की राजकोषीय गलतियों को ठीक करने और अपनी पार्टी को एकजुट करने का वादा करके ब्रिटेन के नए प्रधानमंत्री बनने की दौड़ जीती। तब उन्होंने ब्रेक्सिट के बारे में ज्यादा कुछ नहीं कहा पर इसने पिछले छह वर्षों से देश को परेशान किया हुआ है और सरकार की सबसे बड़ी चुनौती बनी हुई है। इसे संबोधित करने से बजटीय गड़बड़ी को ठीक करना आसान हो जाएगा। "ब्रेक्सिट के महान

अवसरों में से एक दुनिया भर के देशों के साथ अधिक व्यापार करने की हमारी क्षमता है।" ऐसा कहते हुए सुनक अपना मत व्यक्त करते हैं।

एक सांसद बनना उनके एक निर्बाध राजनीतिक करियर में पहला कदम था। कई राजनेता अपना पूरा जीवन चांसलर बनने की कोशिश में लगाते हैं, लेकिन सुनक पांच साल में वहां पहुंच गए। उन्होंने 2016 के जनमत संग्रह में मतदान किया, खुद को जॉनसन के साथ जल्दी से जोड़ लिया, और डेविड कैमरन के इस्तीफा देने के बाद उनका एकमात्र गलतकदम माइकल गोव के नेतृत्व शिविर में शामिल होना कहा जाता है। उन्होंने इसे दो साल बाद सुधारा, जब थेरेसा मे ने उन्हें अपमानजनक तरीके से बाहर निकाला, और वे कर्तव्यपरायणता पूर्वक जॉनसन की तरफ लौट आए। उन्हें तत्कालीन चांसलर साजिद जाविद के तहत मुख्य ट्रेजरी सचिव के रूप में एक कैबिनेट पद से पुरस्कृत किया गया था। उन्होंने जाविद के अधीन सेवा की, एक समय में उन्हें "संरक्षक" और "अच्छे दोस्त" कहा- उन्होंने स्टार वार्स: द राइज ऑफ स्काईवॉकर को एक साथ देखा। ("बॉस के साथ शानदार रात- जेडी मास्टर/ साजिद जाविद," सुनक ने अब एक ट्वीट में उत्साहपूर्वक लिखा था।)

2019 में पिछले आम चुनाव के दौरान, टोरीज ने 'ब्रेक्सिट' (ब्रिटेन को यूरोपीयन यूनियन से बाहर रखने) करवाने के मंशा से तत्कालीन प्रधानमंत्री बोरिस जॉनसन को विजयी बनाया गया था। उनको देश के उन हिस्सों पर अधिक ध्यान देना था जो वैश्वीकरण के दुष्परिणाम स्वरूप विशेषकर इंग्लैंड के औद्योगिक उत्तर में पीछे रह गए थे। बोरिस जॉनसन के कार्यकाल में कई घोटाले हुए और उन्हें इस्तीफा देने के लिए मजबूर किया गया था। जो भी ऋषि से मिलेगा वह उनकी स्थिरता, शांत स्वभाव गंभीरता का कायल होगा। हिन्दुस्तानियों को उनके कद से कोई परेशानी न होगी। वे उस आडंबरपूर्ण, दिखावटी, अकड़ू बोरिस जॉनसन के ध्रुवीय विपरीत हैं। ग्रीक दार्शनिक हेराक्लिटस ने कहा था, "चरित्र नियति है।" प्रधानमंत्री के रूप में जॉनसन और चांसलर के रूप में सुनक एक साथ अच्छा काम न कर सके क्योंकि दोनों का नजरिया मिल न सका। जॉनसन का सिद्धांत था "केकिज्म" इसमें आप अपना केक रख भी सकते हैं और इसे खा भी सकते हैं। नीति के संदर्भ में, इसका मतलब जादुई सोच वाला दृष्टिकोण था कि ब्रिटेन के पास यूरोपीय शैली का सुरक्षा कवच भी हो सकता है और लोग अमेरिकी शैली के करों का भुगतान भी कर सकते हैं। इसे हम भारतीय दो नावों की

एक साथ सवारी करना कहते हैं। इस तरह के गैर-जिम्मेदाराना दृष्टिकोण ने जॉनसन को एक समय के लिए टोरी जनता के बीच में लोकप्रिय बना दिया, पर इसने सुनक को चिंता में डाल दिया। यह ऋषि की सोच न थी।

आज हम बोरिस जॉनसन और ऋषि सुनक दोनों का तुलनात्मक अध्ययन करने की स्थिति में हैं। और देख सकते हैं कि एक यदि गुजरा जमाना है तो दूसरा उगता सूरज। बोरिस जॉनसन की शादी एंग्लो-इंडियन मरीना व्हीलर से हुई थी। यह शादी 27 साल चली। वे सर्दियों की छुट्टियां दिल्ली में अपने भारतीय रिश्तेदारों से बातचीत में बिताया करते थे, जो एक गोरा, तेज-तर्रार दामाद पाकर रोमांचित हुआ करते थे। किसी ने मैक्स वेबर के समीकरण में इन दोनों को फिट करते हुए कहा है कि सुनक 'जिम्मेदारी की नैतिकता' से बने हैं, जबकि जॉनसन अपनी 'गैरजिम्मेदारी की नैतिकता' से निर्मित प्रतीत होते हैं।

सुनक ने कोरोनोवायरस पर दैनिक सरकारी ब्रीफिंग में अपनी उपस्थिति दर्ज करा कर खुद को राष्ट्रीय चेतना की तरफ जोड़ा। तब जब आम जनता को बोरिस जॉनसन टालमटोल करने वाले और निष्ठाहीन लग रहे थे, सुनक के रूप में उन्हें दृढ़ और निर्णायक व्यक्ति दिखाई दिया जो संकट की उस घड़ी में उनकी मदद कर रहा था। उसने £30 बिलियन की बड़ी सहायता राशि उपलब्ध कराई। इस वादे के साथ कि कोई भी पीछे नहीं रहेगा। पहले के टोरी चांसलर इतने खुले दिल के न थे सुनक ने दिल खोलकर सहायता की। और उसके आत्मविश्वास ने साजिद जाविद-युग के खून-चूसने वाली मक्खी चूसी मितव्ययता से लोगों को निजात दिलाई।

पिछले 10 वर्षों में, ब्रिटेन ने पांच प्रधानमंत्री, सात चांसलर, छह गृह सचिव और 10 शिक्षा सचिव देखे हैं। सरकार मजाक बनकर रह गई थी। इस प्रक्रिया में, मंत्रिस्तरीय अनुभव और ज्ञान का आगार समाप्त हो गया लगता है। एक नए सर्वेक्षण के अनुसार, 1970 के दशक के लेबर पार्टी के डेनिस हीली के बाद ऋषि सुनक सबसे लोकप्रिय चांसलर के रूप में प्रतिष्ठित हुए हैं। लेबर मतदाता भी उनके प्रदर्शन से खुश हैं। इप्सोस मोरी के अनुसार 64 प्रतिशत ब्रिटिश जनता राजकोष के चांसलर के रूप में सुनक के अर्थव्यवस्था को चलाने के तरीके से संतुष्ट थी। मोटे तौर पर पांच में से एक व्यक्ति असंतुष्ट था, पर चार संतुष्ट भी थे। मोरी ने कहा कि वे अप्रैल 1978 में हीली के बाद से सबसे अच्छे नेता थे, जिनके साथ 67 प्रतिशत जनता समर्थन में खड़ी है। बर्टन-कार्टलेज के अनुसार, "ऋषि पूर्व प्रधानमत्री

कैमरन के समान लगते हैं: आर्थिक रूप से थैचराइट, लेकिन सामाजिक रूप से उदार। मैं उसे प्रवासियों के बारे में कठोर बयानबाजी पर वापस रोते हुए नहीं देख सकता।"

सुनक का प्रधानमंत्री बनना उनका राजनीतिक सत्ता में तेजी से वृद्धि के शिखर पर जा बैठने का प्रतीक है। वह पहली बार 2015 में एक सांसद के रूप में चुने गए थे और उन्होंने थेरेसा मे की सरकार में जूनियर मंत्री बनने से पहले दो साल बैक बेंच (मामूली उपस्थिति) पर बिताए थे। 2015 से 2017 तक वह पर्यावरण, खाद्य और ग्रामीण मामलों की चयन समिति के सदस्य और व्यापार, ऊर्जा और औद्योगिक रणनीति विभाग में संसदीय निजी सचिव थे। जनवरी 2018 में उन्हें आवास, समुदाय और स्थानीय सरकार मंत्रालय में राज्य के अवर सचिव के रूप में अपने पहले मंत्री पद पर नियुक्त किया गया था। सुनक बोरिस जॉनसन की पार्टी के मुखर समर्थक बन गए, और, जब जॉनसन नेता और प्रधानमंत्री बने, तो उन्होंने भी सुनक को पदोन्नति के साथ पुरस्कृत किया। जॉनसन ने सुनक को अपनी पहली प्रमुख सरकारी भूमिका दी, उन्हें जुलाई 2019 में ट्रेजरी का मुख्य सचिव नियुक्त किया। और फिर उन्हें 2020 में चांसलर के रूप में पदोन्नत किया। वे ब्रिटेन के वित्त मंत्री बने। लंबे समय के बाद सुनक जैसे नेता ब्रिटिश सरकार का नेतृत्व करने के लिए अधिक बुद्धिमान, सभ्य और शांत शख्सियतों में से एक के रूप में आगे आए। उन्हें एक चरमराता पब्लिक सेक्टर विरासत में मिला है जो लगभग सभी दृष्टियों से दोषपूर्ण था।

ट्रेजरी मंत्रालय में सेकेंड-इन-कमांड के रूप में सुनक के कार्यकाल के दौरान, उनके बॉस, राजकोष के चांसलर साजिद जाविद और जॉनसन के बीच तनाव बढ़ रहा था। जब फरवरी 2020 में जाविद ने इस्तीफा दे दिया, तो जॉनसन ने उनकी जगह सुनक को ले लिया, जो 39 साल की उम्र में उस पद को संभालने वाले चौथे सबसे कम उम्र के व्यक्ति बन गए। लगभग तुरंत ही सुनक को ब्रिटेन में COVID-19 वैश्विक महामारी के आगमन के कारण कई गुना चुनौतियों का सामना करना पड़ा।

सुनक को आर्थिक संकट से लड़ने का अनुभव है, उन्होंने यूके को कोविड- 19 महामारी के समय संभाला, और खुद को "साउंड फाइनेंस" उम्मीदवार के रूप में प्रस्तुत किया। महामारी के दौरान, सुनक ने अर्थव्यवस्था को बढ़ावा देने के उद्देश्य से £400 बिलियन (+452 बिलियन) के उपाय

किए, जिसमें एक उदार फर्लो योजना, व्यवसाय ऋण और रेस्तरां में खाने पर छूट शामिल है। लेकिन वह प्रोत्साहन एक बड़ी कीमत पर आया और सरकार को बचत करने के उपाय खोजने के लिए हाथ-पांव मारना मुश्किल हुआ। ब्रिटिश अर्थव्यवस्था को सरकार द्वारा लागू किए गए लोक डाउन द्वारा बंद कर दिया गया था, सुनक ने अपने कार्यालय की शक्तियों को आर्थिक और ऑफसेट करने की कोशिश करने के लिए नियोजित किया। कर्मचारियों के लिए वेतन सब्सिडी का उद्देश्य नौकरी प्रतिधारण और व्यक्तियों के लिए लॉकडाउन के बोझ को कम करना था।

सुनक की "ईट आउट टू हेल्प आउट" योजना, जिसका उद्देश्य सरकार द्वारा सब्सिडी वाले भोजन और पेय के साथ रेस्तरां और पब का समर्थन करना था, कुछ पर्यवेक्षकों ने इसे एक उत्साहजनक सफलता के रूप में देखा, लेकिन कुछ आलोचकों ने इसे कोविड को बढ़ाने में महत्वपूर्ण भूमिका निभाने के रूप में इंगित किया। फिर भी, महामारी के दौरान सुनक की छवि एक सुपरस्लिक, सोशल-मीडिया जानकार, बेदाग कपड़े पहने, सुंदर, लेकिन डाउन-टू-अर्थ राजनेता की बनती चली गई। आपको यह जानकर अचरज होगा कि जब 2020 में सारी दुनिया त्राहि-त्राहि कर रही थी, इंग्लैंड का मीडिया ऋषि सुनक को "डिशी ऋषि" और "ब्रिटेन का सबसे सेक्सी सांसद" कहकर सम्बोधित करने में लगा हुआ था।

पर यह जयजयकार कुछ समय के बाद हाहाकार में बदल गया। कुछ ऐसे खुलासे हुए कि लेने के देने पड़ गए। अप्रैल 2022 में सुनक को लेकर कुछ खुलासे हुए। शायद सबसे भयंकर यह रहस्योद्घाटन था कि उनकी पत्नी जो एक भारतीय नागरिक और गैर-अधिवासित हैं उनके द्वारा लगभग साढ़े सात साल की अवधि में यूके के करों में £20 मिलियन (+24 मिलियन) की बचत का घोटाला किया गया है। उनका यह कृत्य कोई गैरकानूनी नहीं था किन्तु इसने सुनक की साख और बढ़ती प्रतिष्ठा पर विपरीत प्रभाव डाला। परिणाम यह हुआ कि अक्षता मूर्ति ने अपनी कर स्थिति को फटाफट संशोधित किया और यह बता दिया कि उनका इरादा कर-चोरी का न था बल्कि यह उनके अनुसार सही कदम था। सुनक की देशभक्ति पर भी सवाल उठाया गया। यह पता चला कि उन्होंने अक्टूबर 2021 के अंत तक यू.एस. का ग्रीन कार्ड लिया हुआ था। इससे लोगों में यह सन्देश जाने की सम्भावना थी कि वे असफल होने पर देश छोड़ कर अमेरिका जा बसेंगे।

पार्टीगेट

पार्टीगेट 2020 और 2021 में COVID-19 महामारी के दौरान आयोजित पार्टियों और सरकार और कंजर्वेटिव पार्टी के प्रमुख नेताओं और कर्मचारियों के अन्य समारोहों के बारे में यूनाइटेड किंगडम में एक राजनीतिक घोटाला था, जब सार्वजनिक स्वास्थ्य प्रतिबंधों ने अधिकांश समारोहों को प्रतिबंधित कर दिया था। जबकि देश में कई लॉकडाउन थे, 10 डाउनिंग स्ट्रीट, इसके बगीचे और अन्य सरकारी भवनों में लोग मिल बैठे, पीना पिलाना हुआ। उन्होंने खाया-पिया और नाच-गाना किया कराया। प्रधानमंत्री के राजकीय आवास नंबर 10 के बगीचे में चले गए वहां अनियंत्रित सहयोगियों ने न केवल नियम तोड़े, उन्होंने प्रधानमंत्री के नवजात शिशु के झूले को भी तोड़ डाला। जबकि उसी सुबह, महारानी, उस समय इंग्लैंड के कोविड- 19 नियमों का पालन करते हुए, ड्यूक ऑफ एडिनबर्ग के अंतिम संस्कार में शामिल हुई। लेकिन सरकार में सबसे प्रमुख मंत्रियों में से एक ऋषि सुनक ने प्रधानमंत्री को परोक्ष समर्थन दिया। मीडिया की चकाचौंध से दूर रहते हुए उन्होंने कहा, "प्रधानमंत्री माफी मांगने के लिए सही थे और मैं उनके धैर्य करने के अनुरोध का समर्थन करता हूँ। "घटनाओं की रिपोर्टों ने मीडिया, पुलिस एंड आम जनता का ध्यान आकर्षित किया। सार्वजनिक प्रतिक्रिया और राजनीतिक विवाद शुरू हुए। जनवरी 2022 के अंत में, मेट्रोपॉलिटन पुलिस द्वारा बारह ऐसी पार्टियों की जांच की गई, जिसमें कम से कम तीन में तत्कालीन प्रधानमंत्री बोरिस जॉनसन शामिल थे। पुलिस ने 83 व्यक्तियों को 126 निश्चित दंड नोटिस (एफपीएन) जारी किए, जिन्हें पुलिस ने पाया कि उन्होंने सीओवीआईडी-19 नियमों के तहत अपराध किए थे, जिनमें जॉनसन, उनकी पत्नी कैरी जॉनसन और राजकोष के चांसलर ऋषि सुनक शामिल थे, जिन्होंने सभी से माफी मांगी और जुर्माने का भुगतान किया।

अप्रैल 2022 में सुनक को को पुलिस द्वारा 2020 में जॉनसन के कार्यालय में जन्मदिन की पार्टी में मेहमानों के बीच होने के कारण महामारी के उस चरण में सामाजिक समारोहों के खिलाफ सरकार के नियमों का उल्लंघन करने के लिए जुर्माना लगाया गया। सुनक ने दावा किया कि पार्टी में उनकी उपस्थिति अनजाने में हुई थी और यह प्रधानमंत्री के साथ बैठक के लिए जल्दी उपस्थित होने का नतीजा था। सुनक ने कहा कि वह पूरे

दिन कार्यरत रहे और "सांसदों से मुलाकात" कर रहे थे। उन्होंने सोचा था कि नंबर 10 का वह समारोह और मदिरा पान "काम की घटना" थी। वह स्पष्ट रूप से जॉनसन का समर्थन करते हुए कोई सीधा बयान नहीं देना चाहते थे जिससे उनका खुद का नुकसान हो। खासतौर पर तब जब वह खुद टॉप जॉब पर नजर गड़ाए हुए

'कंजर्वेटिव होम' वेबसाइट द्वारा पार्टी के सदस्यों के बारे में उन्हीं दिनों हुए एक सर्वेक्षण ने सुनक को कैबिनेट संतुष्टि रेटिंग में आसानी से शीर्ष स्थान दिया था, जबकि जॉनसन को सूची में सबसे नीचे रखा गया। यह दिसंबर 2020 में एक सर्वेक्षण के विपरीत था, जिसमें कंजर्वेटिव पार्टी के सदस्यों से पूछा गया था कि जॉनसन के पद छोड़ने के बाद किसे यह पद लेना चाहिए तब 1,191 में से सिर्फ पांच ने सुनक का नाम लिया था। जॉनसन और सुनक को "टोरी थेल्मा और लुईस" और "लोन शार्क चांसलर और उनके मासूम साथी" के रूप में वर्णित करते हुए लेबर ने अपनी बंदूकें पूरी तरह से सुनक की ओर तान दीं क्योंकि उन्हें लगने लगा था कि सुनक भविष्य का प्रधानमंत्री और अगला टोरी नेता होगा। जो भी हुआ हो, किरकिरी बहुत हुई। जितने मुंह उतनी बातें!

सुनक के लिए इस घटना का नतीजा इतना गंभीर न साबित हुआ, पर प्रधानमंत्री को तो लेने के देने पड़ गए। इस "पार्टीगेट" कांड ने जॉनसन की तो जैसे वाट ही लगा दी। एक के बाद एक जॉनसन से जुड़े घोटालों की श्रृंखला का विस्तार हुआ। प्रधानमंत्री द्वारा पूर्व कंजर्वेटिव डिप्टी चीफ व्हिप क्रिस पिंचर के खिलाफ यौन दुराचार के आरोपों की चर्चा होने लगी। सुनक और जाविद दोनों ने 5 जुलाई, 2022 को कैबिनेट से इस्तीफा दे दिया।

उनके इस्तीफे ने कंजरवेटिव पार्टी के भीतर खलबली मचा दी। बहुत आलोचना हुई। विवाद हुए। जॉनसन को पार्टी नेता के रूप में इस्तीफा देने के लिए मजबूर किया जाने लगा। हालाँकि कुछ टोरीज ने सुनक के बर्ताव की भी आलोचना की, लेकिन उन्होंने जॉनसन को नहीं बख्शा। नेता के रूप में उन्हें बदलने के अपने इरादे की घोषणा कर दी गई। जॉनसन को विवश कर दिया गया कि वह पद छोड़ दें। जॉनसन एक कार्यवाहक प्रधानमंत्री के रूप में बने रहे, और पार्टी ने उनके प्रतिस्थापन का चयन करना शुरू कर दिया। कंजर्वेटिव सांसदों के संसदीय दल ने अपने वोटों के द्वारा नेतृत्व के लिए उम्मीदवारों के क्षेत्र को आठ से दो कर दिया। उस प्रक्रिया के अंत में,

सुनक और विदेश सचिव लिज ट्रस अंतिम जोड़ी के रूप में दो उम्मीदवार बने रहे। इन दोनों के नाम पार्टी के पूरे सदस्य द्वारा वोट करने के लिए प्रस्तुत किए गए थे।

सुनक अपनी तरह के पहले उम्मीदवार या प्रत्याशी थे। ब्रिटेन का नेतृत्व करने वाले पहले हिंदू थे। उन्हें जीतने के लिए कुछ अतिरिक्त श्रम करना था। कुछ शंकाओं का समाधान करना था। लक्ष्य को प्राप्त करने के लिए, उसे कुछ रूढ़िवादियों के बीच इस धारणा को दूर करना था कि वह विनाशकारी मुद्रास्फीति के समय औसत ब्रिटिश नागरिक की जरूरतों को समझने के लिए सक्षम न हो सकेंगे क्योंकि वे बहुत अमीर हैं। ब्रितानी उम्मीद करते थे कि देश को उनकी योग्यता से फायदा होगा। लॉर्ड सैलिसबरी ने बहुत साल पहले कहा था कि ब्रिटिश मतदाता कभी भी 'अश्वेत व्यक्ति' द्वारा प्रतिनिधित्व करने के लिए सहमत नहीं होंगे। पर यह अब पुरानी बात हो चली थी।

ट्रस कंजर्वेटिव पार्टी से हैं वह 47 साल की हैं, और 12 साल से सांसद हैं और आठ साल से कैबिनेट मंत्री हैं, तीन प्रधानमंत्रियों के साथ मंत्रिमंडल में रह चुकी हैं। उनका जन्म ऑक्सफोर्ड में हुआ था, और स्कॉटलैंड और फिर इंग्लैंड के उत्तर में लीड्स में वे पली-बढ़ी। वेस्टमिंस्टर के लिए आजमाए हुए रास्ते में जाने से पहले वे कुछ समय कनाडा में भी रहीं। ऑक्सफोर्ड विश्वविद्यालय से इन्होने भी दर्शन, राजनीति और अर्थशास्त्र में डिग्री ली। ट्रस की शादी एकाउंटेंट ह्यूग ओशलेरी से हुई है, जिनसे उनकी दो बेटियाँ हैं। ट्रस ने आसानी से अपने प्रतिद्वंद्वी ऋषि सुनक को हराने की सोची और इसके लिए कंजर्वेटिव पार्टी के जमीनी स्तर के लोगों को पहले दिन से करों को कम करने के वादे के साथ लुभाया। सद्य प्रकाशित हैरी कॉले और जेम्स हीले द्वारा लिखित 'आउट ऑफ द ब्लू' पुस्तक लिज ट्रस के गीकी किशोर लिब डेम से टोरी पीएम में परिवर्तन को ट्रैक करती है, उनके कार्यालय में घटी घटनाओं और महीने के अंदर के परिदृश्य का भंडा फोड़ करते हुए लेखक-द्वय यही कहते हैं, 'लिज ट्रस ने केवल अपने प्रशासन को अराजकता में डुबोने और 44 दिनों के रिकॉर्ड-तोड़ के बाद अपने इस्तीफे की घोषणा करने के लिए। धीरे-धीरे लेकिन दृढ़ संकल्प के साथ 10 डाउनिंग स्ट्रीट पर कब्जा करने का अपना लक्ष्य हासिल कर लिया।"

वह अपने पूर्ववर्ती बोरिस जॉनसन के कार्यकाल में अपने तीन अशांत वर्षों के दौरान एक हाई-प्रोफाइल, स्व-घोषित वफादार नेता थीं। कई टोरीज

ने मान लिया था कि जॉनसन को मुख्य रूप से उनके राजकोष के चांसलर, ऋषि सुनक, या बीबीसी के नेतृत्व में एक दुर्भावनापूर्ण मीडिया साजिश द्वारा लाया गया था, लेकिन लिज ट्रस, जो जॉनसन की विदेश सचिव थीं वे विश्वासघात के कलंक से मुक्त रहीं। जॉनसन के जबरन इस्तीफे के बाद हुई नेतृत्व प्रतियोगिता में, कई लोगों ने उन्हें उनका सही उत्तराधिकारी माना।

ट्रस ने जोर देकर कहा कि वह कोई मार्गरेट थैचर क्लोन या डुप्लीकेट नहीं है (हालांकि ट्रस को दिवंगत कंजर्वेटिव प्रधानमंत्री मार्गरेट थैचर के सर्वश्रेष्ठ परिधानों और तौर तरीकों की नकल करते देखा गया है)। अगस्त 2022 में, ट्रस ने मार्गरेट थैचर के रास्ते पर चलते हुए एक नई और पुनर्जीवित ब्रिटिश अर्थव्यवस्था का वादा करके पार्टी के सदस्यों को लुभाया। ऐसा करने के लिए उसने नए खर्च को काम करने के साथ-साथ व्यापक कर कटौती का वादा किया। ट्रस ने दावा किया था कि सार्वजनिक वित्त को नुकसान पहुंचाए बिना वे आर्थिक विकास को बढ़ावा देंगी। सुनक ने उनकी योजनाओं को "परी-कथा अर्थशास्त्र" (फैयरी-टेल-इकोनॉमिक्स) कहा। उन्होंने उस समय बीबीसी को बताया था, "लिज की योजनाएँ हर किसी के लिए बहुत कुछ का वादा कर रही हैं। मुझे नहीं लगता कि आप एक साथ ही अपना केक खा भी सकते हैं और बचा भी सकते हैं।" उन्होंने चेतावनी दी कि उनकी योजना मुद्रास्फीति को बढ़ा सकती है और वित्तीय बाजारों पर प्रतिक्रिया का कारण बन सकती है।'

जब 5 सितंबर को चुनाव के नतीजे घोषित किए गए, तो सुनक को 42.6 प्रतिशत वोट मिले, जबकि ट्रस के लिए 57.4 प्रतिशत। उन्हें नेता घोषित कर दिया गया और वे प्रधानमंत्री बनी। सुनक हार कर बैठ गए।

ट्रस का कार्यकाल केवल छह सप्ताह रहा। मार्गरेट थैचर के विपरीत, जिन्होंने ब्रिटिश जनता को आमूल-चूल परिवर्तन के लिए तैयार करने के लिए विपक्ष के नेता के रूप में अपने जादू का इस्तेमाल किया, ट्रस ने उन्हें बिना चेताए दुखी जनता पर थोप दिया। लोग तो डूबे ही, वे खुद भी डूब गयीं। मुद्रास्फीति बढ़ी और बैंक ऑफ इंग्लैंड के निराशाजनक प्रदर्शन से पहले से ही डरे हुए बाजारों ने विद्रोह कर दिया। प्रधानमंत्री के रूप में ट्रस की शेल्फ-लाइफ कुंजड़े से खरीदी गई बंद गोभी से भी कम रही। यह मैं नहीं कहता, सारी दुनिया ने कहा और खिल्ली उड़ाई। यह अब तक के ब्रिटिश इतिहास में उनका कार्यकाल सबसे छोटा साबित हुआ है। दो साल के लिए

ऊर्जा की कीमतों को सीमित करते हुए कर कटौती में £45 बिलियन (+50 बिलियन) लगाने का उनका प्रयास एक भारी बजट घाटे और छिन्न-भिन्न हुए वित्तीय बाजारों को खोलने का वादा करते हुए था। सुनक ट्रस की आर्थिक योजना के गंभीर आलोचक थे, क्योंकि उनकी योजना को निवेशकों, अंतर्राष्ट्रीय मुद्रा कोष और क्रेडिट रेटिंग एजेंसियों ने प्रतिबंधित कर दिया था। जबकि सुनक ने कम करों की भी वकालत की, उन्होंने कहा कि मुद्रास्फीति को नियंत्रण में लाने के बाद ही कर में कटौती की जा सकती है, जिसमें कई साल लग सकते हैं। गर्मियों में उनकी यह चेतावनी कि ट्रस की बिना फंड वाली कर कटौती से वित्तीय बाजारों में दहशत फैल सकती है, सच निकली। जब ट्रस और उनके चांसलर क्वासी क्वार्टेंग ने अपनी योजना का खुलासा किया तो ब्रिटिश पाउंड अमेरिकी डॉलर के मुकाबले रिकॉर्ड निचले स्तर पर गिर गया। यूके सरकार के बॉन्ड की कीमतें अब तक की सबसे तेज गति से बढ़ीं, जिससे उधार लेने की लागत आसमान छूने लगी। हालांकि कंजर्वेटिव पार्टी के नियमों ने ट्रस को एक साल के लिए उनके नेतृत्व पर वोट से बचाया हुआ था, कंजरवेटिव सांसदों के बीच असंतोष तेजी से बढ़ा, और उनके इस्तीफे की मांग बढ़ गई। 20 अक्टूबर को ट्रस ने अपने इस्तीफे की घोषणा की। दुनिया की सबसे पुरानी चुनाव जीतने वाली मशीन, डिसरायली, चर्चिल और थैचर की पार्टी- बोरिस जॉनसन की पार्टी- ने खुद को एक वैश्विक हंसी के पात्र में बदल दिया था। यहां तक कि यूके की सुपरमार्केट शृंखला 'टेसको' के प्रमुख खुले तौर पर सामने आए और कहा कि इनके पास विकास की कोई पुख्ता योजना नहीं थी। अमेरिकी राष्ट्रपति, जो बाइडेन, ने लिज ट्रस की आर्थिक नीतियों को "एक गलती" कहा और कहा कि सरकार के मिनी-बजट के बाद होने वाली आर्थिक उथल-पुथल "पूर्व-अनुमानित" थी।

नर्सरी कविता के सोलोमन ग्रंडी की तरह, जो सोमवार को पैदा हुआ था और रविवार को दफनाया गया था ("वह सोलोमन ग्रंडी का अंत था"), ब्रिटेन के सबसे कम उम्र के प्रधानमंत्री ने अपने 45 दिनों के कार्यकाल को घमंड के बाद एक अपमानजनक अंत में लाकर पटक दिया" मैं एक लड़ाकू हूं और छोड़ने वाली नहीं हूँ।"

यह बिल्कुल स्पष्ट है कि ट्रस कोई थैचर नहीं थीं। चाहे उन्हें टोरी पार्टी ने बाकायदा अपना नेता चुना था। फिर से किसी प्रधानमंत्री की तलाश की

जरुरत हुई। सुनक के मुख्य राजनीतिक प्रतिद्वंदी, बोरिस जॉनसन और लिज ट्रस, हार गए और उनके लौटने की संभावना नहीं रही। सुनक के पीछे पार्टी के वरिष्ठ नेता एकजुट होते चले गए। शेयर मार्किट और बाजार धीरे-धीरे राहत की साँस लेने लगे।

1989 और 1999 के बीच, भारत में पांच आम चुनाव और सात अलग-अलग प्रधानमंत्री थे। लिज ट्रस भले ही 45 दिन से पहले ही हार मान बैठीं लेकिन उनका कार्यकाल अटल बिहारी वाजपेयी के 1996 के कार्यकाल से तीन गुना लंबा था। इसलिए हमें किसी का परिहास नहीं करना चाहिए। हमें यह भी नहीं भूलना चाहिए कि पिछले 25 वर्षों में ब्रिटेन की सरकारों ने संवैधानिक परिवर्तनों की एक श्रृंखला को आगे बढ़ाने के लिए सांसदों को चुना है। उठाए गए कुछ जो महत्वपूर्ण कदमों का परिणाम यह हुआ कि संसदीय संप्रभुता भीतर ही भीतर लगातार कमजोर होती चली गई। स्कॉटलैंड और वेल्स में निर्वाचित विधानसभाओं को सत्ता का हस्तांतरण; हाउस ऑफ लॉर्ड्स सुधार, सर्वोच्च न्यायालय का निर्माण, पार्टी के नेताओं का चुनाव सांसदों द्वारा न करके पार्टी के सदस्यों द्वारा, चुनाव सुधार पर जनमत संग्रह आयोजित करना, स्कॉटिश स्वतंत्रता, और ब्रेक्सिट कुछ ऐसे ही कदम हैं जिनके दूरगामी परिणाम हुए।

इस बार उम्मीदवार की पात्रता के लिए 357 कंजर्वेटिव सांसदों में से 100 नामांकन जरूरी थे। इसका मतलब था कि केवल तीन उम्मीदवार ही विचार के लिए आगे बढ़ सकते थे। तीन महीने पहले, जेरेमी हंट प्रधानमंत्री बनने की दौड़ में आठ उम्मीदवारों में से आठवें स्थान पर रहे थे। कुछ को अब लगा कि वे अब सुश्री ट्रस के असफल वित्तीय प्रयोग से ब्रिटेन को बचाने का उपक्रम कर सकेंगे। डेली टेलीग्राफ में हंट ने लिखा, "स्थिरता और आत्मविश्वास बहाल करने के लिए, हमें एक ऐसे नेता की जरूरत है, जिस पर मुश्किल विकल्प चुनने के लिए भरोसा किया जा सके। हमें किसी ऐसे व्यक्ति की भी आवश्यकता है जो उन विकल्पों को जनता के सदस्यों को समझा सके जो नौकरी, बंधक और सार्वजनिक सेवा के बारे में चिंतित हैं। हमारे पास एक ऐसा नेता ऋषि सुनक है जो ऐसा कर सकता है।"

फिर से दो फाइनलिस्टों को पार्टी सदस्यता द्वारा वोट दिया जाना था। ऋषि सुनक सुश्री ट्रस जैसे लापरवाह नहीं थे, पर उनमें मिस्टर जॉनसन जैसे बिंदास व्यक्तित्व और करिश्मे की कमी कई सांसदों को पशोपेश में डाल

रही थी। सुनक, जिन्हें अभी भी सांसदों के बीच व्यापक समर्थन प्राप्त था, शुरुआती पसंद बनते चले गए। हाउस ऑफ कॉमन्स की पेनी मोर्डौंट अपनी उम्मीदवारी की घोषणा करने वाली पहली प्रत्याशी रहीं। लेकिन उनके लिए समर्थन सीमित दिखाई दिया। रक्षा सचिव बेन वालेस एक लोकप्रिय विकल्प लग रहे थे, लेकिन उन्होंने यह विकल्प नहीं चुना और जॉनसन को अपना सशर्त समर्थन दिया। जॉनसन केवल कुछ महीनों पहले ही त्यागपत्र दे चुके थे फिर भी वे वापिस आना चाहते थे। जॉनसन डोमिनिकन गणराज्य में छुट्टी मना रहे थे, वे दौड़े-दौड़े उलटे पैर वापिस लौट आये। उनकी यूके में नाटकीय वापसी थी पर 23 अक्टूबर को, नामांकन के एक दिन पहले, जॉनसन उम्मीदवारी से पीछे हट गए। शायद उन्होंने देख लिया था कि तब तक आधे से ज्यादा सांसद सुनक को नामित करने के लिए पहले ही प्रतिबद्ध हो चुके थे। जब मोर्डौंट समय सीमा से कुछ समय पहले ही बाहर हो गई, तो सुनक के लिए एकमात्र शेष उम्मीदवार के रूप में, पार्टी के नेता के रूप में पुष्टि होने का रास्ता साफ हो गया, जिससे उनके प्रधानमंत्री बनने के लिए मंच तैयार हो गया।

यह राजनीति, लोकतंत्र और नियति का कितना अजीब करिश्मा है कि दिसम्बर 2019 में बोरिस जॉनसन को लगभग 1 करोड़ 40 लाख लोगों के वोट ने प्रधानमंत्री बनाया, सितंबर 2022 में लिज ट्रस को 140000 टोरी सदस्यों ने मत देकर पदारूढ़ किया और इसके दो महीने से पहले ही 195 टोरी संसद सदस्यों के 'हाँ' कहने भर से सुनक प्रधानमंत्री बन गए। ब्रिटिश लोकतंत्र इतना पुराना है कि अब यह लचीला कुछ अधिक ही हो गया है।

श्री सुनक को चुनने के लिए यह तर्क दिया जाता है कि राजकोष के पूर्व चांसलर के रूप में सुनक मार्किट के द्वारा विश्वासपात्र और सम्मानित हैं और वे उन सरकारी बांडों के लिए विनिमय दर और बाजार को स्थिर कर सकते हैं जिन्हें सुश्री ट्रस के कर-और-विनियमन प्रस्ताव द्वारा निर्धारित किया गया था और फलस्वरूप सबकुछ डांवाडोल हो गया था। सुनक ने आर्थिक और व्यापारिक मोर्चों पर अपनी काबिलियत साबित की है। महामारी के दौरान राजकोष के चांसलर के रूप में ब्रिटिश अर्थव्यवस्था को संभालने की उनकी काफी प्रशंसा हुई और उन्होंने लगातार अधिक विदेशी निवेश और व्यापार की आवश्यकता के बारे में बात की है। अपर्याप्त आर्थिक नीति के फेल होने के कारण लिज ट्रस के संक्षिप्त कार्यकाल समाप्त होने

के बाद, सुनक के लिए अपनी प्रतिष्ठा और संकल्प पर खरा उतरना बहुत महत्वपूर्ण हो गया है।

लिज ट्रस ने अपने उत्तराधिकारी को यह दिखा कर एक बड़ा उपकार किया है कि बाजार कैसे लापरवाही का जवाब देते हैं। लेबर पार्टी ने इसके लिए उनकी निंदा की और कई रूढ़िवादी सांसदों ने भी आड़े हाथों लिया। इसलिए कोई भी पार्टी और सांसद किसी विश्वसनीयता की उम्मीद नहीं कर सकता है यदि वे 'मैजिक मनी ट्री' के फिर से उपयोग की वकालत करते हैं। बैंक ऑफ इंग्लैंड द्वारा अब वर्ष के अंत तक ब्याज दरों को छह प्रतिशत तक बढ़ाने की उम्मीद है, लाखों मोर्टगेज- धारकों के लिए घरेलू बिलों में वृद्धि और व्यावसायिक निवेशकों को कठिनाई हुई पर अर्थव्यवस्था के लिए यह ठीक रहा।

ऋषि सुनक के प्रधानमंत्री बनने के समय कुछ वैसा ही आकस्मिक घटा जैसा भारत के डॉ. मनमोहन सिंह (उनके इस करतब पर उनके पूर्व सचिव ने इसी नाम से किताब तक लिख दी थी) के वक्त में हुआ था। आंशिक रूप से यह वह यक-ब-यक रास्ता है जिससे वे 10 डाउनिंग स्ट्रीट तक तो पहुँच गए, पर यह लगभग कुछ ऐसा था जैसे ड्रग टेस्ट में पूर्व घोषित विजेता के फेल होने के बाद कोई रजत पदक प्राप्त करने वाला खिलाडी स्वर्ण पदक जीत जाता है।

नए प्रधानमंत्री के रूप में 10 डाउनिंग स्ट्रीट पहुंचने पर उनका संबोधन बहुत ही संक्षिप्त और सटीक था। उन्होंने अपने पूर्ववर्ती प्रधानमंत्री के विकास में सुधार और बदलाव लाने के 'महान उद्देश्य' के लिए उन्हें धन्यवाद दिया, लेकिन वे यह कहने से भी नहीं चूके- 'लेकिन कुछ गलतियां की गईं। दुर्भावना से नहीं, या तनाव में बुरा नहीं- वास्तव में इसके बिल्कुल विपरीत- लेकिन फिर भी गलतियाँ। और मुझे अपनी पार्टी के नेता और आपके प्रधानमंत्री के रूप में, आंशिक रूप से, उन्हें ठीक करने का प्रयास करने के लिए चुना गया है।'

समस्याओं का समाधान इस पूरे संबोधन के केंद्र में था। सुनक ने कहा कि 'आर्थिक स्थिरता और विश्वास' उनके एजेंडे के केंद्र में होगा और 'कठिन फैसले लेने होंगे। यह कटौती के लिए एक संकेत था कि वह और उनके चांसलर, संभवतः जेरेमी हंट, आने वाले हफ्तों में सार्वजनिक खर्च पर लगाम कसेगे। इसके अलावा, उन्होंने 2019 के घोषणापत्र के वादों को

पूरा करने का वादा किया। उन्होंने इसमें 'मजबूत एनएचएस, बेहतर स्कूल, सुरक्षित सड़कें, हमारी सीमाओं पर नियंत्रण, हमारे पर्यावरण की रक्षा, हमारे सशस्त्र बलों का समर्थन, स्तर को बढ़ाने और अवसरों को गले लगाने वाली अर्थव्यवस्था का निर्माण करने' के वादों को सम्मलित किया। यह भी संकल्प लिया कि वे ब्रेक्सिट को भी प्राथमिकता दी। उन्होंने यह भी कहा कि: 'मैं यह भी समझता हूं कि जो कुछ हुआ है उसके बाद विश्वास बहाल करने के लिए मुझे काम करना है'।

सुनक 2019 से 2020 तक ट्रेजरी के मुख्य सचिव और 2020 से 2022 तक राजकोष के चांसलर थे। फिर प्रधानमंत्री के रूप में वे अब कहते हैं कि हम गहरे आर्थिक संकट में हैं। यह सुनकर कोई भी चकित हो जायेगा।

रवांडा योजना

सुनक की नीतिगत प्राथमिकताएं यह स्पष्ट करती हैं कि वह बाहर से आने वालों के खिलाफ हैं। जब वे प्रधानमंत्री पद के लिए ट्रूस के खिलाफ चुनाव लड़ रहे थे तब उनका यह भी एक मुद्दा था। सुनक "रवांडा योजना" के प्रबल समर्थक रहे हैं। वे अवैध रूप से यूके में प्रवेश करने वाले अप्रवासियों को रवांडा ले जाने का प्रस्ताव करते हैं। इस विवादास्पद नीति में रवांडा को ब्रिटेन की पसंद के किसी भी शरणार्थी को वहां भेजने के बदले में £120 मिलियन का प्रारंभिक भुगतान शामिल होगा (पायलट कार्यक्रम के अंतर्गत 1,000 लोगों के साथ शुरू करने का प्रस्ताव है)। उस देश में अधिक प्रवासियों को स्वीकार करने पर एकमुश्त राशि की पूर्ति की जाएगी। ट्विटर पर उन्होंने कहा, "कानून का पालन करने वाले नागरिक तब निराश हो जाते हैं जब वे अवैध प्रवासियों से भरी नाव के बाद नाव अपनी तरफ आते देखते हैं और हमारे नाविक और तटरक्षक उन्हें रोकने के लिए शक्तिहीन प्रतीत होते हैं।" "हर साल हजारों और हजारों लोग अवैध रूप से यूके में आते हैं," सुनक चेतावनी देते हैं, "अक्सर हम नहीं जानते कि वे कौन हैं, वे कहाँ से हैं और वे यहाँ क्यों हैं। ये बुरे लोग नहीं हैं, लेकिन यह हमारे सिस्टम का मजाक बनाते हैं और इसे रोकना चाहिए। यह वर्तमान अराजकता पूर्ण स्थिति और सभी के लिए खुलापन हमारे जैसे एक गंभीर देश के लिए कोई सुरुचिपूर्ण मार्ग नहीं है। "उनकी 10-सूत्रीय आव्रजन योजना, जिसे उन्होंने उस समय के आसपास जारी किया था, उन गरीब देशों के लिए सहायता

रोकने का प्रस्ताव करती है जो उनकी आव्रजन नीति का पालन नहीं करते हैं और ऐसे लोगों को वापिस लेने के कार्यक्रम में सहयोग नहीं करते हैं। कंजर्वेटिव पार्टी के लोग अब तक इस नीति को केवल इसलिए लागू करने में असमर्थ रहे हैं क्योंकि यूरोपीय मानवाधिकार न्यायालय ने हस्तक्षेप किया है।

सार्वजनिक आर्थिक क्षमता के लिए ऋषि सुनक की प्रतिष्ठा लॉकडाउन के दौरान सर्व विदित हुई और ग्रीष्मकालीन नेतृत्व बहस में साबित हुई थी। अब उन्हें एक नए संकट में राष्ट्र के लिए बुक-कीपर और गहराई तक विभाजित कंजर्वेटिव पार्टी के लिए शांतिदूत होना चाहिए। उनकी कैबिनेट और नीति का गठन एक लंबी यात्रा में बस पहला कदम है।

हालांकि एक ब्रिटिश नेता के तौर पर उनकी कई ऐसी प्रतिबद्धताएं हैं और होनी भी चाहिए। भारत में हिंदुओं का एक बड़ा वर्ग गाय को पवित्र और पूजनीय मानता है। लेकिन सुनक तमाम तरह के मवेशियों के मांस को बचाने और बढ़ाने के हिमायती हैं।

मित्र-संवाद

ब्रेक्सिट ने यूके और यूरोपीय संघ दोनों को आर्थिक और राजनीतिक रूप से थोड़ा कमजोर छोड़ दिया है, यही वजह है कि पुतिन, शी और ट्रम्प जैसे लोग इसके बारे में अति उत्साहित थे। किसी ने अभी तक ब्रेक्सिट को पूरी तरह से लागू नहीं किया है और यह अभी भी ब्रिटेन कि अर्थव्यवस्था और राजनीति को खाता जा रहा है, ऋषि को साधुवाद देना होगा इसलिए नहीं कि वे यह रुख बनाए हुए हैं कि ब्रेक्सिट एक अच्छा विचार था, बल्कि इसलिए कि इसके नुकसान को प्रबंधित करने और सीमित करने की वे लगातार कोशिश कर रहे हैं।

कलम के धनी रॉस क्लार्क ने बहुत गंभीरता से ऋषि के सामने मुंह बाए खड़ी हुई चुनौतियों और समस्याओं को शब्द-बढ़ा करके हुए यही कहा है कि देश की सारी कुंठा अब इस एक व्यक्ति पर केंद्रित है जो हमारी लोकतांत्रिक व्यवस्था के शीर्ष पर बैठा है। हम उम्मीद करते हैं कि वे गरीबी और भूख मिटाएंगे, हमें अमीर बनाएंगे, हमें संक्रामक बीमारियों से बचाएंगे, जलवायु परिवर्तन को रोकेंगे। इस बीच, उन्हें किसी भी राजनीतिक-गलत बयानी से बचना चाहिए- साथ ही कई सौ सांसदों के वक्तव्यों का प्रबंधन करना चाहिए। हम उम्मीद करते हैं कि वे चौबीसों घंटे चलने वाली खबरों

की मांगों से उत्पन्न दैनिक संकटों और छद्म संकटों में शीर्ष पर होंगे- साथ ही क्षितिज पर अपने विचारों को किरणित करेंगे और दीर्घकालिक मुद्दों को हल करेंगे।[21]

ब्रिटेन में कहा जाता है कि हर समझदार प्रधानमंत्री का एक "ईमानदार दोस्त" होता है। विंस्टन चर्चिल के पास नॉर्मन ब्रूक थे, जिन्होंने कम से कम उनके सबसे खराब फैसलों को रोकने का दावा किया था। हेरोल्ड मैकमिलन के पास जॉन विन्धम, हेरोल्ड विल्सन के पास लेडी फॉकेंडर, टोनी ब्लेयर के पास एलेस्टेयर कैंपबेल और पीटर मैंडेलसन थे। बोरिस जॉनसन के पास डोमिनिक कमिंग्स थे। 'द स्पेक्टेटर' के राजनीतिक संपादक और सुनक के सबसे करीबी दोस्तों में से एक, जेम्स फोर्सिथ ने उन्हें वित्तीय जिम्मेदारी के लिए गहराई से प्रतिबद्ध बताया है। वे अपने 29 अक्टूबर, 2022 के आलेख में खुद से प्रश्न करते हुए उसका उत्तर देने का उपक्रम करते है।

क्या ऋषि तैयार हैं?

सरकार का पहला प्रमुख कार्य आने वाले मौसम में 'एनर्जी' के सुप्रबंधन का है। उन्होंने जेरेमी हंट को राजकोष के चांसलर के रूप में बरकरार रखा, जिसे सुश्री ट्रस द्वारा तब नियुक्त किया गया था जब उन्होंने अपने ट्रेजरी प्रमुख को निकाल दिया था। गोल्डमैन सैक्स के पूर्व फाइनेंसर सुनक और चांसलर जेरेमी हंट बाजारों को आश्वस्त कर सकते हैं कि ऋण को नियंत्रित करने के लिए एक विश्वसनीय योजना है या नहीं। इसके लिए कर वृद्धि और खर्च में कटौती दोनों की आवश्यकता होगी, और यह एक अप्रिय कार्य होगा जो अखबारों में पत्रकारों द्वारा आलोचना का शिकार होगा। सुनक के सामने दो बड़ी चुनौतियां हैं, पहली है सरकारी खर्च। उन्होंने हमेशा खुद को कम टैक्स लगाने वाला टोरी माना है, लेकिन वे ऐसे सांसद भी रहे हैं जो यह मानता है कि खर्च को पहले नियंत्रित करने की जरूरत है। और यह नियत्रण जल्दी नहीं किया जा सकता है।

खर्च करने के लिए धन उपलब्ध न होने के कारण, टोरीज को सार्वजनिक सेवा सुधार की ओर लौटना होगा। यह एक ऐसा एजेंडा है जिसे पिछले छह वर्षों से उपेक्षित किया गया है। दूसरी चुनौती यह है कि अर्थव्यवस्था को कैसे आगे बढ़ाया जाए। ट्रस और क्वार्टेंग का यह तर्क बिल्कुल सही था कि विकास एक अनिवार्यता है। उनकी समस्या थी कि एक दीर्घकालिक कर योजना के बारे में पहले कभी भी ठीक से सोचा नहीं

गया था। सुनक और हंट को एक नए मार्ग की आवश्यकता होगी। सुनक लोक-कल्याण में आने वाली समस्याओं से भी भली-भांति परिचित हैं। अब जब बेरोजगारी ऐतिहासिक रूप से निम्न स्तर पर है लेकिन आर्थिक रूप से निष्क्रिय लोगों की बड़ी संख्या है जिनमें से लगभग पांच मिलियन काम के बाहर होने के बावजूद सरकारी सुविधा भोग रहे हैं। सुनक की कुछ समस्याएं राजनीतिक भी हैं। आम तौर पर, एक नए प्रधानमंत्री के पास मतदाताओं के साथ हनीमून की कुछ अवधि होती है, लेकिन जनता टोरी साइकोड्रामा से बीमार है। कंजर्वेटिव पार्टी की शुद्ध अनुकूलता रेटिंग शून्य से 47 है। इसलिए सुनक को एक ऐसी जनता से निपटना होगा जो आम चुनाव के लिए कीर स्टारर की मांगों से तंग आ चुकी है।[22]

ऋषि सुनक जिस संसद में प्रधानमत्री हैं उसमें सांसद के रूप में तीन पूर्व प्रधानमंत्रियों की उपस्थिति उन्हें सदा चौकन्ना रखेगी। संसद में इतने सारे पूर्व नेताओं की उपस्थिति कंजरवेटिव पार्टी की आंतरिक उथल-पुथल और ब्रिटेन की शासन प्रणाली में इसके कारण हुई उथल-पुथल की एक झांकी प्रस्तुत करती है। यह श्री सुनक के लिए काम करने का एक अजीबोगरीब माहौल भी बनाता है क्योंकि वे खुद पार्टी की कमान सँभालने वाले नवीनतम सदस्य बन जाते हैं। मिस्टर सुनक ने ब्रिटेन के शीर्ष वित्त मंत्री, राजकोष के चांसलर के रूप में पद भार छोड़ने से पहले प्रधानमंत्री बोरिस जॉनसन की कैबिनेट में कार्य किया था। वहां उन्होंने एक ऐसा कदम उठाया जिसने विद्रोह को जन्म दिया और जो अंतत: मिस्टर जॉनसन के इस्तीफे की ओर ले गया। अब बोरिस जॉनसन और लीज ट्रस दोनों संसद- सदस्यों के रूप में सुनक के हर कदम पर पैनी निगाह रखेंगे।

पिछले छह वर्षों में कंजर्वेटिव के पांचवें नेता के रूप में, सुनक को अपनी छिन्न-भिन्न होती जा रही पार्टी को एकजुट करने के कठिन काम के बारे में भी सोचना होगा। हालाँकि सुनक कंजर्वेटिव सांसदों के बहुमत के समर्थन का दावा करने में सक्षम रहे हैं, लेकिन जुलाई में अपनी सरकार से इस्तीफा देने पर जॉनसन को पद च्युत करने में उनकी भूमिका के कारण उनका एक विभाजनकारी व्यक्तित्व बना हुआ है।

सुनक निस्संदेह रूप से डाउनिंग स्ट्रीट में अधिक गंभीर स्वर लाएंगे। वे न तो जॉनसन की मसखरी हरकतों में से एक भी सहन करते हैं, और न ही ट्रस के उदारवादी उत्साह को अच्छा समझते हैं और जैसा 'द अटलांटिक' के हेलेन लुईस ने ठीक ही लिखा है कि वे एक तेज और जुनूनी व्यक्तित्व फ्रेजियर के नाइल्स क्रेन की याद दिलाते हैं।

ऋषि सुनक की राह आसान नहीं, बल्कि उसके जैसे कई प्रवासियों के अतिरिक्त उत्साह ने उनकी राह को मुश्किल बना दिया है। आव्रजन पर उनके रुख को बहुत उदार नहीं होने देने के पीछे उन नेताओं का योगदान मान जा रहा है जो इस मामले में मुखर भी हैं और हद दर्जे के सख्त भी। पूर्व गृह सचिव प्रीति पटेल और तमिल-गोवा मूल की उनकी उत्तराधिकारी, सुएला ब्रेवरमैन के निर्णयों और रवैयों को संभालना कोई आसान काम न होगा।

पार्टी एकता के पुनर्निर्माण के प्रयास में, सुनक ने मिस्टर जॉनसन की सरकार में वरिष्ठ पदों पर कार्य कर चुके कई कैबिनेट सदस्यों को फिर से नामित किया है, जिसमें सुएला ब्रेवरमैन भी शामिल हैं, जो पार्टी के उदारवादी विंग में लोकप्रिय हैं और गृह सचिव के रूप में सख्त प्रवास प्रतिबंधों की वकालत करती रही हैं। सुनक को पीएम के रूप में अपने पहले दिन ही सुएला को फिर से उसी पद पर बहाल करने को लेकर और विवादास्पद रवांडा आप्रवासन नीति का जोरदार समर्थन करने के निमित्त कुछ सख्त टिप्पणियां करनी पड़ीं। भारत के कई राजनीतिक चिंतकों को यह लगता है कि भारत ब्रिटेन के बीच होने वाले मुक्त व्यापार समझौते के प्रमुख बिंदुओं में से कुछ में बदलाव होना अब निश्चित है। इस समझौते का उद्देश्य दोनों देशों के बीच 2030 तक व्यापार को दोगुना करना है। पर यह तभी हो सकेगा जब दोनों देश कुछ लचीला रुख अपनाएं।

साहित्यिक और राजनीतिक पत्रकारिता के लिए प्रसिद्ध और 'एक्सीडेंटल मैजिक' पुस्तक के लेखक केशव गुहा ने 'एनडीटीवी' (नवंबर 1, 2022) के लिए लिखे गए ओपिनियन आलेख में यह बताते हुए कि ऋषि सुनक कैसे प्रधानमंत्री होने वाले हैं यह इंगित किया है कि वे एक दोराहे पर खड़े दिखाई देते हैं। सुनक की नियुक्ति ने बाजारों को आश्वस्त किया है। प्रधानमंत्री जो भी हो, अगले चुनाव में कंजर्वेटिव पार्टी की हार अब तय है; उपलब्ध विकल्पों में से, सुनक शायद नुकसान के पैमाने को सीमित करने के लिए सबसे अच्छी स्थिति में है। उस सब के लिए, ब्रेवरमैन के उनके पुनरुत्थान से पता चलता है कि वह निरंतरता का प्रतिनिधित्व करते हैं- मितव्ययता और ब्रेक्सिट की परियोजनाओं के साथ जिन्होंने पिछले 12 वर्षों के रूढ़िवादी शासन को परिभाषित किया है। उन परियोजनाओं ने एक गरीब, अधिक असमान, अधिक विभाजित ब्रिटेन को जन्म दिया है। एक ब्रिटेन जो विश्व मंच पर कभी कम महत्वाकांक्षी नहीं रहा है: सुनक के निशाने पर

पहले पीड़ितों में से एक पहले से ही काम होता जा रहा विदेशी सहायता बजट होगा। एक ब्रिटेन जिसमें एक हिंदू प्रधानमंत्री हो सकता है, लेकिन भारत के लिए कम और बहुत कम प्रासंगिक है।[23]

सुनक के बुद्धिमत्तापूर्ण व्यक्तित्व से उसे हर चीज के लिए दोषी ठहराए जाने की संभावना कम हो सकती है, जबकि उसके द्वारा दिए गए सकारात्मक परिणामों के लिए प्रशंसा नहीं भी की जाएगी। पर वह प्रसिद्धि या प्रशंसा के बारे में बेफिक्र लगता है, वह गीता के कर्मयोगी की तरह सब के साथ आगे बढ़ना चाहता है। सुनक ने 'भगवद गीता' पर हाथ रखकर अपनी संसदीय शपथ ली लेकिन उनकी राजनीतिक कार्य शैली अधिक भौतिकवादी है। लोग कहते हैं 'उसका दिमाग एक्सेल में काम करता है।' डर यह है कि इस उच्च-ऑक्टेन जीवन शैली के तनाव से उसका छोटा नुकीला फ्रेम कहीं टूट सकता है। क्या उसे हमें भोजन समय पर खाने के लिए याद दिलाना होगा? हम सभी को आशा करनी चाहिए कि वह अपने आदर्शों, अपने गृहस्थ जीवन को भी उसी तरह देखते रहें जैसे वे देश को देखेंगे। अति किसी बात की न करें। राजनीति के अतिवाद से बचें।

"जब दुनिया भर के कई लोकतांत्रिक देशों में जातीय राष्ट्रवादी और धुर दक्षिणपंथी बहुसंख्यकवादी पार्टियां मजबूत हो रही है, ऐसे समय में श्वेत आबादी और ईसाई बहुल ब्रिटेन में प्रधानमंत्री पद की कमान, हिंदू धर्म को मानने वाले और अश्वेत ऋषि सुनक के हाथों में सौंपे जाने का एक बड़ा प्रतीकात्मक महत्व है। ब्रिटेन के पहले अश्वेत प्रधानमंत्री के रूप में उनका चुना जाना यह दिखाता है कि कंजर्वेटिव सांसद अब संकट में फंसे देश और पार्टी को उबारने के लिए जातीय और धार्मिक चौहद्दी से पार देखने को तैयार हो गए हैं।" भारत के प्रतिष्ठित समाचारपत्र 'द हिन्दू' के 27 अक्टूबर, 2022 के सम्पादकीय में एक ओर तो ऋषि के निर्वाचन पर खुशी जाहिर की गई है दूसरी ओर उन्हें कुछ नसीहत और सलाह भी दी गई है जिससे वे अपने पूर्व प्रधानमंत्रियों की गलतियों से सबक लेते हुए उन्हें न दोहराएं।[24]

राजाओं के सत्ता में रहने के दैवीय अधिकार नामक एक प्रसिद्ध कथन हुआ करता था। टोरी यह विश्वास करना जारी रखे हुए हैं कि कोई भी कभी भी लेबर सरकार को चुनाव जिताने नहीं जा रहा है क्योंकि उन्होंने उन्हें इतने लंबे समय तक नहीं चुना है। ऋषि सुनक ऐसा कोई भ्रम न पालें तो अच्छा हो। अपने निंदकों और आलोचकों को भी सुने। चाहे कोवेंट्री साउथ की लेबर

सांसद जराह सुल्ताना की ट्विटर के माध्यम से की गई टिप्पणी को अनदेखा कर दें : "एक अमीर माता-पिता से पैदा हुए एक युवा लड़के की दिल को छू लेने वाली कहानी, जिसे एक कुलीन निजी स्कूल, फिर ऑक्सफोर्ड में भेजा गया, जिसे निवेश बैंकिंग में नौकरी मिली, संसद में सबसे धनी सांसद बनने और उन नीतियों के लिए मतदान करने से पहले जिन्होंने लाखों मजदूर वर्ग के लोगों को गरीबी में डुबो दिया।"

तो शुभकामनाएँ, ऋषि सुनक! यदि आप अगले चुनाव तक प्रधानमंत्री बने रहते हैं, तो यह आपके सुकर्मों का सुफल होगा। "पिछला प्रदर्शन भविष्य के रिटर्न की कोई गारंटी नहीं है।" यह आपके जैसे अर्थ-तंत्री को बताने की आवश्यकता नहीं। इससे आगे की बात अभी कल पर छोड़ दें।

OO

(6)
भविष्य के गर्भ में

आज जब दुनिया भर के कई लोकतांत्रिक देशों में जातीय राष्ट्रवादी और धुर दक्षिणपंथी बहुसंख्यकवादी पार्टियां मजबूत हो रही है, ऐसे समय में श्वेत आबादी और ईसाई बहुल ब्रिटेन में प्रधानमंत्री पद की कमान, हिंदू धर्म को मानने वाले और अश्वेत ऋषि सुनक के हाथों में सौंपे जाने का एक बड़ा प्रतीकात्मक महत्व है। हमारे प्रधानमंत्री ने जो कहा उसमें अपना स्वर मिलाकर हम कह सकते हैं कि यूके और भारत काफी कुछ शेयर करते हैं। हम अपने सुरक्षा, रक्षा एवं आर्थिक संबंधों को मजबूत बनाने में लगे हैं, ऐसे में हमारे दो महान लोकतांत्रिक देश क्या कुछ हासिल कर सकते हैं, उसे लेकर हम सब उत्साहित हैं। हम भारत के लोग तो केवल अपने अपने कारणों से उनके पदारूढ़ होने से जश्न मना रहे हैं किन्तु उनके सामने चुनौतियों के अम्बार लगे हैं। उन्हें हमारे आशीर्वाद की भी जरूरत है और यह भी उनकी जरूरत है कि वे अब उस संकल्प को पूरा करने की ओर मुड़ें जो उन्होंने अपने उद्‌बोधन में अपने देशवासियों के सामने रखा था।

उनका भाषण पांच मिनट और 56 सेकंड तक चला। 2019 में बोरिस जॉनसन ने अपना भाषण 11 मिनट और 13 सेकंड तक अपना वक्तव्य दिया था। 25 अक्टूबर, 2022 को ऋषि सुनक ने 10 डाउनिंग स्ट्रीट के बाहर अपने पहले भाषण में कहा था कि उन्हें अपने पूर्ववर्ती पीएम लिज ट्रस की गलतियों को ठीक करने के लिए टोरी नेता के रूप में चुना गया है। उन्होंने इस दौरान यूक्रेन-रूस युद्ध का जिक्र करते हुए कहा कि व्लादिमीर पुतिन के क्रूर युद्ध के बाद ब्रिटेन को गंभीर आर्थिक संकट का सामना करना पड़ रहा है जिसको लेकर अब आने वाले समय में कठिन निर्णय लेने होंगे और वादा किया कि भविष्य की पीढ़ियों के लिए वे कर्ज नहीं छोड़ेंगे और खुद भुगतान करेंगे। अपने आप को एकीकृत और मेल-मिलाप करने वाले के रूप

में पेश करते हुए सुनक ने "अपनी पार्टी और देश को एक साथ लाने" का वादा किया। एक यथार्थवादी के रूप में वे कर कटौती और मुद्रास्फीति के बारे में अप्रिय सच्चाई बताने से नहीं घबराये और कहा-

मैं अभी-अभी बकिंघम पैलेस से होकर आया हूँ और महामहिम राजा के उनके नाम पर सरकार बनाने का निमंत्रण स्वीकार कर लिया है। यह बताना ही सही है कि मैं आपके नए प्रधानमंत्री के रूप में यहां क्यों खड़ा हूं। इस समय हमारा देश गंभीर आर्थिक संकट से जूझ रहा है। कोविड के बाद अभी भी कायम है। यूक्रेन में पुतिन के युद्ध ने दुनिया भर के ऊर्जा बाजारों और आपूर्ति श्रृंखलाओं को अस्थिर कर दिया है। मैं अपने पूर्ववर्ती लिज ट्रस को साधुवाद देना चाहता हूं, वह विकास में सुधार करना चाहती थी, उनका इस देश में विकास में सुधार करना गलत नहीं था, यह एक नेक उद्देश्य है। और मैंने बदलाव लाने के लिए उसकी बेचैनी की प्रशंसा की। लेकिन कुछ गलतियां की गईं। दुर्भावना या बुरे इरादों से नहीं। वास्तव में, इसके बिल्कुल विपरीत। लेकिन फिर भी गलतियाँ तो हुईं। और मुझे अपनी पार्टी के नेता के रूप में चुना गया है, और आपके प्रधानमंत्री, आंशिक रूप से, उन्हें ठीक करने के लिए। और वह काम तुरंत शुरू हो जाता है। मैं आर्थिक स्थिरता और विश्वास को इस सरकार के एजेंडे के केंद्र में रखूंगा। इसका मतलब होगा कि आने वाले कठिन फैसले। लेकिन आपने मुझे कोविड के दौरान, लोगों और व्यवसायों की रक्षा के लिए, फरलो जैसी योजनाओं के साथ सब कुछ करते हुए देखा है। हमेशा सीमाएं होती हैं, पहले से कहीं अधिक, लेकिन मैं आपसे यह वादा करता हूँ। आज हम जिन चुनौतियों का सामना कर रहे हैं, उन पर मैं वही भावना लाऊंगा। मैं जिस सरकार का नेतृत्व करता हूं, वह अगली पीढ़ी, आपके बच्चों और पोते-पोतियों को कर्ज में नहीं छोड़ेगी जैसे कि हम आज खुद को भुगतान करने के लिए बहुत कमजोर पाते हैं। मैं अपने देश को शब्दों से नहीं, कार्रवाई से जोडूंगा। मैं आपके लिए दिन-रात काम करूंगा।

इस सरकार में हर स्तर पर ईमानदारी, व्यावसायिकता और जवाबदेही होगी। विश्वास पैदा करना पड़ता है। और मैं उसे कमाऊंगा। प्रधानमंत्री के रूप में उनकी अनगिनत उपलब्धियों के लिए मैं हमेशा बोरिस जॉनसन का आभारी रहूंगा, और मैं उनकी गर्मजोशी और भावना की उदारता को संजोता हूँ। और मुझे पता है कि वह इस बात से सहमत होंगे कि 2019 में मेरी

पार्टी को जो जनादेश मिला है वह किसी एक व्यक्ति की एकमात्र संपत्ति नहीं है, यह एक ऐसा जनादेश है जो हम सभी का है और एकजुट है। और उस जनादेश का मूल हमारा घोषणापत्र है। मैं उसका वादा पूरा करूंगा। एक मजबूत एनएचएस। बेहतर स्कूल। सुरक्षित सड़कें। हमारी सीमाओं पर नियंत्रण। हमारे पर्यावरण की रक्षा करना। हमारे सशस्त्र बलों का समर्थन। ऐसी अर्थव्यवस्था का स्तर और निर्माण करना जो ब्रेक्सिट के अवसरों को गले लगाती है, जहां व्यवसाय निवेश करते हैं, नवाचार करते हैं और रोजगार पैदा करते हैं। मैं समझता हूं कि यह पल कितना मुश्किल है।

अरबों पाउंड के खर्च से हमें कोविड का मुकाबला करना पड़ा। एक भयानक युद्ध के बीच हुई सभी अव्यवस्था के बाद, जिसे इसके निष्कर्ष तक सफलतापूर्वक देखा जाना चाहिए, मैं पूरी तरह से सराहना करता हूं कि चीजें कितनी कठिन हैं। और मैं यह भी समझता हूं कि जो कुछ हुआ है उसके बाद विश्वास बहाल करने के लिए मुझे काम करना है। मैं बस इतना कह सकता हूं कि मैं निराश नहीं हूं। मैं उस उच्च पद को जानता हूं जिसे मैंने स्वीकार किया है और मुझे इसकी मांगों पर खरा उतरने की उम्मीद है। लेकिन जब सेवा करने का अवसर आता है, तो आप उस क्षण पर सवाल नहीं उठा सकते, केवल अपनी सहमति देते हैं। इसलिए मैं भविष्य में हमारे देश का नेतृत्व करने के लिए तैयार आपके सामने खड़ा हूँ। आपकी जरूरतों को राजनीति से ऊपर रखने के लिए। अपनी पार्टी की सबसे अच्छी परंपराओं का प्रतिनिधित्व करने वाली सरकार तक पहुंचने और बनाने के लिए। हम सब मिलकर अविश्वसनीय चीजें हासिल कर सकते हैं। हम ऐसे भविष्य का निर्माण करेंगे जो कि बहुतों के बलिदानों का प्रतिफल होगा। हम कल और भविष्य के हर दिन को आशा और उम्मीद से भर देंगे। शुक्रिया।[25]

अपने इस संक्षिप्त भाषण में उन्होंने अपने पूर्ववर्ती दोनों प्रधानमंत्रियों के बारे में अधिक न बोलते हुए उनके योगदान को सराहा और उनके छूटे काम को करने का वचन दिया। संभावित दुश्मनों को शांत करने के लिए संक्षिप्त लेकिन जोरदार शब्दावली का उपयोग किया। इस विजय घोष के कुछ आलोचकों ने यह कहा कि इसमें कुछ खास नहीं है। लगता है किसी रेलवे स्टेशन पर पहलसे से रिकॉर्ड किया कोई घोषणा पत्र सुनाया गया है। सुनक ने कहा: "मैं प्रधानमंत्री के रूप में उनकी अविश्वसनीय उपलब्धियों के लिए बोरिस जॉनसन का हमेशा आभारी रहूंगा, और मैं उनकी गर्मजोशी

और भावना की उदारता को संजोता हूं।" यह सुनक की भलमनसाहत थी कि उन्होंने उस व्यक्ति का आभार व्यक्त किया जिसने उनके विरोध में कोई कसर न रख छोड़ी थी। उन्होंने लिज ट्रस के प्रति भी कोई कटु वचन न बोला बल्कि उनकी गलतियों से सीख लेते हुए उनके अधूरे काम को पूरा करने की बात की। भारतीय होने के नाते हमें यह नहीं भूलना चाहिए कि ट्रस से सुनक की हार का सबसे बड़ा कारण उनका अंग्रेज न होना था। इस बात को याद रखते हुए ही उन्होंने प्रण किया कि वे जिस सरकार का नेतृत्व कर रहे हैं वह अगली पीढ़ी के लिए कोई कर्ज न छोड़ेगी और वे इसे करके दिखाएंगे। हमें यह कहने में कोई लाज न आनी चाहिए कि उन्हे अपने भारतीय या विदेश मूल के होने के कारण ही शायद यह कहना पद कि विश्वास प्राप्त किया जाता है और वे इसे प्राप्त करने के लिए कर्म करेंगे।

इस वक्तव्य के दो प्रमुख उद्देश्य थे। पहला उद्देश्य था खंडित और बिना पतवार वाली टोरी पार्टी को मजबूत और एकजुट करना। दूसरा देश को आश्वस्त करना था कि ब्रिटेन की पस्त अर्थव्यवस्था को सुधारने के लिए उसके पास एक विश्वसनीय योजना थी क्योंकि लाखों लोगों को कठिनाई का सामना करना पड़ रहा था। अपने भाषण में सुनक ने सुश्री ट्रस के बिना कर कटौती के विनाशकारी एजेंडे को खारिज करते हुए, यह स्पष्ट किया कि उनके द्वारा लाई गई समस्याओं को "ठीक" करना उनका काम होगा।

इस संभाषण ने यह भी रेखांकित किया कि ज्यादातर लोगों के लिए वह एक प्रेरणा (इन्स्परैशन) हैं। जो उनका उपहास करता है, बस यह साबित करता है कि वे आकांक्षा (ऐस्परैशन) के दुश्मन हैं। वे यह भूल जाते हैं कि आकांक्षा उनके जीवन की बहुमूल्य निधि है।

दस सूत्रीय योजना

इस वर्ष के अधिकांश समय में ब्रिटिश राजनीति में उथल-पुथल के बाद ऋषि का लक्ष्य विश्वसनीयता और स्थिरता की गति को बहाल करना होगा। बेहाल जनता को एक संदेश देना होगा कि उनकी दृष्टि अर्जुन की तरह एकाग्र है और वे पहले अपने देश को देखेंगे फिर वे बाहर का रुख करेंगे।

द्वितीय विश्व युद्ध के बाद से किसी भी ब्रिटिश नेता के इतने कठिन दौर का सामना करते हुए नंबर 10 डाउनिंग स्ट्रीट में प्रवेश न किया होगा जितने चेलेंज सुनक से सामने हैं क्योंकि देश में ऊर्जा बिल, अस्पताल प्रतीक्षा सूची,

उधार लागत और मुद्रास्फीति सभी बढ़ती जा रही है। लिज ट्रस के संक्षिप्त क्रैश-एंड-बर्न प्रीमियरशिप द्वारा इस चुनौती को और भी अधिक बढ़ाया गया है। उनके अब-कुख्यात मिनी-बजट के परिणामस्वरूप, जिसे वित्तीय बाज़ारों में अराजकता पैदा करने के बाद लगभग पूरी तरह से खत्म कर दिया गया था, रूढ़िवादी जनमत सर्वेक्षणों में विपक्षी लेबर पार्टी उन्हें लगभग 30 प्रतिशत से अधिक अंक से पीछे धकेल रही है। उनका काम अब लोगों को आश्वस्त करना होगा कि सरकार एक और कठिन आर्थिक अवधि के दौरान उनका समर्थन करेगी- केवल इस बार वह बहुत कठिन स्थिति में हैं। महामारी के दौरान उन्होंने जो लोकप्रियता हासिल की, वह कम हो गई है, और वह एक बड़े सरकारी संकट के बाद पदभार संभाल रहे हैं- तीन महीने के भीतर पद संभालने वाले तीसरे टोरी प्रधानमंत्री। लोगों का समर्थन पाने के लिए जल्दी से जल्दी कुछ ठोस कदम उठाने होंगे। लेकिन वे पहले लीडरों की फैलाई अव्यवस्था को कैसे दूर करेंगे यह एक बड़ा सवाल है। जिसके जवाब में सुनक का 10 सूत्री कार्यक्रम या योजना है। जनता त्रस्त है, जल्दी में है। इसलिए हर कदम फूँक-फूँक कर रखना होगा।

सुनक एक "ट्रांस्फॉर्मेटिव" और युग-परिवर्तनकारी नेता के रूप में खुद को प्रस्तुत करते हैं। वे अपने देशवासियों के मन में विश्वास बहाल करने के लिए अर्थव्यवस्था का पुनर्निर्माण करना चाहते हैं। देश को फिर से जोड़ना चाहते हैं। सुनक के सामने चुनौतियों के पर्वत हैं और संघर्ष करने के लिए अनेक मसले हैं। बहुत से दबाव वाले मामले भी हैं। इन सबसे निस्तार करने के लिए उनके पास प्रोग्राम भी हैं और कूवत भी। 'रेडी फॉर ऋषि' के अनुसार अगस्त 9, 2022 को जारी किया गया सुनक का दस सूत्री कार्यक्रम अपने आप में बहुत सीधा सच्चा और व्यावहारिक है।

हमारा शानदार देश एक चौराहे पर खड़ा है। और अगले कुछ हफ्तों में हम जो निर्णय लेंगे, वही हमारा भविष्य तय करेगा। मैं 'जीवन यापन' की लागत को संभालना चाहता हूँ ताकि हम अर्थव्यवस्था को आगे बढ़ा सकें और करों में कटौती कर सकें। ब्रेक्सिट को सुरक्षित रखें और ब्रेक्सिट हमें जो अवसर प्रदान करता है, उसे प्रदान करें। अगला आम चुनाव जीतें ताकि हम कीर स्टारर को हरा सकें और एसएनपी द्वारा समर्थित एक विनाशकारी श्रम-नेतृत्व वाले गठबंधन से बच सकें, जो सचमुच हमारे देश को तार तार कर देगा।[26]

1. अर्थव्यवस्था का पुनर्निर्माण- मुद्रास्फीति को मात देने, विकास को बढ़ावा देने के लिए निवेश को प्रोत्साहित करने और आयकर की मूल दर में 20% की कटौती करने के लिए एक दीर्घकालिक योजना।
2. ऊर्जा बिलों पर वैट को समाप्त करना- सर्दियों के दौरान हर परिवार का समर्थन करने के लिए ऊर्जा बिलों पर वैट को अस्थायी रूप से समाप्त करना।
3. एनएचएस बैकलॉग दूर करना- प्रतीक्षा सूची को ठीक करना और हमारे एनएचएस के दुरुपयोग को रोकने के लिए छूटी हुई नियुक्तियों के लिए जुर्माना लगाना।
4. ब्रेक्सिट को डिलीवर करना- अगले चुनाव से पहले अर्थव्यवस्था को रोके रखने वाले यूरोपीय संघ के सभी कानूनों को खत्म करना।
5. अवैध आप्रवासन से निपटना- शरणार्थी पर नियमों को कड़ा करना, शरणार्थियों की संख्या को सीमित करना और रवांडा साझेदारी को लागू करना।
6. अपराध पर अंकुश लगाना- कैरियर अपराधियों के लिए स्वचालित हिरासत की सजा और ग्रूमिंग गिरोहों को ट्रैक करने के लिए एक आपातकालीन कार्यबल का गठन।
7. शिक्षा में बदलाव- गणित और अंग्रेजी को 18 वर्ष तक पढ़ाना, अप्रेंटिसशिप जैसी तकनीकी शिक्षा को बढ़ावा देना और खराब गुणवत्ता वाली डिग्री पर नकेल कसना।
8. संघ को मजबूत बनाना- उत्तरी आयरलैंड प्रोटोकॉल को ठीक करना, स्कॉटलैंड, वेल्स और उत्तरी आयरलैंड में निवेश को समतल करना और निकोला स्टर्जन के सामने खड़ा होना।
9. अपने ग्रीन बेल्ट की रक्षा करना- ब्राउनफील्ड साइटों पर घर बनाना, योजना बद्ध तरीके से अनुमति प्रदान करते हुए रिहायशी मकानों का तेजी से विकास करना, और हमारे ग्रीन बेल्ट पर किसी भी अनुचित विकास को रोकना।
10. अगला आम चुनाव जीतना- प्रत्येक 80:20 लक्ष्य सीट पर अभियान प्रबंधकों को पूरी तरह से वित्तपोषित करना और सदस्यों को अधिक शक्ति देना।

अर्थव्यवस्था का पुनर्निर्माण- यूके के प्रधानमंत्री के रूप में अपने पहले आधिकारिक भाषण में, सुनक ने स्वीकार किया कि देश "गंभीर आर्थिक संकट का सामना कर रहा है" और इससे निपटने के लिए "कठिन निर्णय" लेने की जरुरत है। इसके लिए उन्होंने अपनी सरकार के एजेंडे के केंद्र में आर्थिक स्थिरता और विश्वास को रखने का संकल्प लिया। उनकी सरकार के लिए सबसे दबावपूर्ण आर्थिक प्राथमिकता मुद्रास्फीति को काबू में रखना है। इसके लिए सुनक कुछ ऐसे निर्णय लेंगे जो अप्रीतिकर हो सकते हैं। सुनक ने पूर्व मंत्रिमंडल में फेरबदल करते समय हाल ही में नियुक्त जेरेमी हंट को चांसलर के रूप में बनाये रखा है। उन्हें अपने जाने से कुछ समय पहले लिज ट्रस द्वारा लाया गया था। हंट ने अब नयी चाल कहते हुए ट्रस और क्वासी क्वार्टेंग के विनाशकारी मिनी-बजट में तेजी से बदलाव किया।

"मैं इस संसद सत्र में ही टैक्स कम कर दूंगा, लेकिन मैं इसे जिम्मेदारी से करने जा रहा हूँ। मैं चुनाव जीतने के लिए टैक्स नहीं काटता, मैं टैक्स काटने के लिए चुनाव जीतता हूँ।" "मैं करों में कटौती करना चाहता हूँ और मैं कर में कटौती करूंगा, लेकिन हम इसे सही ढंग और उचित तरीके से करेंगे। और वास्तव में समय के साथ स्थायी रूप से ऐसा करने का एकमात्र तरीका यह सुनिश्चित करना है कि कंजर्वेटिव अगला आम चुनाव जीतें। और मुझे विश्वास है कि मैं लेबर पार्टी के नेता कीर स्टारर को हराने और उस चुनावी जीत को सुनिश्चित करने के लिए सबसे उपयुक्त व्यक्ति हूँ।" सुनक ने एक आम सभा में कहा था।

अवैध आप्रवासन से निपटना- अगर ब्रिटेन ने सोचा था कि यूरोपीय संघ छोड़ने से प्रवासन के बारे में उसकी चिंताओं का समाधान हो जाएगा, तो यह गलत था। छोटी नावों में इंग्लिश चौनल को पार करने की कोशिश कर रहे लोगों में तेजी से बढ़ोतरी ने संकट की एक नई भावना सरकार के मन में पैदा कर दी है- टोरी सांसदों के बीच इसकी चर्चा अधिक हो रही है। सुएला ब्रेवरमैन ब्रिटेन के गृह सचिवों की एक लंबी कतार में नवीनतम हैं। और अब तक वे भी दूसरों की तरह इस समस्या से निपटने में असफल ही रही हैं। 2019 में नियुक्त यूके की पिछली गृह सचिव प्रीति पटेल ने माइग्रेशन क्रॉसिंग को एक "अनन्य घटना" बनाने की कसम खाई थी। अपने लक्ष्य को साधने में विफल रहने के बाद, उन्होंने ब्रिटेन के सीमा अधिकारियों के लिए छोटी नावों को सक्रिय रूप से पीछे धकेलने के लिए एक विवादास्पद योजना

के माध्यम से चैनल को "अव्यवहार्य" मार्ग बनाने का संकल्प लिया। बाद में उन्हें अपने इस प्रस्ताव को अव्यावहारिक मानकर छोड़ने के लिए मजबूर होना पड़ा। 100,000 से अधिक शरण चाहने वाले लोग वर्तमान में गृह मंत्रालय के निर्णय की प्रतीक्षा कर रहे हैं, और जब वे अधर में प्रतीक्षा कर रहे हैं तो उन्हें करदाता द्वारा आर्थिक रूप से समर्थित होना चाहिए क्योंकि उन्हें यूके के कानून के तहत काम करने से प्रतिबंधित किया गया है। इस तरह वे देश पर अयाचित बोझ हैं। अप्रैल 2022 में, यूके ने पूर्वी अफ्रीकी देश में शरण चाहने वालों के लिए रवांडा के साथ 120 मिलियन पाउंड का करार किया था। इसके विरोध में अदालतों में चुनौतियों की झड़ी लगने के बाद सात महीने बीत चुके हैं, कोई भी ऐसी उड़ान रनवे से नहीं निकली है, जिससे ऐसे लोगों को ब्रिटेन की सरजमीं से खदेड़ बाहर किया जा सका हो।

सुनक का एक दूसरा कदम है विवादास्पद रवांडा निर्वासन नीति का समर्थन करना। इसका समर्थन करने के अलावा, यूके की रिफ्यूजी प्रणाली के भीतर कड़े नियम लागू करने का वे भी पुरजोर समर्थन करते हैं। नए गृह सचिव के रूप में सुएला ब्रेवरमैन की नियुक्ति में यह स्पष्ट हो गया है कि इसमें लचक दिखाने का उनका कोई इरादा नहीं है। सुनक का मानना है कि यूरोपियन कन्वेंशन ऑन ह्यूमन राइट्स (ईसीएचआर) "हमारी सीमाओं को ठीक से नियंत्रित करने की हमारी क्षमता को बाधित नहीं कर सकता है और हमें इसकी अनुमति नहीं देनी चाहिए।," वे चाहते हैं कि ब्रिटेन को "हर साल स्वीकार किए जाने वाले शरणार्थियों की संख्या पर नियंत्रण करने दिया जाए।" ऐसा लगता है कि सुनक "रवांडा नीति" को लागू करने के लिए "जो कुछ भी करना होगा" करेंगे और अतिरिक्त समान भागीदारी के आधार को पुख्ता करेंगे।

एनएचएस बैकलॉग दूर करना- सुनक वर्तमान एनएचएस बैकलॉग को "सबसे बड़ी सार्वजनिक सेवा आपातकाल" के रूप में देखते हैं। उन्होंने इसे अपनी "पहली सार्वजनिक सेवा प्राथमिकता" बनाने का संकल्प लिया है और एक तेज, अधिक कुशल तरीके से "रोगियों का इलाज करने में मदद करने के लिए "बैकलॉग टास्क फोर्स" का निर्माण करने का उनका इरादा है। सुनक निजीकरण के खिलाफ है, और कहते हैं कि प्रतीक्षा समय और बैकलॉग के कारण धन का दुरुपयोग रोकने के लिए वे वास्तव में कहीं तक भी जा सकते हैं। यदि चिकित्सा के क्षेत्र में निजीकरण पिछले दरवाजे से

आ रहा है तो उससे भी निपटना होगा। 'द संडे टेलीग्राफ' में लिखते हुए, सुनक ने डॉक्टर से अपॉइंटमेंट लेने के बाद न जाने वाले एनएचएस रोगियों पर एक अस्थायी £10 जुर्माना लगाने का प्रस्ताव किया है। सुनक का प्रस्ताव है, "अगर अपॉइंटमेंट लेकर भी लोग समय पर नहीं आ रहें हैं या भूल जा रहे हैं या नहीं जा रहें हैं तो उन स्लॉट्स को वे उन लोगों से दूर ले जा रहे हैं जिन्हें इसकी जरूरत है, तो यह सही नहीं है। मैं एक उचित स्वास्थ्य देखभाल प्रणाली के लिए प्रतिबद्ध हूं जो उपयोग के लिए मुफ्त है, लेकिन दुरुपयोग के लिए मुफ्त नहीं है।" वह सरकार के मौजूदा लक्ष्य से छह महीने पहले सितंबर 2024 तक रोगियों के जटिल ऑपरेशन के लिए "एक साल के इंतजार को खत्म करना" चाहते हैं। वे यह भी सुनिश्चित करना चाहते हैं कि "हर कोई जो किसी प्रक्रिया के लिए 18 सप्ताह से अधिक समय से प्रतीक्षा कर रहा है, उससे उनके ट्रस्ट द्वारा 100 दिनों के भीतर संपर्क किया जाए।"

क्लाइमेट चेंज (जलवायु परिवर्तन)- सुनक सरकार के 2050 तक शून्य तक पहुंचने के लक्ष्य को बनाए रखने के लिए प्रतिबद्ध हैं, और ऐसा करने वाले पहले नेतृत्व की दौड़ में वह एकमात्र उम्मीदवार थे। और तब तक वे नए तटवर्ती विंड फार्म के निर्माण पर प्रतिबंध रखना चाहते हैं। वे अपतटीय हवा में बड़े पैमाने पर विस्तार शुरू करने का इरादा रखते हैं, ताकि ब्रिटेन 2045 तक अपने ऊर्जा उत्पादन में आत्मनिर्भर हो सके। सुनक उत्तरी सागर गैस उत्पादन को बढ़ाने के लिए प्रतिबद्ध हैं और जब तक स्थानीय समुदाय इसका समर्थन करते हैं, तब तक फ्रैकिंग का भी समर्थन करते हैं। अक्षय ऊर्जा पर अपने वादों के बावजूद, सुनक की आलोचना की गई थी कि जब वह चांसलर थे तब "स्वच्छ अर्थव्यवस्था और जलवायु कार्रवाई को उनके मिशन के केंद्र में" नहीं रखा गया था।

ब्रिटेन दो प्रमुख जलवायु कोषों के लिए वादा किए गए +300 मिलियन से अधिक का भुगतान करने में विफल रहा है, जिससे उसे दुनिया के आधिकारिक जलवायु कार्रवाई नेता के रूप में अपने कार्यकाल के अंतिम दिनों में और अधिक अंतरराष्ट्रीय शर्मिंदगी का सामना करना पड़ रहा है। चर्चा है कि श्री सुनक ग्रीनवॉश नीतियों बढ़ावा देते हुए पर्यावरण के मुद्दों पर जुबानी जमा खर्च कर रहे हैं। इस तरह की राजनीति, संयुक्त राष्ट्र महासचिव एंटोनियो गुटेरेस के शब्दों में, 'जलवायु नरक' का मार्ग प्रशस्त करती है।

औद्योगिक कार्यकलाप–सुनक ने अपने नेतृत्व अभियान के दौरान रेलवे कर्मचारियों, एनएचएस कर्मचारियों और शिक्षकों जैसे आवश्यक सार्वजनिक

सेवाओं से जुड़े कर्मचारियों द्वारा हड़ताल करने पर प्रतिबंध लगाने का संकल्प लिया है। यह संकल्प कंजर्वेटिव पार्टी के 2019 के घोषणापत्र का हिस्सा था, जो अब सुनक ने बहुत स्पष्ट कर दिया है कि वह प्रधानमंत्री के रूप में इसे सख्ती के साथ व्यवहार में लाएंगे।

गर्भपात–ट्रस की तरह, सुनक भी गर्भपात पर अपने रुख के बारे में बहुत मुखर नहीं रहे हैं। 2015 में सांसद बनने के बाद से वह गर्भपात अधिकारों पर लगभग हर बार वोट डालने से बचते रहे हैं। हालाँकि, उन्होंने अप्रैल 2021 में गर्भपात के समर्थन में अपना वोट तब डाला था, जब उन्होंने देश में गर्भपात सेवाओं को चालू करने के लिए उत्तरी आयरलैंड के सचिव को अधिकार देने के पक्ष में मतदान किया था। लेकिन, ट्रस की तरह, सुनक ने गर्भपात क्लीनिक के आसपास बफर जोन स्थापित करने पर संसदीय वोट पर रोक लगा दी थी।

एलजीबीटीक्यू मामले– सुनक ने ट्रांसजेंडर मुद्दों के बारे में कई बार अपने विचार व्यक्त किए हैं। 29 जुलाई, 2022 को जमीनी स्तर पर कंजर्वेटिव समर्थकों से बात करते हुए, सुनक ने 2010 के समानता अधिनियम को "ट्रोजन हॉर्स" के रूप में वर्णित किया था, "जिसने सार्वजनिक जीवन में हर तरह की बकवास की अनुमति दी है जिसने अंग्रेजी भाषा को फिर से लिखा है ताकि हम शब्दों का उपयोग भी नहीं कर सकें जैसे 'पुरुष', 'महिला' या 'माँ' यह भी बिना बताए कि हम किसी को ठेस पहुँचा रहे हैं।" अप्रैल 2022 में, सुनक ने कहा कि "जीव विज्ञान गंभीर रूप से महत्वपूर्ण है क्योंकि हम उनमें से कुछ बहुत ही व्यावहारिक प्रश्नों के बारे में सोचते हैं। उन महिलाओं के विचारों को सम्मान दिया जाना चाहिए जो चिंतित हैं कि कुछ चीजों के लिए उन्होंने वास्तव में कड़ी मेहनत की है और वे अधिकार जो उनके लिए महत्वपूर्ण हैं और नष्ट हो जाएंगे।" 15 जुलाई, 2022 को एलजीबीटी कंजरवेटिव्स समूह से उन्होंने अपने मत को रखते हुए कहा था कि ट्रांस लोगों के खिलाफ पूर्वापर गलत है और वे "एक ऐसी जगह को बढ़ावा देने का प्रयास करेंगे जिसमें लोग सुरक्षित महसूस करें, जटिल मुद्दों का पता लगाने और एक रास्ता खोजने में सक्षम हों।"

भारत के साथ व्यापारिक सह संबंध ख्रभारत भर में ऋषि सुनक को लेकर जो गर्व भरे अधिकार की भावना हर खासो–आम के मन में है, उससे तो देश की विदेश नीति और व्यापार नीति चले वाली नहीं। डर होना भी स्वाभाविक है क्योंकि ऐसा होना कोई अचरजभरी बात न होगी यदि वे खुद

को भारत से असंपृक्त रखते हुए कुछ कठोर फैसले लेने शुरू कर दें। सुएला बरवर्मन को फिर से गृह मंत्री बनाकर एक संकेत और संदेश तो उन्होंने दे ही दिया है कि वे भारत के साथ जिस फ्री ट्रेड अग्रीमेंट को दिवाली के आसपास लाना चाहते थे, उसे अब फिर से जांच कर आगे लाएंगे। उनकी सोच है कि भारत के लोग इस बहाने अनधिकृत रूप से उनके देश में आने का अब ज्यादा प्रयत्न करेंगे। हमारा आपसी व्यापार 2030 तक यदि पहले से दुगुना हो जाए तो दोनों को लाभ होगा। वीजा नियमों में कुछ ढिलाई यदि भारत मांग रहा है तो जो वीजा लेकर जाएंगे वे भी तो ब्रिटेन की अर्थ-व्यवस्था को मजबूत करने में योगदान करेंगे। भारत को वे अपनी व्हिस्की बेचना चाहते हैं। पर भारत के पास बेचने के लिए फूड-प्रोडक्ट हैं, ज्वेलरी है और हैं कपड़े लत्ते। किसकी जरूरत किसको अधिक है, इसका अनुमान तो आप भी लगा सकते हैं। आगे देखते हैं कि ऊंट किस करवट बैठता है। जन सुनक स्वयं वित्त मानती थे तो उन्होंने भारतीय वित्त मंत्री निर्मला सीतारमण के साथ द्विपक्षीय बातचीत में बहुत कुछ उत्साहवर्धक बातें कहीं थीं, अब उन्हें करने का वक्त है।

राफेल बेहर 'द गार्डियन' के स्तम्भकार राफेल बेहर ऋषि को यह सुझाव देते हैं कि वे अपनी पार्टी से अधिक लोकप्रिय जरूर हैं (ठीक वैसे ही जैसे अटल बिहारी वजपेयी थे, और अब नरेंद्र मोदी हैं) लेकिन उसके लिए एक ताकत बनने के लिए उसे नियंत्रण में देखना होगा, जिसका अर्थ है कि एक एजेंडा होना जो नियमों का पालन करता है; किसी और की गंदगी साफ करने से ज्यादा कुछ और बेहतर कुछ करता है। अन्यथा वह एक ऐसी लापरवाह पार्टी में कार्यवाहक और संचालक की स्थिति में है जो एक और टोरी दुर्घटना होने का इंतजार कर रही है। इसी तरह भारत के एक लेखक पत्रकार नीलांजन मुखोंपाध्याय टिप्पणी करते हैं- सबसे बढ़कर जो बात है वह यह कि, भारत के भीतर चीयरलीडर्स को कोई भ्रम नहीं होना चाहिए कि सुनक, या उस मामले में, कमला हैरिस (यदि अधिक महत्वपूर्ण और स्वतंत्र निर्णय लेने का कोई अवसर उनके पास आता है), उन देशों के नागरिकों के रूप में काम करेंगे जिन्होंने उन पर भरोसा किया है, न कि भारतीय मूल के व्यक्तियों या हिंदुओं के रूप में वे ऐसा करेंगे। उनकी वह पहचान विशुद्ध रूप से व्यक्तिगत दायरे तक सीमित है, भारत के विपरीत, जहां धार्मिक पहचान राजनीति का आधार है।

पहले हिंदू प्रधानमंत्री, पहले एशियाई, पहले ब्रिटिश भारतीय, पहले गैर-श्वेत ऋषि सुनक की इंतहाई चर्चा के बाद अब उपसंहार का वक्त है। काम पर लौट चलें- कीप काम एंड केरी ओन। सुनक लंबे समय तक ब्रिटिश सरकार का नेतृत्व करने के लिए अधिक बुद्धिमान, सभ्य और शांत शख्सियतों में से एक के रूप में ब्रिटेन के प्रधानमंत्री के पद पर आए हैं। उन्हें एक जर्जर अर्थव्यवस्था मिली है। इसे ठीक करने के लिए एक सुगठित योजना और उसके सफल क्रियान्वयन की जरूरत होगी। व्हाइटहॉल के प्रत्येक विभाग में सावधानीपूर्वक नेतृत्व की आवश्यकता होगी। किन्तु उस नेतृत्व के लिए प्रतिभा पूल टोरी पार्टी के पिछले एक दशक में अंदरूनी कलह और खुद तथा पार्टी का बचाव करते रहने से तबाह हो गया है। मार्गरेट थैचर कहा करती थीं कि प्रत्येक प्रधानमंत्री को "विली" की आवश्यकता होती है। विली से उनका संकेत बहुचर्चित गुरु विली व्हिटेलॉ की तरफ था। अच्छे नेताओं को सत्ता के लिए सच बोलने वाले दोस्तों की जरूरत होती है, यह नीति है। ब्रिटेन के अंतिम तीन प्रधानमंत्रियों में विली की कमी रही।कह सकते हैं कि उन्हें सुमंत्रणा देने वाला कोई सुयोग्य मित्र नहीं मिल सका। हर समझदार प्रधानमंत्री का एक "ईमानदार दोस्त" होता है। विंस्टन चर्चिल के पास नॉर्मन ब्रूक थे, जिन्होंने कम से कम उनके सबसे खराब फैसलों को रोकने का दावा किया था। हेरोल्ड मैकमिलन के पास जॉन विन्धम, हेरोल्ड विल्सन के पास लेडी फॉकेंडर, टोनी ब्लेयर के पास एलेस्टेयर कैंपबेल और पीटर मैंडेलसन थे। बोरिस जॉनसन के लिए डोमिनिक कमिंग्स थे, जिनके बदलाव के लिए बहुत उत्साह था। साइमन जेनकिंस इसलिए यही मानते हैं कि देर सबेर ऋषि को भी किसी 'विली' या सुमंत्रणा देने वाले सहयोगी की जरूरत होगी। पिछले 10 वर्षों में, ब्रिटेन ने पांच प्रधानमंत्री, सात चांसलर, छह गृह सचिव और 10 शिक्षा सचिव देखे हैं। सरकार मजाक बनकर रह गई है। इस प्रक्रिया में, मंत्रिस्तरीय अनुभव और ज्ञान का सार समाप्त हो गया है। मिस्टर हैनकॉक की गुहार और सर गेविन का अपमान उसी क्षय के लक्षण हैं। संसदीय टोरी पार्टी में 'जो बीत गई सो बात गई' कहकर बात टालने को लेकर बहुत अधिक आक्रोश जमा हो गया है। मतदाता प्रशासन की सुस्त गति को महसूस कर सकते हैं, भले ही वह नए प्रबंधन के अधीन होने का दावा करता हो। फिर भी संसद में पीछे क्षमतावान पुरुष और महिलाएं बैठे हैं जिनका एकमात्र अपराध ब्रेक्सिट और बोरिस जॉनसन

में उनका अविश्वास था। यह विश्वास करना कठिन है कि सुनक इनमें से कुछ एक मुट्ठी भर को इकट्ठा नहीं कर सके और उनसे उनकी सलाह का लाभ न ले सके। उन्हें अपने लिए विली की सख्त जरूरत है।[27]

"अराजक", "असंगठित", "असफल" "अशोभनीय" और "अनिश्चित" आदि नकारात्मक शब्दों का प्रयोग करके ब्रिटेन के इस वर्ष को गुजार देने वाली युवा पीढ़ी बोरिस जॉनसन की बेईमानी और ट्रस की "अतिथि छवि" से तंग आकर ऋषि सुनक को लेकर आने पर प्रसन्न हो रहे हैं। वे नहीं चाहेंगे कि इस दस नंबर के प्रधानमंत्री आवास पर प्रधानमंत्रियों का यूं जल्दी जल्दी आना जाना लगा रहे। सुनक ने "ईमानदारी, व्यावसायिकता और जवाबदेही" की सरकार देकर जनता का विश्वास जीतने की कसम खाई है। यह कहते हुए कि "विश्वास अर्जित किया जाता है और मैं आपका भरोसा जीतूँगा", वे बहुत से लोगों के चहेते बने।

किसी ने ठीक ही कहा है कि ब्रिटेन का पीएम बनना भी कोई ट्रॉफी नहीं बल्कि एक जॉब है। जब युद्ध के कारण विश्व अर्थव्यवस्था को धचके पे धचके मिल रहे हैं, सुनक, जिन्होंने ब्रेक्सिट के लिए तीन बार मतदान किया है, के पास करने के लिए बहुत काम हैं। उन्हें अपनी संसदीय पार्टी को एकजुट करना होगा; अपने सांसदों को व्यवस्थित और प्रसन्न करने वाली कैबिनेट का गठन करना होगा; अर्थव्यवस्था को सुधारते हुए उसे पकड़ में रखना होगा; यूक्रेन के लिए ब्रिटेन का समर्थन डगमगाए नहीं यह सुनिश्चित करना होगा, उत्तरी आयरलैंड में राजनीतिक और व्यापारिक अनिश्चितताओं को दूर करना होगा; और क्रॉस-चैनल अवैध अप्रवास का कड़ाई से सामना करना होगा। यह भी ध्यान रखना होगा कि आगामी चुनाव में उनकी प्रतिद्वंदी पार्टी बढ़त न बना ले और ऋषि राज को खतरा हो। केवल हृदयहीन सांसद और ईर्ष्या की राजनीति में लिप्त लोग ही राजनीति और व्यक्तिगत जीवन में अपने अध्यवसाय से आकाश तक छलांग लगा सकने वाले युवक पर अपना हित मात्र साधने के लिए हमला करेंगे। योग्यता और लगन के दम पर आज वह जहां हैं, वहां खुदी को बुलंद करके पहुंचे हैं। फिर भी, इसमें कोई संदेह नहीं है कि उनकी एक और बड़ी चुनौती आम मतदाताओं को यह समझाना होगा कि उनके जीवन यापन की बढ़ती चिंता से वे बेखबर नहीं हैं, बल्कि बाखबर हैं और उनके निर्णयों का सुफल उन्हें तो मिलेगा ही उनके बच्चों को भी वह सकारात्मक रूप से प्रभावित करेगा।

सुनक ब्रिटिश राजनीति में उथल-पुथल के कई व्यर्थ हो गए वर्षों के बाद विश्वसनीयता और स्थिरता की कदम ताल लेकर आए हैं। कोरोना महामारी के दौरान ब्रिटेन ने उनके चांसलर रूप को देखा और सराहा था और उन्हें उनकी प्राथमिकताओं का एहसास भी कुछ अधिक ही हुआ। लेकिन, अब जब वे एक राजनेता के रूप में विश्व मंच पर हैं, ब्रिटेनवासी और हम भारतवासी यह देखने के लिए इंतजार कर रहे हैं कि प्रधानमंत्री के रूप में उनकी प्रवृत्ति और प्राथमिकताएं क्या हैं। भारतवासी उनकी विदेश नीति की ओर भी बड़े चाव से देख रही है।

यूरोन्यूज के अनुसार, सुनक को "अक्सर व्यावहारिक और कंजर्वेटिव पार्टी के केंद्र-स्थल से संबंधित माना जाता है।" उन्होंने अपने पूर्ववर्ती, लिज ट्रस की राजकोषीय नीतियों का विरोध किया, और यद्यपि उन्हें थैचराइट के रूप में वर्णित किया जाता है, ट्रस की तुलना में वे कम आर्थिक रूप से उदारवादी के रूप में देखे जा रहे हैं। वे रूसी आक्रमण के खिलाफ यूक्रेन का समर्थन करते हैं और रूस के खिलाफ आर्थिक प्रतिबंधों के प्रबल समर्थक हैं, लेकिन यूक्रेन में ब्रिटिश सैन्य हस्तक्षेप के पक्ष में भी दिखाई नहीं देते। सुनक ने यरुशलम को इजरायल की राजधानी के रूप में मान्यता देने का समर्थन किया। उन्होंने चीन को ब्रिटेन के लिए "सबसे बड़ा दीर्घकालिक खतरा" यह कहते हुए कहा कि "वे मानवाधिकारों के उल्लंघन में शिनजियांग और हांगकांग सहित अपने ही लोगों को प्रताड़ित करते हैं, हिरासत में लेते हैं, उन्हें परेशान करते हैं और उन्होंने वैश्विक अर्थव्यवस्था में लगातार धांधली की है।" उन्होंने चीन पर रूसी राष्ट्रपति व्लादिमीर पुतिन का समर्थन करने का आरोप लगाया और यह भी कहा कि चीन "हमारी तकनीक चुरा रहा है और हमारे विश्वविद्यालयों में घुसपैठ कर रहा है। ब्रिटेन के लिए चीन मौलिक रूप से अलग मूल्यों वाला देश है, जो एक सत्तावादी नेतृत्व के द्वारा अंतरराष्ट्रीय व्यवस्था को फिर से आकार देने का इरादा रखता है। सुनक ने सऊदी अरब को "साझेदार" और "सहयोगी" बताया, लेकिन कहा कि ब्रिटिश सरकार सऊदी अरब में मानवाधि कारों के उल्लंघन की उपेक्षा नहीं कर सकती है।

उनके अनुसार यह बिल्कुल सही है कि ब्रिटिश सरकार दुनिया भर में अपने सहयोगियों और सहयोगियों के साथ जुड़ती है क्योंकि वे इस बात पर विचार करते हैं कि इस देश के लिए ऊर्जा सुरक्षा कैसे सुनिश्चित की जाए। ब्रिटिश चांसलर के रूप में, उन्होंने अमेरिकी राष्ट्रपति जो बाइडेन की

न्यूनतम 21 प्रतिशत वैश्विक व्यापार कर पेश करने की योजना का विरोध किया था अगस्त 2022 में, उन्होंने "अतिवाद" की परिभाषा को व्यापक बनाकर रोकथाम रणनीति को व्यापक बनाने का प्रस्ताव रखा।

अपराध पर, सुनक ने विपुल अपराधियों के लिए जेल की सजा के लिए स्वत: एक साल के विस्तार का प्रस्ताव दिया, साथ ही एक विदेशी अपराधी के निर्वासन के लिए न्यूनतम सजा को बारह महीने से घटाकर छह महीने करने का प्रस्ताव दिया। उन्होंने बाल अपराध में लिप्त गिरोहों के नेताओं के लिए आजीवन कारावास और ऐसे गिरोहों में शामिल लोगों की जातीयता दर्ज करने के लिए पुलिस का प्रस्ताव रखा।

ऋषि सुनक ब्रेक्जिट के बाद ब्रिटेन के लिए नई राह बनाना चाहते हैं और इसके लिए उनकी निगाहें उनके दिल के करीब के क्षेत्र- इंडो-पैसिफिक पर मजबूती से टिकी हैं। बाली में जी 20 शिखर सम्मेलन में प्रधानमंत्री के रूप में उनकी विदेश यात्रा इसी वजह से सफल रही। ब्रिटेन की रणनीति में एशिया में उभरती अर्थव्यवस्थाओं के साथ घनिष्ठ संबंधों को बढ़ावा देना शामिल होगा, जिसमें इस साल के जी20 मेजबान इंडोनेशिया शामिल हैं, जो न तो पश्चिम और न ही रूस या चीन के साथ गठबंधन कर रहे हैं। लक्ष्य यूके के लिए इस क्षेत्र में किसी भी देश की व्यापक उपस्थिति के लिए है। वैश्विक मंच पर सुनक के पहले बड़े बदलाव के बाद यह स्पष्ट है कि यूके के इस प्रधानमंत्री के लिए एशिया अपार संभावनाओं और अवसरों से भरपूर क्षेत्र है।

ब्रिटेन ने ऋषि सुनक की नरेंद्र मोदी के साथ पहली आमने-सामने की मुलाकात से पहले भारत के साथ एक पारस्परिक प्रवास समझौते को अंतिम रूप दिया। इंडोनेशिया में G20 शिखर सम्मेलन के दौरान हुए एक समझौते के तहत, डिग्रीधारी- शिक्षित युवा भारतीय नागरिकों को ब्रिटेन में दो साल तक काम करने के लिए 3,000 तक वीजा दिए जाएंगे। भारत द्वारा ब्रितानियों को उतने ही वीजा की पेशकश की जाएगी और यह 18 से 30 वर्ष की आयु के लोगों के लिए उपलब्ध होगा। यह योजना, जिसके लिए पहली बार पिछले साल घोषणा की गई थी, अगले साल की शुरुआत में शुरू होगी। सुनक के शब्द हैं, "मैं भारत के साथ हमारे गहरे सांस्कृतिक और ऐतिहासिक संबंधों के अविश्वसनीय मूल्य को अच्छी तरह से जानता हूँ। मुझे खुशी है कि भारत के अधिक प्रतिभाशाली युवाओं को अब यूके में जीवन का अनुभव

करने का अवसर मिलेगा- और इसके साथ ही- हमारी अर्थव्यवस्थाओं और समाजों को समृद्ध बनाने के लिए भी यह सुनहरा मौका रहेगा।" G20 शिखर सम्मेलन की अपनी यात्रा में शामिल होने वाले पत्रकारों से बात करते हुए सुनक ने कहा कि भारत के साथ एक व्यापार समझौता "यूके के लिए एक शानदार अवसर" था। लेकिन उन्होंने कहा: "मैं गति के लिए गुणवत्ता का त्याग नहीं करूंगा। और यह सभी व्यापार सौदों के लिए जाता है। यह महत्वपूर्ण है कि हम उन्हें हड़बड़ी करने के बजाय सही तरीके से प्राप्त करें और इसलिए मैं यही दृष्टिकोण अपनाऊंगा। भारत के साथ दूसरी बात, याद रखें कि व्यापार सौदा हमारे व्यापक संबंधों का सिर्फ एक हिस्सा है जो अविश्वसनीय रूप से मजबूत और वास्तव में रणनीतिक है और नीति के कई अलग-अलग पहलुओं पर होता है। आप जानते हैं, व्यापार इसका एक महत्वपूर्ण हिस्सा है, लेकिन यह एकमात्र हिस्सा नहीं है और हम उन सभी में प्रगति करेंगे।"[28]

सुनकिज्म की ओर

एक दिन था जब भारत में अंग्रेजी राज था और देश का बौद्धिक वर्ग अंग्रेजी राज को सीधे कुछ कह भी न सकता था। सात समुद्र पार स्थित अंग्रेजी शासक के अन्याय के बारे में दो टूक कहना संभव न था। कवि कह देते थे- अंधाधुंध मच्यो सब देसा। आज भारत समेत विश्व के अनेक लेखक, साहित्यकार और बुद्धिजीवी निर्भीक होकर कहते हैं। 1857 के समय भी भारतवासी जनता डर के मारे सर न हिला सकती थी- जिन भय सिर न हिलाय सकत कहूँ भारतवासी। पर अब अंग्रेजी शासन की उनके देश में जो अंधेरगर्दी हो रही है उसका लोग खुलकर वर्णन करते हैं। हाँ, अब उनके मन में उनके प्रति गहरी आत्मीयता जरूर है और वे उनके कल्याण की कामना भी करते हैं। यह सब ऋषि सुनक की बदौलत है। एक उदाहरण या उद्धरण ही देकर स्पष्ट करना होगा।

आर्थिक रूप से, ब्रिटेन तबाह हो गया है। यह निर्विवाद रूप से विकसित दुनिया की सबसे नाजुक अर्थव्यवस्था होगी, जहां कोई ग्रीन शूट नजर नहीं आएगा। करों को बढ़ाना और सरकारी व्यय में कटौती करना एक बात है लेकिन यह घरेलू खपत और मुद्रास्फीति को संबोधित करने और निवेशकों को इंग्लैंड में आकर्षित करने के लिए समान रूप से महत्वपूर्ण है, जिनमें से कोई भी संभव नहीं लगता है।

ऋषि सुनक को अपने एक मंत्री को इस्तीफा देने के लिए कहना पड़ा, जबकि उप प्रधानमंत्री को आलोचना का सामना करना पड़ा। लेबर पार्टी के नेता कीथ स्टारर भी बेकार साबित हो रहे हैं और एक ऐसी स्थिति हो रही है जहां उनके पूर्ववर्ती, जेरेमी कॉर्बिन लंदन के मेयर चुनाव के लिए एक स्वतंत्र उम्मीदवार के रूप में खड़े होने को तैयार हैं, अगर उनकी अपनी पार्टी द्वारा सीट नहीं दी जाती है। राष्ट्रों के वैश्विक समुदाय में ब्रिटेन का स्थान है मार्गरेट थैचर का प्रसिद्ध वाक्यांश था "द लेडीज नॉट फॉर टर्निंग।" इसका लिज ट्रस की यू-टर्न की अंतहीन श्रृंखला के संबंध में अनुकूलित और उपहास किया गया। लेकिन अब ऐसा लगेगा कि 'मैन इज फॉर टर्निंग' भी है। अर्थात ऋषि भी अपनी बात से पलटते हैं। सुनक की सबसे कड़ी आलोचना उनके कैबिनेट चयन में निहित है, मुख्य रूप से गृह सचिव के रूप में सुएला ब्रेवरमैन को फिर से नियुक्त करने के उनके उनके निर्णय को देखें। लिज ट्रस को लिखे अपने त्याग पत्र में, ब्रेवरमैन ने कहा, मैंने गलती की है; मैं जिम्मेदारी स्वीकार करती हूँ; मैं इस्तीफा देती हूँ। विपक्ष सहित कई लोगों को लगता है कि सुनक ब्रेवरमैन को लाए क्योंकि उन्होंने सप्ताह भर के अभियान के दौरान उनके लिए समर्थन की घोषणा की थी। पीएम नामांकन के लिए सांसदों की वांछित संख्या हासिल करने के लिए पेनी मोर्डेंट कितनी करीब थी, इस पर विचार करते हुए कैबिनेट में वे एक अधिक वरिष्ठ पद की हकदार थी।

नरेंद्र मोदी ने पहले ही सुनक से बात कर ली है और उनका यह विचार रहा है कि "व्यापक और संतुलित एफटीए के शीघ्र निष्कर्ष के महत्व" को समझते हुए इसका शीघ्र निस्तार होना चाहिए। सुनक ने भी पहले से ही इसके महत्व को समझकर इसे समझबूझकर लेकिन जल्दी ही पूर्णता की ओर ले जाने का मन बनाया है। यह तो कोई कहने की बात है ही नहीं कि भारत के साथ उनके व्यवहार को यत्र-तत्र बड़ी जिज्ञासा और उम्मीदों से देखा जाएगा। ऋषि सुनक के नाम में ही वह यथार्थ निहित है कि उन्हें 'ऋषि' तुल्य देखा जाना अवश्यंभावी होगा।

केवल समय ही बताएगा कि ऋषि सुनक कितना अच्छा करते हैं, और वे अपनी पार्टी और वास्तव में ब्रिटिश जनता में कितना विश्वास जगा सकते हैं। एक उम्मीद है कि वे अच्छा करेंगे, और इस गड़बड़ी को ठीक करने में कामयाब होंगे। अन्यथा, डर है कि कंजरवेटिव पार्टी का कोई भविष्य नहीं

रहेगा। विनाशकारी आर्थिक माहौल को देखते हुए भव्य जॉन्सोनियन दृष्टि का अब ब्रिटेन में कोई फरमाबरदार नहीं रहेगा। ऐसे समय में जब विपक्षी लेबर पार्टी अगला आम चुनाव जीतने के लिए तैयार दिख रही है, सुनक को अपनी तरफ से जीतने की भरपूर कोशिश करनी होगी। इसके लिए उन्हें खुद को कंजरवेटिव पार्टी के खासो-आम का प्रिय बनाना होगा। उनकी आर्थिक नीति आम लोगों को भी और खास लोगों को भी रास नहीं आने वाली है इसलिए उन्हें अप्रवासन जैसे मुद्दों पर कड़ा रुख अख्तियार करना होगा। ऋषि राज में, रामराज्य की तरह तो संपन्नता चाहे न भी हो किन्तु ब्रिटेन के आर्थिक भविष्य का जो भी नक्शा इनके पास है वह विपन्नता को अवश्य पास फटकने न देगा।

यहाँ स्टार्टअप लॉबी ग्रुप कोएडेक के कार्यकारी निदेशक डॉम हलास के आकलन को देखना आपको अच्छा लगेगा क्योंकि जो उनके चांसलर होने के बाद से उनके साथ मिलकर काम करते रहे हैं, नवाचार नीति (इनोवेशन पॉलिसी) उनकी विचारधारा का एक महत्वपूर्ण हिस्सा रही है। सुनक बार-बार इसके पास वापस आते हैं। हलास ने युवा सुनक के तकनीक-प्रेम को भी नोट करते हुए कहा: "लोग इस तथ्य का मजाक उड़ाते हैं कि वह एक हुडी पहनता है, लेकिन वह अपने जीवन के शुरुआती 40 के दशक में है, वह 1980 के दशक में पैदा हुआ था... मैं ऐसे लोगों के साथ काम करता हूँ जो इस तरह के कपड़े पहनते हैं। वह उस दायरे में रहता है। वह उस भरी-भरी दुनिया में नहीं हैं, जिसमें राजनीति के कुछ लोग हैं।"[29]

उपसंहार

ऋषि सुनक की इस दास्तान का प्रतीकवाद जबरदस्त है, एस प्रसन्नराजन के शब्द हैं, निश्चित रूप से उन लोगों के लिए जो उनके रंग और सांस्कृतिक वंश को साझा करते हैं। फिर भी, 10 डाउनिंग स्ट्रीट में एक ब्रिटिश भारतीय के पास नस्लीय प्रतिध्वनि से परे एक अर्थ है। यह देसी गौरव से कहीं बढ़कर है। एक विदेशी उपनाम के महत्व को कम किए बिना- ओबामा की तरह कुछ हद तक- पश्चिमी लोकतंत्र में सत्ता के इतिहास में, यह तर्क दिया जा सकता है कि सुनक की इस कहानी ब्रिटेन में रूढ़िवाद के विकासवादी विरोधाभासों को प्रकट करती है... लचकदार नेताओं के साथ दुनिया बेहतर है। वे लोकतंत्र को चलन में रखते हैं। जैसे सुनक की सफलता से-जब तक यह रहे- प्रतीत होता है।[30]

प्रख्यात साहित्यकार ई एम फॉर्स्टर (1879-1970) ने अपने निराले अंदाज में लगभग सौ वर्ष पहले लोकतंत्र को तीन के बजाय केवल दो चीयर्स (जयकारे) देने की सिफारिश की थी। उन्होंने अपने एक लेख में लिखा था "तो लोकतंत्र के लिए दो जयकारे: एक क्योंकि यह विविधता को स्वीकार करता है और दूसरा इसलिए कि यह आलोचना की अनुमति देता है। दो चीयर्स काफी हैं: तीन देने का कोई अवसर नहीं है।" पर जब हम ऋषि सुनक के इस महत्वपूर्ण ऐतिहासिक कृत्य को देखते हैं तो तीन नहीं तीस चीयर्स करने का मन करता है। पीने वालों में ऋषि का शुमार नहीं है तो फिर चीयर्स की बात न करते हुए एक दूसरे साहित्यकार की चर्चा करें।

1869 में, टेलीग्राफ के अग्रणी जॉन पेंडर ने ब्रिटेन से भारत तक समुद्र के भीतर केबल बिछाने के लिए ब्रिटिश इंडियन सबमरीन टेलीग्राफ कंपनी की स्थापना की। जब अंग्रेजी लेखक जॉन रस्किन को इस करामात के बारे में बताया गया, तो उन्होंने मजाक में पूछा था : "मुझे आश्चर्य है कि संदेश क्या होगा।" डेढ़ सदी बाद, अच्छी तरह से तैयार और सचेत-स्मार्ट भारतीय मूल का एक व्यक्ति, अपने लिए एक शक्तिशाली संदेश बन गया है, एक ऐसे देश के लिए जो खुद एक मजाक बन गया है क्योंकि यह आर्थिक संकट और राजनीतिक अस्थिरता से जूझ रहा है।[31]

75 साल पहले एक अधनंगे फकीर ने दक्षिण अफ्रीका से भारत लौटकर अंग्रेजों को भारत छोड़ने के लिए विवश कर दिया था, नियति को यह भी मंजूर था कि अब एक सूटेड बूटेड लक-दक भारतीय मूल के ऋषि को सीधे वहाँ के प्रधानमंत्री आवास में रहकर उन्हें उनकी वर्तमान स्थिति से निजात दिलाए। जैसे गांधी ने भारत को आजादी दिलाई, अब एक सुनक विलायत को आर्थिक आजादी दिलाएगा। हिसाब बराबर! जय हो!

❍❍

(7)

आत्म-कथन : बकलम खुद

"ऋषि निर्वाचन क्षेत्र के एक मेहनती सांसद साबित हुए हैं और 2017 और 2019 में उन्हें फिर से निर्वाचित होते देखना कोई आश्चर्य की बात नहीं थी। वह एक असाधारण व्यक्ति हैं और मुझे विश्वास है कि वह हमारे समुदाय के लिए एक मजबूत और प्रभावी अधिवक्ता बने रहेंगे।"[32]

लॉर्ड विलियम हेग (रिचमंड निवासी)

मैंने इस पुस्तक में जो कुछ लिखा है उसकी प्रामाणिकता संदिग्ध हो सकती है। पर यह अध्याय अपने आप में उपसंहार तो है ही, एक छोटा सा परिचयात्मक निबंध भी है जिसे खुद श्री ऋषि सुनक ने लिखकर अपनी वेब साइट पर उपलब्ध कराया है। इसलिए इसकी प्रामाणिकता असंदिग्ध है। इसमें न तो आत्म-प्रशंसा है और न आत्म-विज्ञापन। जो आत्म-स्पष्टीकरण इसमें है उसका उद्देश्य अपने आपको व्यापक रूप से प्रतिष्ठित होकर देखना मात्र है। मैं इसलिए यहाँ उसका मूल अंग्रेजी और अपना अनुवाद दोनों दे रहा हूँ जिससे इसको काम में लाया जा सके। छात्र और अन्य जिज्ञासु निम्नलिखित पंक्तियों में ऋषि सुनक के द्वारा लिखित अति संक्षिप्त आत्म-वक्तव्य पाएंगे।

मैं अपने माता-पिता को हमारे स्थानीय समुदाय की समर्पण के साथ सेवा करते हुए देखकर बड़ा हुआ हूँ। मेरे पिताजी एक एनएचएस परिवार के जीपी थे और मेरी माँ ने अपनी स्थानीय केमिस्ट की दुकान चलायी। मैं लोगों में उनके संसद सदस्य के रूप में वही सकारात्मक बदलाव लाना चाहता था और मैं पहली बार 2015 में इस अद्‌भुत निर्वाचन क्षेत्र का प्रतिनिधित्व करने के लिए चुना गया था और 2017 और 2019 में फिर से चुना गया। मैं नॉर्थहेलर्टन के ठीक बाहर किर्बी सिगस्टन में रहता हूँ।

मैं एक सफल व्यावसायिक करियर का आनंद लेने के लिए भाग्यशाली रहा हूँ। मैंने एक बड़ी निवेश फर्म की सह-स्थापना की, जो सिलिकॉन वैली से बैंगलोर तक की कंपनियों के साथ काम कर रही थी। फिर मैंने उस

अनुभव का इस्तेमाल छोटी और उद्यमी ब्रिटिश कंपनियों को सफलतापूर्वक बढ़ने में मदद करने के लिए किया। अपनी माँ की छोटी सी केमिस्ट शॉप में काम करने से लेकर बड़े कारोबार खड़ा करने के अपने अनुभव तक, मैंने पहली बार देखा है कि कैसे राजनेताओं को हमारी भविष्य की समृद्धि सुनिश्चित करने के लिए मुक्त उद्यम और नवाचार का समर्थन करना चाहिए।

मेरे माता-पिता ने बहुत त्याग किया है ताकि मैं अच्छे स्कूलों में जा सकूँ। मैं विंनचेस्टर कॉलेज, ऑक्सफोर्ड यूनिवर्सिटी और स्टैनफोर्ड यूनिवर्सिटी में पढ़ने के लिए भाग्यशाली था। उस अनुभव ने मेरे जीवन को बदल दिया और इसके परिणामस्वरूप मुझे यह सुनिश्चित करने का जुनून है कि हर किसी के पास एक महान शिक्षा तक पहुंच हो। मैं एक स्कूल का गवर्नर रहा हूँ, एक बड़े युवा क्लब का बोर्ड सदस्य रहा हूँ, और हमेशा अवसर फैलाने वाले शिक्षा कार्यक्रमों के लिए अपना समय स्वेच्छा से दिया है।

मैं अंतरराष्ट्रीय स्तर पर रहने, अध्ययन करने और काम करने के लिए भाग्यशाली रहा हूँ। मैं अपनी पत्नी अक्षता से कैलिफोर्निया में मिला, जहाँ हम घर लौटने से पहले कई वर्षों तक रहे। हमारी दो बेटियां कृष्णा और अनुष्का हैं, जो हमें व्यस्त रखती हैं और हमारा मनोरंजन करती हैं।

अपने खाली समय में मैं फिट रहना, क्रिकेट, फुटबॉल और फिल्में देखना पसंद करता हूँ।

जुलाई 2019 में मुझे ट्रेजरी का मुख्य सचिव नियुक्त किया गया, जनवरी 2018 में स्थानीय सरकार के मंत्री के रूप में सरकारी सेवा में प्रवेश किया। फरवरी 2020 में, मुझे राजकोष का चांसलर नियुक्त होने का सम्मान प्राप्त हुआ, इस पद पर मैं जुलाई 2022 तक रहा।

25 अक्टूबर को, मुझे यूके का प्रधानमंत्री नियुक्त किए जाने का सम्मान और सौभाग्य प्राप्त हुआ।

I grew up watching my parents serve our local community with dedication. My dad was an NHS family GP and my mum ran her own local chemist shop. I wanted to make that same positive difference to people as their Member of Parliament and I was first elected to represent this wonderful constituency in 2015 and re-elected in 2017 and 2019. I live in Kirby Sigston, just outside Northallerton.

I have been fortunate to enjoy a successful business career. I co-founded a large investment firm, working with companies from Silicon Valley to Bangalore. Then I used that experience to help small and entrepreneurial British companies grow successfully. From working in my mum's tiny chemist shop to my experience building large businesses, I have seen first-hand how politicians should support free enterprise and innovation to ensure our future prosperity.

My parents sacrificed a great deal so I could attend good schools. I was lucky to study at Winchester College, Oxford University and Stanford University. That experience changed my life and as a result I am passionate about ensuring everybody has access to a great education. I have been a school governor, a board member of a large youth club, and have always volunteered my time to education programmes that spread opportunity.

I have been lucky to live, study and work internationally. I met my wife, Akshata, in California where we lived for a number of years before returning home. We have two daughters, Krishna and Anoushka, who keep us busy and entertained.

In my spare time I enjoy keeping fit, cricket, football and movies.

In July 2019 I was appointed Chief Secretary to the Treasury, having entered Government service as the Minister for Local Government in January 2018. In February 2020, I had the honour to be appointed Chancellor of the Exchequer, a position I held until July 2022.

On October 25, I was honoured and privileged to be appointed UK Prime Minister.[33]

विहंगावलोकन

यूके के प्रधानमंत्री के पद पर सुनक के पदासीन होने को दर्शाने वाली मुख्य घटनाओं का कालक्रम निम्नलिखित है।

2015: ऋषि सुनक यॉर्कशायर के रिचमंड से कंजरवेटिव सांसद चुने गए।

2016: सुनक एक आजीवन ब्रेक्सिटर है, और तदनुसार छुट्टी के लिए अभियान चलाया, उस समय एक जुआ था, लेकिन इसने भुगतान

किया क्योंकि इसने उसे आने वाले वर्षों में टोरी पार्टी के भीतर अच्छे राजनीतिक स्थान पर रखा।

2018: थेरेसा मे के तहत, सुनक को आवास, समुदाय और स्थानीय सरकार के नए नाम वाले मंत्रालय में नंबर तीन के रूप में अपना पहला मंत्री पद दिया गया।

जुलाई 2019: सुनक ने ब्रिटिश प्रधानमंत्री के लिए बोरिस जॉनसन का समर्थन किया और तत्कालीन चांसलर साजिद जाविद के अधीन ट्रेजरी मंत्री के रूप में कार्य करना प्रारंभ किया।

फरवरी 2020: नंबर 10 और नंबर 11 डाउनिंग स्ट्रीट के बीच सत्ता की लड़ाई पर जाविद के इस्तीफा देने के बाद, बोरिस जॉनसन ने सनक को चांसलर की भूमिका में पदोन्नत किया, जिससे वह ब्रिटिश सरकार में सर्वोच्च पदों में से एक को संभालने वाले भारतीय मूल के पहले मंत्री बन गए।

अप्रैल 2020: मार्च 2020 में यूके के पूर्ण लॉकडाउन में चले जाने के बाद, जब COVID महामारी जोर पकड़ती है, सुनक ने फर्लो योजना जैसे उपायों को पेश करने के लिए मिनी बजट की एक श्रृंखला के लिए प्रशंसा प्राप्त की, जो कई नौकरियों और व्यवसायों को बचाने के लिए चलती है।

2021: ऋषि सुनक को टोरी नेता के रूप में बोरिस जॉनसन के उत्तराधिकारी के रूप में एक स्पष्ट पसंदीदा के रूप में खड़ा किया गया है क्योंकि जॉनसन की पार्टीगेट की परेशानी शुरू हो गई है, हालांकि ब्रिटिश भारतीय चांसलर का मानना है कि उनका ध्यान केवल कैबिनेट क पद पर है।

फरवरी 2022: यूके के चांसलर सनक ने डाउनिंग स्ट्रीट के कैबिनेट रूम में अपने बॉस जॉनसन के जन्मदिन के लिए एक पार्टी में उपस्थित होने की बात स्वीकार की, जून 2020 में लॉकडाउन नियमों का उल्लंघन किया।

अप्रैल 2022: एक भीषण सप्ताह में, उनकी पत्नी अक्षता मूर्ति की कानूनी गैर-अधिवास कर स्थिति, जिसका अर्थ है कि वह अपनी इंफोसिस आय पर यूके के करों का भुगतान नहीं करती है, और यह कि सुनक का अपना अमेरिकी ग्रीन कार्ड कार्यालय में मीडिया की सुर्खियां बटोर रहा है।

जुलाई 2022: ऋषि सुनक ने चांसलर के पद से इस्तीफा दे दिया, ट्रेजरी में अपने पूर्व बॉस साजिद जाविद के स्वास्थ्य सचिव के रूप में कुछ ही समय बाद।

8 जुलाई: ऋषि सुनक ने ब्रिटेन के पीएम के रूप में बोरिस जॉनसन की जगह लेने के लिए प्रयास शुरू किये।

20 जुलाई: ब्रिटिश पीएम प्रतियोगिता के अंतिम चरण में लिज ट्रस के साथ सामना करने के लिए ऋषि सुनक अपनी पार्टी के सहयोगी के साथ सबसे आगे 137 मतों से आगे निकल गए।

5 अगस्त: टीवी डिबेट में ऋषि सुनक ने मतदाताओं पर जीत हासिल की।

30 अगस्त: ऋषि सुनक कैंप ने लिज ट्रस पर जांच से बचने का आरोप लगाया।

1 सितंबर: ऋषि सुनक ने माता-पिता, पत्नी अक्षता के साथ निजी नोट पर अभियान का समापन किया।

2 सितंबर: यूके के प्रधानमंत्री की दौड़ में ऋषि सुनक और लिज ट्रस के बीच वोटिंग बंद हो गई।

5 सितंबर: नए ब्रिटिश पीएम बनने की कंजर्वेटिव पार्टी के नेतृत्व की दौड़ में ट्रस ने सुनक को हराया।

14 अक्टूबर: यूके के पीएम लिज ट्रस ने आर्थिक उथल-पुथल के बीच क्वासी क्वार्टेंग को चांसलर के पद से बर्खास्त कर दिया।

20 अक्टूबर: खुले विद्रोह के बीच छह सप्ताह के बाद ट्रस ने ब्रिटिश पीएम के रूप में इस्तीफा दे दिया।

24 अक्टूबर: ऋषि सुनक ने ब्रिटेन के पहले भारतीय मूल के पीएम के रूप में इतिहास बनाने के लिए टोरी प्रतियोगिता जीती।

References

1. https://theprint.in/opinion/letter-from-pakistan/in-pakistan-rishi-sunaks-origin-is-another-unfinished-agenda-of-partition/1187701/
2. https://www.tribunehindi.com/how-rishi-sunaks-ancestors-reached-britain/

3. https://www.newslaundry.com/2022/07/27/indias-media-is-taking-the-wrong-lessons-from-rishi-sunaks-rise
4. https://www.wsj.com/articles/britains-prime-minister-is-indias-pride-rishi-sunak-liz-truss-anticolonialism-language-immigrant-ethnicity
5. https://www.aajtak.in/india-today-hindi/rashtra/story/from-the-editor-in-chief-1565432-2022-11-05
6. https://www.amazon.in/Going-Broke-Michael-Ashcroft/dp/1785906372
7. https://www.thepurvai.com/an-editorial-on-rishi-sunak/
8. https://panchjanya.com/2022/10/28/255089/bharat/refreshing-memories-of-indian-knowledge-tradition-on-the-pretext-of-rishi-sunak/
9. https://www.deccanchronicle.com/opinion/columnists/061122/saeed-naqvi-children-of-macaulay-go-global-with-sunaks-rise.html
10. https://www.theguardian.com/politics/2022/oct/25/who-is-rishi-sunak-everything-you-need-to-know-about-britains-next-prime-minister
11. https://www.opindia.com/2022/10/rishi-sunak-uk-prime-minister-indian-origin-hindu/
12. https://www.forbes.com/sites giacomotognini/2022/10/25/
13. https://www.telegraphindia.com/entertainment/murty-not-murthy-my-husband-spells-his-name-wrong-says-sudha-murty-as-she-talks-books-marriage-and-infosys-at-an-authors-afternoon-only-t2-was-there/cid/1563069

14.https://www.amarujala.com/india-news/narayan-murthy-wrote-letter-to-his-daughter-akshata-murthy
15.Rishi Sunak is teetotal, Peloton riding family man who learned value of hard work in mum's pharmacy | The Sun
16.https://books.google.co.in/books/about/The_Road_to_Somewhere.html?id
17.https://www.telegraphindia.com/opinion/anywhere-man-in-rishi-sunak-britain-has-the-markets-person/cid/1894449
18.https://www.theatlantic.com/ideas/archive/2022/10/rishi-sunak-wealth-britain-prime-minister/671846/
19.https://policyexchange.org.uk/wp-content/uploads/2016/09/a-portrait-of-modern-britain.pdf
20.https://policyexchange.org.uk/wp-content/uploads/2016/09/a-portrait-of-modern-britain.pdf
21. https://www.spectator.co.uk/article/rishi-sunak-faces-an-impossible-job/
22. https://www.spectator.co.uk/article/is-rishi-ready-sunaks-first-test-will-be-getting-through-winter/
23. https://www.ndtv.com/opinion/what-sort-of-pm-will-rishi-sunak-be-we-have-big-clues-3479138
24.https://www.thehindu.com/opinion/editorial/hindi/the-job-and-the-man-on-rishi-sunak-hindi-editorial/article66059763.ece
25. https://www.gov.uk/government/speeches/prime-minister-rishi-sunaks-statement-25-october-2022
26.https://www.ready4rishi.com/ten_point_plan_for_great_britain

27. https://www.theguardian.com/commentisfree/2022/nov/07/rishi-sunak-margaret-thatcher-wise-advice-backbenches
28. https://www.politico.eu/article/rishi-sunak-uk-and-narendra-modi-india-announce-visa-deal/
29. https://www.politico.eu/article/with-the-uk-economy-in-freefall-rishi-sunak-clings-to-a-fracturing-tory-coalition-autumn-statement/
30. https://openthemagazine.com/cover-stories/between-london-and-beijing/
31. https://www.indiatoday.in/magazine/cover-story/story/20221107-the-rishi-raj-challenges-and-pitfalls-2290451-2022-10-28/
32. https://www.rishisunak.com/about-me
33. https://www.rishisunak.com/about-me

❍❍❍